RECLAM-BIBLIOTHEK

Friederike Mayröcker (geb. 1924 in Wien) veröffentlicht seit mehr als fünfundvierzig Jahren literarische Arbeiten: Gedichte, Prosa, Romane, Hörspiele, Bühnentexte, ein Kinderbuch, einen Fernsehfilm. Für ihr in der neueren deutschsprachigen Literatur wohl unvergleichliches Werk erhielt sie zahlreiche Preise: Theodor-Körner-Preis (1964), Hörspielpreis der Kriegsblinden (zusammen mit Ernst Jandl für ein gemeinsames Hörspiel) (1968), österreichischer Würdigungspreis für Literatur (1975), Georg-Trakl-Preis (1982), Anton-Wildgans-Preis (1982), Großer Österreichischer Staatspreis (1982), Preis des Südwestfunk-Literaturmagazins (1985), Friedrich-Hölderlin-Preis (1993) u. v. a.
Die Texte für diese Auswahl stellte die Dichter-Kollegin Elke Erb zusammen, welche auch das Nachwort verfaßte.

Friederike Mayröcker
VERITAS
Lyrik und Prosa
1950–1992

Herausgegeben von Elke Erb

Für Christina
zu „Käte" 14.02.98
A.W.

RECLAM VERLAG LEIPZIG

Nachwort, Glossar, biobibliographische Angaben
von Elke Erb

ISBN 3-379-01474-5

Reclam-Bibliothek Band 1474
1. Auflage, 1993
Reihengestaltung: Hans Peter Willberg
Umschlaggestaltung: Petra Lurette Oberberg und Ute Puder
unter Verwendung eines Bildes von Olaf Nicolai:
»Der Garten«, 1992, Ölpapier, Ölfarbe, Wachsstift
Printed in Germany
Satz: Offizin Andersen Nexö Leipzig GmbH
Druck und Binden: Ebner Ulm
Gesetzt aus Stempel-Garamond

Über Innsbruck ins Tau-blau

Wie nennst du mich?
Was für einen Namen gibst du mir,
Flüszchen unter der Erde.

Wenn ich die Augen schliesze
kann ich dich nachzeichnen
Flüszchen unter der Erde.

Ich pause dich ab:
ich bin dein Kopf ich bin dein Herz
ich lebe in zwanzig Fingern.

Vielleicht haben deshalb die Worte
aufgehört hin- und herzuspringen zwischen uns
wenn wir allein sind

vielleicht umarme ich mich selbst
wenn ich dich umarme
vielleicht habe ich mich gespalten:

nein, Flüszchen unter der Erde,
dies ist schon nicht mehr Liebe
sondern vollkommene Auflösung.

Ostia wird dich empfangen

ich werde in Ostia sein
ich werde dich dort erwarten
ich werde dich dort umarmen
ich werde deine Hände halten in Ostia
ich werde dort sein
in Ostia
ist die Mündung des Tiber
des alten Flusses

ich werde in Ostia nicht sein
ich werde dich dort nicht erwarten
ich werde dich dort nicht umarmen
ich werde deine Hände nicht halten in Ostia
ich werde nicht dort sein
in Ostia
ist die Mündung des alten Flusses
des Tiber

Jacquingasse

Wenn du von oben mündest, mag es sein, dasz du noch das Bündel Eiszapfen siehst am ersten Giebel, dann bist du eingelassen. Wohl kommst du nicht gleich von den Spitzen aus kaltem Blau hinweg, aber es eilen stille vernehmliche Töne zu dir, wie kleine Wellen, die gegen den Nachen schlagen. Und du schaukelst hinein. Die verschlossenen Tore tun sich auf, schwarz und schwer, und hinter ihnen ist Schnee und alter Herbst im Gesträuch. Es ist ein einziger grüner Himmel da, der sich allmählich blaugrün vertieft. Man fühlt die Brüchigkeit der hohen Balkone und wie sie hinüberschauen in den Botanischen Garten. Das kannst du nur spüren, wenn du die Ruder einlegst und schweigst. Ein paar Kanäle zweigen am unteren Rand ab. Wenn du dort einbiegst, grüszen dich noch eine Weile die weiszen Wipfel.

die petronella, die peitsche

sie steht hinter dem pult die petronella verblüht, denkt an nachmittag. unterhalb der nase wund. teilt einen wecken brot sehr gleichmäszig. er möchte rechtschaffenheit vortäuschen, hält sich aufrecht wie ein tanzbär. verschwollene fäuste.
des briefträgers chronische fröhlichkeit. fischäugige an halboffenen morgenfenstern. eine alte bewegt sich wie ein absackender kreisel, nach allen seiten winkend und grüszend.

der brotlieferant die ziehharmonika aus heiszen laiben an seine brust gepreszt.
sei schlau sagt er und mir rinnen die tränen dabei, ich weisz was er meint. und dann schickt er das dicke mädchen weg damit wir allein sind. johnny is the boy for me. ein rosa klavier steht in der auslage, da lachen seine augen. lachend betritt er den laden, zieht mich hinter sich her, läszt den rosa flügel für mich einpacken und überreicht mir das riesige paket.
wie im flugzeug als wir die erde nach menschen absuchten. einen schnitter entdeckten und dann einen radfahrer, und ein paar leute um einen heuwagen, und dann immer mehr. wir lernten endlich, die menschen als punkte zu erkennen.

Hieroglyphen der Liebe
verschollene Natalie
Steinmetz im Ur-werk
grosz-methodistisch die Zeit
ein Rudel stürmt mit flatternden Stimmen
zurück zu seinem Gesicht
zu seinem Watte-arm
bartloser sanfter Armstuhl
besitzend schwarz und leicht:
»In der Heimat ist es schön..«

der handschuh

sie gebrauchte ihn solange bis er ihr anpaszte; er gebrauchte sie solange bis sie ihm anpaszte.
wenn sie eingeschlafen war und er schaute von der strasze zu ihrem fenster auf, erwachte sie.
sie sprach viel zu ihm, und während sie sprach lernte sie zusammenhänge begreifen. sie erkannte die wichtigkeit ihrer beider gespräche, sobald sie beendet waren. sie überschätzte ihre versöhnlichkeit; gab sich auch versöhnlicher als sie es im grunde war.

angewohnheiten wurden immer wieder auf ihre tauglichkeit geprüft.
von zeit zu zeit baute sie neue ansätze.
sie vereinigte in sich die bequemlichkeit einer landschnecke und die flatternde tastbereitschaft einer fledermaus.

Partitur Bauernhof,

augenaufschlagend am Morgen.
Mit dem vorabendlichen Blick auf den Ort, der sich ganz anders darbot als bei Tag : die plüschgefütterten Kinotüren entlieszen uns ins Freie, das wie das Freie eines Winterabends nach einem Chaplinfilm war (Schnee also, angeschaufelter Schneeberg neben Gehsteig, Laternenschein und funkelnde Schneeplättchen, ein paar Schritte dem Licht entgegen, bis wir stehenblieben, uns einander zuwandten). Und es ähnelte einem anderen Abend nach dem Kino, als es regnete, wir gingen ins Büffet, tranken Wein, begannen an alten Streitfragen zu zerren, bis das Gewölk nachgab und sich über uns entlud, wir eilten auseinander, die Nacht drohte schlaflos, tränenreich zu werden.
Indem ich mich an jene zwei Kinonächte in der Stadt erinnerte, schaute ich rechts und links, indem wir ins Freie traten, erwartete ich einerseits, einen blinkenden Schneehügel zu finden wie damals, andererseits, dasz es regnen würde wie damals. Es roch ein wenig nach Regen. Wir hörten vom Hauptplatz Musik. Wir gingen dorthin, die Musiker saszen in einem Kiosk ohne Seitenwände. Einige standen auch vorne, bliesen und trommelten, und es gab ein groszes Pfeifen, Pauken und Trompeten, ein Zischen, einen Tusch : jetzt blätterten sie alle gleichzeitig die Notenblätter um. Die groszen Straszenlampen sehr hell. Wir kehrten um, gingen die Hauptstrasze weiter bis zur katholischen Kirche. Die grosze Zwiebel am Turm. Die Turmuhr zeigte auf fünf Minuten nach zehn, die Musik setzte ab. Wir gelangten nach einer Wegbiegung zu dem ersten Punkt, wo man den Ort überblicken kann. Der Himmel schien geteilt in eine gröszere

linke Hälfte und eine kleinere rechte; rechts gings hoch in den Sternenhimmel, links ein eingeschobener heller Plafond. Dieser künstliche Teil setzte sich aus Wolkenstreifen zusammen, die umso dunkler wirkten, je mehr rote und silberglänzende sternartige Lichter zwischen ihnen rotierten. Wir dachten an Nachtflieger, Wunsch-Sterne. Unterhalb des linken Himmels breitete sich der Ort aus. Dunkelheit und gröszere Abschnitte von Licht, eilende Fahrzeuge auf geahnten Fahrbahnen, ein einfahrender Zug und die beiden Kirchen, von Scheinwerfern bestrahlt. Die protestantische Kirche ist bei Tag eher nüchtern, nachts bekommt sie aber eine fremdartige Zartheit, der spitze Turm wird zum südländischen Glockenturm, eine vom Mondlicht konstruierte Freitreppe führt ins Innere, zu den Glocken, die Freitreppe ist ausgezinnt und von spirituellen Enzianen umgeben .. augenaufschlagend am Morgen – und ich überlege, wieviele Linien für eine Notenschrift. Fünf Linien, vier Zwischenräume.
Damals zu Weihnachten, in meiner frühen Kindheit, bekam ich einen Bösendorfer Flügel von meinen Eltern, ich liebte ihn vom ersten Augenblick an. Ich lernte anfangs mit Fleisz und Vergnügen. Fingerübungen, Kinderlieder, die Klassiker. Auswendig und vom Blatt. Aber eines Tages war es zu Ende. Plötzlich, bei opus 24 von Beethoven, es kam mir plötzlich so jämmerlich vor, ihn spielen zu wollen. Ich hörte auf zu spielen. Ich ging zu Konzerten, nahm die Musik gierig auf. Ich begegnete Rousseau und seinen Telegrafenmasten, ich setzte rastende Schwalben als Notenköpfe ein, fünf Telegrafendrähte, vier Zwischenräume. Dorthin setzte ich nun alle Geräusche, augenaufschlagend : einmal krähte der Hahn, dann eine Achtelpause, fünf Hennen gackern im Chor, wieder Achtelpause, drei Schwalben über dem Bauernhof, dreimaliges Jubeln, Einsatz einer Kuhglocke, am Hals des Tieres, Jubel der Schwalben und Kuhglocke zusammen, Glocke allein. Einsatz eines bäuerlichen Werkzeugs, sieben Hammerschläge, abgelöst von einem Knabensolo – endet wie ein Jagdlied mit horido!, nun eine Achtelpause. Fortissimo : Hahn, Hennen, Schwalben, Glocke, Werkzeug, Knaben-

stimme zusammen. Einsatz einer Altstimme : Margarete, Viertelpause. Dann nacheinander : Hahn, Hennen, Schwalben, Glocke, Werkzeug, Knabenstimme, Altstimme, Pianissimo der Altstimme – augenschlieszend am Morgen.

ich lege mein ohr an den meridian von greenwich

dem globus zuliebe sich anjochen;
in margate nämlich sehen wir das meer wieder; ein anderes als in dover; und ein anderes als vom stehenden schiff.
es ist ebbe; es regnet; was für sanft gebettete regulative!
ich gehe weit hinaus, suche muscheln und kreidestückchen.
sehe wie sie drüben hinter dem badehaus auf eselinnen reiten; die stapfen auf dem sand; die kinder jubeln. alles riecht nach fisch und algen.
ein muschelverkäufer preist gleichmäszig rufend seine ware an.
wir gehen die strasze hinauf, bis zum hauptplatz, halten in einiger entfernung vom strand. eine wunderbare häszlichkeit!
das in der luft wandeln!
das an einem fremden orte wesen!
zerrspiegel und überzuckerte früchte.
wie man im zug sich entfernt, und die augen noch sieht dessen der abschied winkt und steht, dann sein gesicht, seine gestalt, seine hand, sein taschentuch, dann nur noch sein taschentuch.
man lebt sich zuguterletzt ein;
dasz er sich in ihre ohrmuschel verirrt hatte; dasz er ansichtskarten zurückgeschleudert hatte; dasz er durch belebte straszen geschlendert war; dasz er etwas gegen fieber eingekauft hatte, in einem tabakladen. ein heiszes getränk bitte.
auf polsterstühlen richard der dritte in farben. nachts briefe nach haus. am morgen kalt und trüb; dann regnet es tagelang.
diese geschosse können mich nur streifen nicht treffen, sagt er, es gibt nämlich keine sonne hier. ich besuche die tate

gallery; ich liege im hyde park und friere; ich stehe auf der tower bridge; befreunde mich mit den wappentieren in hampton court; lege mein ohr an den meridian von greenwich; abwechselnd wie jahreszeiten & wogenschwall. ich trinke tee; ich stehe schlange; ich fege um häuserecken; ich erwarte die glocken von big ben; ich gehe im frühlingsregen unter dem dach einer tankstelle hin und her, heftig weinend;
die radebund!
die fleisz-&-blut!
unserem haus gegenüber eine allee die abwärts führt, dorthin gehe ich morgens wenn alle schlafen.
hochwipfelige bäume die französisch aussehen, und wie das gras erst nach stunden wieder aufsteht: cant your kater answer the telephone?

Wahrsagen aus den Morgen-Stunden eines hellen Tages

beschritten und blau Enzianvergessenheit
Fenstersturz eines kleinen schilfbadenden Monokels
o traurige Osterblume Birkenbäumchen im Atlantik
Flügelschlag der Riesensonne Meer über Mittagswellen
nur im Umkreis verlassene Stätten Häuser aus Blättermusik
I like the sunrise fis-dur die Fliederschatten zur Stunde
blütenverstreut bleichen dich Wassertauben sanfter Mond
Stagnation des Blutes in den Haupt-Straszen der Tauben
rein-leise durch den Septembertag hirsch-grün ins Weite
über die Hänge schlieszlich die Rebe: Immer-Stock

Gesponnener Zucker

Braut und Bräutigam mit dem Eiffelturm nach Chagall
auf der Bank auf der Vogelbank auf der Federbank
mit dem maszlosen vierbeinigen Eiffelturm
Weichteile aus Stahl
und die Rollfähre in die stimmungsvollen Lüfte

jenseits der Seine
wir wissen schon wo
denn der Frühling kann aus den Büschen kommen
mit den Baszgeigen mit den Luren mit den Lieblings-
glöcknern
an gewöhnlichen Häusern läuten wie an einer Sturmglocke
durch die Dachglasblase Glasblase mit dem Stachel
der einmal ein Wetterhahn war
der Wetterhahn ist zur Wetterhenne geflogen
und der schwarze Bräutigam fragt die weisze Braut:
willst du das Hühnerei des Wetterhahns ausbrüten
das Entenei mit dem Reiherschnabel mit dem Wollhut und
Lappenbart
das uns so hübsch befördert

so weisz vom Brautschleier bis zu den Fuszsohlen
in der einen Hand einen Strausz Salbei wie einen Fächer
aufgebunden
den Fächer Salbei mit der Hand auf den Schenkel gedrückt
die andere Hand ist verkürzt und unter der Mitte
dorthin legt der Bräutigam seine Hand
was für liebe Ohren du hast sagt der Bräutigam

und alle Musik aus den Käferbäumen
den Singvögelchen-Kehlen
den Brautfeldern und den Kirchenstämmen
die sich im Westwind biegen
wird zu einer Flüssigkeit
und mit einem groszen Trichter
gieszen sie diese Flüssigkeit
in den Kopf der weiszen Braut
jetzt bin ich nur in meinem Kopf sagt sie
denn ich kann alle Musik in meinem Kopf rinnen hören
auch die gelben Blumen von der Wiese
und die Pappelkätzchen

dann stelzen sie vorüber
drei Wippvögel oder Schwiegerschwestern
stark parfümiert und auf Wurmsuche

auch mit der Anfertigung von kritischen Aufsätzen
beschäftigt
über die letzte Harfenmusik im Schlehdorn
sie haben braune Augen und erschlaffte Gesichtsmuskel
aber von einigen Wangenfedern verdeckt
und grosze Zähne
und herrliche Beine
und sie lachen drollig
und über die Kieselwege davon

Vierundfünfzig bis siebenundfünfzig

In einem Abteil der
kk österreich-ungarischen
Eisenbahn feierten sie
ein Fest
sie fuhren an den Zuckerfabriken vorbei
sie kämmten sich die roten Plüschwangen
sie verhielten sich wie einst Hölderlin und quamquam der
Säufer
indem sie darauf warteten
dasz der Speisewagen einsteige

denn im Speisewagen im Verbotsnetz
in der Zwinge zwischen Neulengbach und Himmelskrätz
wollten sie sich wiedersehen
es war ein schafwollener Julitag
er trug flannels und einen kleinen Koffer
sie tranken sich zu

aber die andern sahen dasz es sechs war
im Geschwader der Nachmittagssonne
die Kupferhähne und die Kupferhähne
fiel Rauchgefieder auf die Stirn
im Abteil gegen Wien West Ost
und regnete wie Thomas Reuth
wie Alhambra im Märchen Schild

wie Sonnenmorgen Glühendolch
seitab wegab und um die Ecke
biegt sie ins kleine Dorotheum

und molchen sich in dieser Samtschlafecke
und kräuseln sich die Tennenspuren ab
die Abendsterne aller Abendsonnen
wie Kranzviolen gold um gold
und Honigträufeln von dem Atlasmund

und Bergpaläste hier und hoch
ein Schwanenbild im Wollkostüm
d'este hier und dort ein Kusz
dort fuhr ich hüttenwarm hinauf
und pflückte Schnee und Flieder
und pfeilten von dem nassen Trampolin
der Wassergott mit Dreispitz und Parfum
die Sonnenrose und der Tamburin
auf welchen grünen Rasenbürden
nur mit dem Schuh gestreift

es geht nach Haus
im kühlen Taxi schnell nach Haus
und viele Morgen wolkenweiche Nacht
und Tränen Hände wangenglatt
und Flaschen biegsam Zigarettenhälse
und Osterlamm
und Atemschöpfen und nicht wissen ob

Fünf Barfüszler-Buszgedichte zu Frühlingsbeginn:

fünf Viertelstunden ein Flötenspiel
Olive-Olive
und in der Stefanskirche ein Profil
das dir so ähnlich war

welcome sagte der Augsburger Dom
als ich mich entschuldigen wollte
dasz ich in seinem Garten Melonen gepflückt hatte

fünf Tage ohne dich und ohne deine Küsse
ist beinah so als dürfte man
fünf wasserspeiende Kolosse nicht umarmen

hochaltrige Flaumwolke
deinem blauen Seidenfaden folgen alle
Frühlingsaugen

schimmernde Blüten wandern dort im Gras
wie ein Frühlingstag heute wo ist
meine Tür?

Vollgeregnet mit Blättern
hat mir der Wald mein Waldhorn
wenn ich es ansetze
fliegen sie auf
leicht und mit rötlich zerzausten Mähnen

Die Ägäis windsandblau
mit Sturmfahnen und Lebens-
booten
mit verwehten Füszen im Sand
bevölkert
von weiszen Medusen
Meerengeln
und senkrechten Seepferdchen
dir zu Füszen
am letzten Morgen
vor der Reise
in die sphärische Trigonometrie

März, flockenschnaubend

auf verschiedenen
Halbkugeln –
(»Hemisphären«, flüsterst du)

schreitet unser beider
Lebendigsein fort –
(»sind deine vielen Briefe
verstreut«, flüsterst du, »und kaum
mehr zu zählen«)

so erklimmt stetig das Jahr –
(»zitternder Schierlingstrauch«,
flüsterst du)

hohlrund und unzähmbar –
(»Gliedsatz vom fortschreitenden
Wahn deiner Liebe«, flüsterst du)

aber die schönen
Konjunktionen finden nicht statt –

Schirmherr makelloser Schlangenschönheit

hoher Beschlieszer der unbändigen Meere
Bereiter stetiger Felder

dem grünen Hochwald kämmst du durchs feuchte Fell
Gras-Strähnen tauen um deine Stirn

winters die langen Täuflinge: kristallene Eiszapfen
sammelt deine Faust im Becken der Dorfteiche
und die silberäugigen warmen Schwärme der Vögel
nisten in deinem blassen Geäder

grosz bist du und ich fürchte dich sehr
hin sprengst du auf meinen gesattelten Wünschen

zweiter Dezember

aus einem Regen der du warst den Himmel fallen
gespürt gegen mich, gegen meine Arme als sollten sie dich
AUFFANGEN! – ach, wenn nach dir aber meine ganze
(Körper) Seele
verlangt bleibst du im Schatten, regungslos. Du hast mich
vergessen längst
wenn auch sanft an meiner Wange
wie Tränen fließzen deine Schnüre

DIE TAXUSBÄUME IM EIS:
WÄNDE VERLORENER SÄNGER SCHWARZ IN BLAU
der scharfe Aufbruch des Winters starr in Pfützen
Hecken von Schwarzkunst Hecken Verwandlung Hecken
Mondreisig
Sonne oder Mond (etwas Grausames ist unterwegs)
die Taxusbäume haben sich gewendet –
auf der Todesbahn Monza als man die Bäume entfernte
lombardische Bäume mit schwarzen Blitzen
die violetten Hellebarden der Sonne
kreuzten vor ihren hart gewordenen Schatten

die Himmelsblöcke der Tränenpappeln Trauerweiden
Lebensbäume
trichterförmig
schöne Häupter
schwebend über den Rändern der Strasze
Geisterfüsze etwas über dem Beton

Ockergräser Harfenblumen versehrte Weichteile von Monza
rasend hämmern Horizonte nieder

Der Aufruf

Mein Leben:
ein Guckkasten mit kleinen Landschaften
gemächlichen Menschen
vorüberziehenden Tieren
wohlbekannten wiederkehrenden Szenerien

plötzlich aufgerufen bei meinem Namen
steh ich nicht länger im windstillen Panorama
mit den bunten schimmernden Bildern

sondern drehe mich wie ein schrecklich glühendes Rad
einen steilen Abhang hinunter
aller Tabus und Träume von gestern entledigt
auf ein fremdes bewegtes Ziel gesetzt:

ohne Wahl
aber mit ungeduldigem Herzen

Topologischer Text

Griechenlands Azur; Janinas späte Halden: wir wachsen immer umgekehrt länger dem Tode zu; unsere Worte gehen mit Asche.
Spektakuläres Morea; verhängtes Athen: wir waren zu spät!
Mächtig tritt Naxos auf, Samos und Lemnos; wir berichten über Regen, Blocháste, Papierbäume, und die Kerzen zwischen Janina und Larissa.
Wir flüchten über den Zygos-Pasz; erreichen geneigte Meere, geflochtene Inseln.
Jagdmessen; Rufe; Zeichen; Wasserrad
(UND GLÜHEND AN SEINEN AUGEN HÄNGT ARABIEN!)

Ins Gammaprinzip der Mixturen; während wir herbstlich gegen Barcelona; und wie ein irisierendes Vöglein im klumpigen Norden: Island, im Flug. Gesteinigt in Valladolid, am

Meer: sanfte Qualen, lebende Leuchttürme, spirituale Bomben.
Der Atlantik zwischen La Coruña und Reykjavik.
Rosenfarbene Orientalen die das Becken des Guadalquivir stützen.

Ins nördliche Meer mit starrer Musik; manchmal tasteten wir danach – aber Nepomuk und die andern bekränzten es sonntags.
Ein vermauertes Meer; ein Kopfmasz; während Jasmin, ganze Gärten, aus unseren geballten Fäusten wuchs.

Gegen die Lofoten, gegen Finnland einerseits gings; gegen das weiße Meer, gegen Sarema; bis wir auf offene Städte stießen, auf langgezogene Prospekte, auf mahlenden Winter: in schrecklichen Kehren Schnee und Schwinge und eingefrorene Brunnen; eisig gebüschelt unsere Fußleuchte der Frost, erdwärts.
Nachtwachen; wir gruben uns ein; stehend liegend eng verschlungen in unsre eigenen Grabstätten.

Du wirst auf Daniel drehen, lautlos peilend, weisze Asche mein Tag; schnarrend der nackte Fusz. Als die sortierten Wachtelzüge ins Reich aufstiegen; als die Stare sich scharten; als die nieder wallenden Funken; als die Watten sich auf Skrjabin vorbereiteten: da verblichen unsere Fragen; denn ich war überall mit dir; überall hin darf ich dich begleiten; dein Land liebt mich: es wird hier und dort sein.

Neuland stumm verschneit: östlichstes Becken von Polen – schirmt ihr immer noch Breslau von Czenstochau? Cottbus von Lodz?
Marianisches Tal; Spuren über harten Rübenäckern von Brieg (breite Sonne vor Abend); über flachen drahtverspannten Bergen; fast in die warme Erdtiefe gesunken betraten wir die Schneeschmelze; eine Ahnung von Blüte; ein verspätetes Eiskorn an deinem Gesicht; ein bunter Sturm über

den Feldern in Flecken gerissen – die beiszende Kahlheit der Nacht.
Über Kattowitz karge Sterne; sperrige Vororte; vergilbte Brücken; Trauer; unmutige trotzige Tage. Das wehrhafte rauchgeschwärzte Danzig. –
Baltische See, Güter Baltischer See! in deine Welle verkraust gehen wir bald in allen Karpathen; schatten wir durchaus durch alle Masuren; bis gegen Königsberg.

Abknipsen den Tod Findling in Senken!
Putzmacher in scheuenden Wassern
Luft-Inseln Aufbrüchen
Schuppen Kiemen und Mündungen
in deutlichen Gemarken!

verwischen seines Hasen Gesicht!
Stiefmütterchens Spur!
und die vielen anderen Stimmen auch!
breit und getrieben (nicht mehr gesprächig)
mein Herz! mein Feld-Hase! mein Eichhorn! wo seid ihr?

ich habe winters um euch geweint und die Kinder der Eulen
tatenfrohe himmlische Völker Sprosse der Freiheit!
(in Gärten und Wunderblumen
verborgene Fuszfallen Angeln des Tods!
Storchschnabel lila Arznei der Engel:
zwei Jahre zu früh Falsett gesungen!)

über der Milchstrasze enden die silbernen Strahlen der
Walzer
Akademien schneien wie Monde
weiszer sterniger Tag!
mein Rufen meine Reise nach Mestre
Fasanen-Bläue
an ruhenden Schienen

(einmal Venedig sehen!)
(kennst du Fauré?)
(kennen Sie Ungaretti?)

meine Verschränkung meine Pfänder mein Staub
über Tee-Straszen durch Ginster
in Schächten Hunde-Tod keuchend und feucht
Zunge und Teer bitterer Rauch
(Angst in den Nächten
Geschmack eines Meers
Weihespiele von Mund zu Mund)

reicher als Ketten

in diesem garten

schichten wie schichten, übereinander, alle streifzüge, alle jahresringe. zog mich an sich spiegelung teich, mit marmorrand wie spiegelrand, starr eingefroren, meine erinnerung an mich, stehend neben dem spiegelteich, schauend in diesen spiegelteich, festgefroren im stehen, im erinnern, im erinnern meines damaligen bildes von mir selbst; oder berieselt mit kies; sturznah; die kinderschritte nachmessend; ein alpengarten, viele jahre nachher wie österlich fächelnder palmfinger: osterabschied, eine bank in der sonne, strahl einer irrenden sehnsucht; durch alle schwarzen tore zugleich tretend versträhnte schönheit einer flügelschlagenden sphinx; die gartenüppigkeit mit veilchenblauen geschossen, und pfeilt über mich hinweg; wildgrüne wände efeu; warme drosselstimme; wehende fontäne; junifarn; gerank von sonnensträuszen; alles ist amseläugig!
ein später frühling; stramme kleine alleen; sickernde träume; tropfender mond. hochgeworfene kinderbälle, die oben im blauen stecken bleiben.
eine flache mulde im gras; eine doppelstiege; zwei kinderreifen im sand. in wehenden büschen.
versammelt im geharnischten gold.

Text mit William Blake

.. es empfiehlt sich Entwürfe (gelauscht Röhrenfuchs) mit
Röhren-Ohren grosz wie Kanäle ist Finsternis schon
Musik
spanking mama: oh tataran babies!
grosze Geheimnisse gelüftet enigma-schwarz wenn verfallen
(verfallen!)
ein Redeflusz in Gotha als man dicke; zum bersten Luft; bist
flugs-vogel-teils durch Lüfte Spaten Blumen
(Reseden) geknüpft durch Aber-Locken
ist Aschenregen rings (summend); hat man schon so; auf dem
Werke auf Frühbänken
skiff (made in sweden) gehackt in Hunger-Sekunden Mohn-
hunger häuserweis eckig (Bäckerlungen)

Vor-Werk (auf dem Vor-Werke) kipfelig nackt beben vertrie-
ben hungers Eumeniden in einer Stadt wie Stuttgart!
Trommelwirbel auch raubfischig (schaudernde Wechsel;
Erbitterungsschnauze)
enthaltsam Flug Lockerungsübungen bei; ein wenig; warte;
nur so!

Paszhöhe; scheint gefährdet stern-blank blind mit Minus-
graden Gras bitter-grün tief Nacht; hat lauter Stern-
ringe; kalt-nacht und: unser William Blake!
konnte nacht-gras-blindlings über Innsbruck ins Tau-blau
(Nacht-Tau Bitternis bei schimmernden Repliken –
welche Tollheiten!)
nicht ohne zu küssen und bis rot
Mond-Schein (nun wiszt ihr warum! diese Perlen-Stadt)
Haare wie Kapuze; ist ein Heimat-Ender; wie er so steht
und heimatanbetet ein Büchsenmacher! ein Versupper!

hat (pronto) geliebt; Stein auf Stein gesetzt; hat ganzes ge-
setzt; Probe-Gesten für William Blake: transparent ..

Text dem Mazedonischen angenähert

(»..und ist wie Ahorn besamt; Schwan; sich annähern;
wo kein Schwan; in see stechen (in Bottnischen Meerbusen);
annähernd französisch, die groszen oder die kleinen
antillen?
de Gaulle und kordialer Archipenko – übrigens ordinale
stokowskis: le premier ..
topos: immer mehr im bereich toller Invaliden bis ans
knappe Knie
Paraguay eingesegnet mit Ruhr-Nachrichten
(was man nur typisch respektieren kann!)
neue feierabende; sich annähern; vielgegürtet:
Marmormolch; Kugelkopf; Fransenfinger; Zander; Zingel; Streber; Kupferkopf; Taschenfrosch; Grabfrosch & verwandte; Tabakspfeife; see-Hase; Döbel; Häsling; Blödauge; gewöhnlicher Nimmersatt; sing-Schwan; Trauerschwan –
er lebt in grün; und Auge mein Bild; tropisch / annähernd
durchzupauken; noch als vergänglich zu sein; gleich zu sein
Zehlendorf (witzig in der dritten Etage) sinnreiche schönheit
Waldapfel wald-tief; verluste um das vollkommene Lied
(Mazedonien)
schon mein groszvater aus der grünen wilden
mazedonischen Nacht ..

Reklame-Zeppelin (während die echte Spannweite
der Königin von England): .. a little mütze ..
und Madame Jochbein beim mächtigkeits-springen
wir: Charlotte; oder: Nous: Charlott' .. (lokomotiva saga)
in Stummfilmen
auf dem Meeresgrunde
sicher mehrere Wehmüller: ordinarius über Versuche um die
eruptionsgestalt der seele
schaut brandflug-weisz wie Stunden (»horen«) – und warten; ein eilig pärchen: dolchig zu zweit gegen alle / starren
brust-herz
oh! whimsical world

lama-schön
ein Pferdepatron rittlings (St. Stephan? St. Leonhard?) als
stapelreiz; hat inneren Sobotka bereit; sich annähern /
Parallele zur Augenliebe lösegeld; verzückung;
über mehrere Regentage
(was ist erwartung?)
und mehrmals wimperngrusz
hat fuchs-farbig im Arm
liegend: a nosegay

und die leisen tastenden geräte fragend / mag sein dasz ..
wenige Schritte weiter: fremde Frau erzählt einem Blinden
das Wetter;
durchs dada-öhr gefädelt – eine trockene Tages-Zeit
endlich / und die verzahnte
Burschenschaft
gehörig erblondet / abgewandt
wer bläst neu-horn?
ist vereinzelt werben
auch aber-horn / ahorn / vorsichtig
.. masz-lieb

säumen vollkommen still bei- und abgetan
wie allerort ..«)

Eisernes Gedicht

(»..in die Flügel gesprochen; Bitt-Säule; Text im Treppenhaus
weil in Frachten; damals-weisze sind im Vormarsch;
beinah ein Winterbild:
grau-grau-Pfahl; registrierte Kreise; Luken schläfrig genormt;
ziehen sich zurück;
Kaiserslautern mit Pelz-Strähne und hintangehaltenem Tod –
sie ist vor zwölf Jahren –
unterzeichnet mit Glaube und dem Heilbutt-Vaduz ..«)

strähnig Philosophien; Herz-Leib wenig oder voll Staub;
neuerdings Erwartung und Bruch
(Flocke Erinnerung: ein Masz »stets-der-eure«; Flanke zu
rauh um Liebe)

laubdurchwohnt; Beize auf Herbst; in Höfen voller Blätter
vertauschte Alter (in Ruhe vergoldet; eine lange Reihe Jugend)

umflort informelle Bach-Studien sind rein-weisz (volles
Geständnis: Bach-Bienen-Schule gesprächsweise toll)
binnen Süsze:
Hand biegsam suchend (im schnellen Phosphor bei-Rose ..)

talk-ohrwärts sausend; in leichten Spuren und Sprossen
gastlich Erwärmung (Stirn Braue Geäder
am liebsten im stehen)
weil gemach lieb-Herz sich auflöst; musz auflösen,
.. mich lösen von neu geschaffen-Mund
Wachtelschlag; Saum-See; lang; so lang: so gestraffte Zeit!
und mit viel mehr Gefieder von den Kabanen her (treu bereit
windisch grau;
brackig See-Ufer und rot-Abend und schaum-Nacht und gerippter Horizont
Hand sesselig nah; winters Flug; schwarze Heerscharen
horst-schwarz; storchig ins Stroh
(und Burgen Seen Wiesen Schatten)
ins nasse Land; Laken-Land;
voll Regen; sprüh-Vogel wild-frei
erogene Zone: terminus »father Strauss«)

bekennerisch klar; und froh zottet in Gewässern; Luft-Kahn
kentert; zärtlicher Spuk mit Glocke (sind ganz fremde
und weisze; und manche traurig; aber inmitten Himmel)

längs des Rückgrats zittern; Rippen zählen; verhängt Arm-
Arm: dann lebst du erst – und vogel-fütterst (und alle
Abende wie Simon und Juda)

übergibt in Schienen; vertäut; und überhaupt die violetten;
schwedisch winterlich ein Geklirre wie feindlicher Raubzug:
sprieszender Stahl; hart wie Amazonas
eiserne Manschette Kindheit:
Erinnerung an ein Geklirre: Raubzug nachts oder nachmit-
    tags wenn schläfrig;
alles rostet; ein-zwei-drei Schläge aufs Trommelfell ..

führt Metall; pflanzt Eisen; ist punktuell;

    (bereitet Himmel)

Vehemenz-Traktat

(».. freier Fall in die Flügel des Treppenhauses; Mädchen
    mit weiszem Hut .. (»Spruch-isabellen«)
    fall-süchtig;
heiterkeitshalber; versteint unten;
Leblosigkeit

Originaldefloration Amsterdams; Mutterschaft;
Entkernung; Taufe; (»Genesis«)
Text zur Erhärtung; präzise Toreros mit allen
Begleitumständen;
mit Binnenseen verziert;
.. schach-abortus (»Tischbein«)
(Bett-Gefährtinnen mit Zündschnur): rappenweis;
ecclesia romana oder
die Verschleuderung bemerkenswerter Ideale ..

mein bester: shakehands und schematische Beheimatung
auf weiszen Flächen / Schindeldächer (Amorphes):
wie sehr o Buchsbaum;
riedartig;
Rentier;
Bestimmungsort: Abderiten

hei-hei! gar nicht erst und schlieszlich doch; schlesisch-
schlimm;
schlieren: schnell anbahnen und schnurgerade
bist getümmelt; an den corners voll Kinder (»Staffage« – ein
Geheul wie in Scheerbarts Geheimkiste)
kotzend Verliese nach mehr; nach Zukunft; und es soll ihnen ..
rüssel-tief;
Haftmeister (Alfredo Pisano; Regent über Zitronenhaine
Siziliens): nationaler Markt:
(»eine Provokation jungfräulichster Art!«)

sichert; sichert euch; schert euch; und hinter dem Auge;
brave Limousine;
berbeiszt; aufrühren; rühren (moving into her mouth)

(».. am I moving too rapidly?«)
kehrt mit Küsten-Hoffnung wieder;
brummen; Kategorie eins (Jaguar) .. circulare

bright Mississippi; grauer Leoncavallo; verzerrt; alles
instabil bis auf die schönen Schwalben die bitten
können!)
ich zerschmettere;
Drogenfeld des Herzens;
(».. and suddenly it jumped ..« – 9. Juli 46, Hollywood –)
macht sich klein beim Öffnen der Tür;
Wien am;
o Kellergeschosse: Waagen-Hölle; Wein-Türme; Elend: wir
hatten eben Lacrimae Christi aufgeladen; (diabolo-
spielend) –
meine ganze Familie in Flaschen abgefüllt;
verdammtes Elend ..
und mächtige Schlieren;
(»Reichsbank«)

Krähen auf offenem Markt gehandelt;
eigenartiger Gegensatz: bei Tag / nachts aber liegt;
entschlossene Spitzhacke; Bauflucht;

eine solche Nacht ..
eine solche Nacht; aufgespieszt Menschen; Scheusale; die
    kaufende Menschheit –
für die Schlächter kaum Platz
gewissermaszen idyllisch!
– und allerjüngsten Datums:
Exekutive für die Befehle / Moskaus:
(»braune Kämpfer«)
Bleisuppe: (»faschistische tea-party«)
Archiv: Kommoden, Schränke, Wirsingkohl; France & Son;
(»zusammen aufbauen!«)

.. telefoniert kniend .. meine .. liebe .. Anna!

ein Reis an einem dürren Aste –
Korinths Schulterblatt; lehre!
bergend (der die Freiheit bringt; oder Knecht) – wo ist das
    nun?
ein lumpiges Masz; ein Stück Niedrigkeit;
.. lenken ins weite Feld / Trab der Jahre .. (wohin?)

auf und ab meine Augen;
voll Bedeutung
ich zu dir –
(»ajar« –) .. und:
hopp-hopp ..
eine Hasel; und ich denke wohl; auf den Spuren;

.. voll Bedeutung, ich zu dir;
.. / ..«)

»rockery« – oder Ein fiktiver Menschenfreund

Er verhinderte Brüche; drosch Zeit; hatte Poren, Schildriemen, Spangen; verzehrte Öl; trug ein Papierhemd, Fuszfesseln, alles vorgefallene.
Er bewegte sich in den Steingarten (übrigens eine Art Nie-

mandsland, eine Agakhanrose, ein gefrorener Nachvollzug), die alte Schlauheit durch Gesang weissagend (.. »o Kälbchen! ..«); von einem Stamme pflückend; sich mit Schlamm überschüttend; rostig werdend.
Ein Entzug, eine Entfernung, ein (poetisches) allein schlafen bewirkte in ihm die Angleichung einer Mata Hari an das Phantom LAUCHGRÜN – (Porree oder Kniekehle, tief in die Flanke des Grenadiers .. »o du verträumter Landser, und so ..«); es bewirkte weiters, dasz er mit gemeinen Späszen den Tellerlecker zu spielen hatte, während die lauchgrünen wachtelschläger ..* Schneckenklee in Lendenhöhe hielten: oh cropped beauty! – geschoren: eine Pracht! eine Blüte! eine curtiusware! ein Schimmelpennig – (er behauptete stets von sich, er sei ein Schimmelpennig) – auf diese Weise wirbelte er die Poesie aufwärts, weitete sich aus, eckte sich, glättete sich wieder, mit einem Wort und von grund auf, gnädig: als totaler Fingerling/Ferlinghetti: schräg, wirksam, vorwärtsgeneigt. So bildete er seine gesamte Tastatur, rockte lauchgrün, äuglings, und agierte nicht nur als Verbal-Taucher, Perlenfischer, schickliches Eiweisz sondern auch als Botschafter in seinem Steingarten, purpurrot, mit Dilemmas grundiert.
In Augenhöhe pfiff ihm ein uniformierter Amselvogt flörop! (venösporös forderte sein Zwerchfell Lauchbeete ..) und der Hang zur Wehklage, zur Ausartung, zur Tollheit lag nahe. Wollte er denn nicht einsehen, dasz eines feuermals Parole an besonderen Stellen der weiblichen Haut ihn grasreich machen konnte? mit »horrido« war da nicht viel mehr zu retten.
Freilich die Sperrzone!
Verlockender Ausweg: Pulsadern aufgeschnitten, sein Wesen frivol in die leichte Form eines Hundes gebracht (».. er hatte es mit den Hunden ..« pflegte man von ihm zu sagen).
Die Schwermassigkeit oder das Verharren der Dinge wurde von ihm ebenso miszdeutet wie die übergeschlagenen Magnesiumbeine seiner Uhr. Morbides vergosz sein Wehr so nebenbei, dasz er von Mund zu Mund gab, steineichelig

* als Backenschmuck für Rosse

lebte, besonders in dem vom Shannon herwehenden Nordwinde; – unter ständiger Ermunterung der schwärzlichen Landschaft.

als

als ich die Palmen sah auf Giotto's Palmsonntagsbild. Als ich die Vergiszmeinnicht sah auf Zeppel-Sperl's Vergiszmeinnichtbild. Als ich die Palmen sah ehe wir an der Küste landeten. Als ich die Vergiszmeinnicht erinnerte an den Plätzen meiner Kindheit. Als mein ganzes Denken einen Augenblick lang nur noch aus Palmen und Vergiszmeinnicht bestand.

Die Rosen von Soho

Die wölfische Amplitude der Gesetze trifft irgendwo die Hinterbacken der Revolution; (die mannesnamen, die weintolle Betrübnis, o schleichende Kaiser, Rothschilds und gekachelte dürer!) – Die genesis der Rosenberge, der halbösterreichischen Vierteltschechen; und die bescheidenen Zwingherrn in Kochstücke zerhauen; und alles simultan, all dies: ein Käfer auf dem Rücken liegend, greifend; die Blumenwiese männlicher Haut; der diebstahl; das aufleuchtende Feuerzeug eines Hitzkopfs und dahinter: ».. sie kamen zu einem korbe, der sang ein schönes lied ..«
Querhälsig getilgt Vitorelli und Bachtröger, Lukas, Thomas und Kuffner, Herzl, Klammer und Leonhardsberger, und alle andern tristen Falken, im Lösz von Margate, im tristen Sand. Hier war die Ummauerung nicht aufzuhalten, Genet schon umzingelt, Margate verzerrt in Sirup und gepeitschten Eselinnen, eine Lampenstadt wie Soho, mit traurigen Totenköpfen, eine Mondlandschaft, die REELING gebrochen in langsamen grauen Menschen.
Sie trugen Namen wie Gliederlöserinnen, und sie hatten Blutzungen, einen Fenchelstrausz an den Lenden und besaszen die wasserziehende Wonne des Monds; lehnten gegen

die Garben der Luft (in den Kehlen ein Ballonflug, der die samtraben der Kavaliere verschwinden ließ). Der lähmende Flug der Karriere erschöpfte sich; sie waren zum Teil erkoren, zum Abstieg – (über ihnen der schmächtige schmerz und in maszlosen Augenhöhlen die Rosen von Soho).

Text zu fünf gleichen traurigen Trommelschlägen: top-top-top-top-top

».. herostratische grosze zungen-Gewichte; auch nachtigallen (adj.);
ELEMENTE / peguy's
Trommelschläge gegen den Himmel (du hast so viel ..)
bart; zähne
und die einmalige Erfahrung:
die Zeitlichkeit; die gletscherfarbe
deiner Augen;
verchromte
Wärme deiner Hände (wärme-einheit aller warmen Körper / strömen wärme
aus) durchpulsen meinen zitternden
mond / »pasz-kontrolle« / regen / gang durch einen Friedhof
gewichtige
finsternis ..
(der gute Ruhm: berg-eisen / ein liederliches eisen!)
fabrizierte Blicke; verschränkt; förmlich und
das verlorensein im Rausch;
noch-bewußtsein mit einigen innigen
SCHWEFELBLUMEN
vier Gramm Eisenpulver innig verschmelzen –
der edle aertzberg mit contento versehen
windbreite »outrageous life!« – und die schwarzen Körper die wärme aufhäufen ..
(Amtmann / Erbland; und gewerken manchmal:
es fallen Steine vom Himmel
..«)

kreuzen das Herz mit schlieren
Steine und Sterne; hast gewaschen deine Augen;
und vom weizen / spreu vom weizen / meine Irrtümer
wiener Gewichte;
es darf nicht; hast du je? jemals vor vierzehn Jahren?
musz vergehen wie nachtigallen
ein Meer / Klippen; ein Meer
wo es strandet;
schiff mit grau-meer / grau-meer
und ergeben
DIE KUPPE EINES FINGERS

wogen auf deinem Meer / fugative sirenen / oh!
    saviour
in verschütteter Welt; ein trunkenbold ..
bei angenagten Gedanken;
ein böhmisches Paradies unter Bäumen
platanen; ein trunkenbold / diebe unter sich

    (und figurativ ein gewisser »slang« ..)

Kirkenes
vollständig nach rechts verschoben
alle Töne
und singen
(singing an anthem: glory-glory-hallelujah ..
the saviour!)

während Eisenlack; Fischblase; pergament; und ein Traktat
    über das Beugen des eigenen Nackens in Ergebenheit
bei josef-jesus
(»ich träum vom kreml«)
(»eine puppe im kreml«)
(»ich träum vom kreml«)
bein-schön; smyrna bei nacht (»schmuck«)
augenaufschlagender ..

ein Tropfen fleisch stalaktitet (o josef-jesus!)
und alle kreml-hündchen
deformationen; wundervolle
deformationen:
bei fusz!
und die burschikosen Dreiszigerjahre im anmarsch – – –

.. schauen wo meer / wo grau ..

! natürlich ist bleifarben Lust; und »craving-for«
Luxuswort
Armbeuge wie mineral
Härtung des Stahls (mein fündiges
herz!)

(Im Astwerk schaukelt Gott!)

rekuriert keuchend / bittend:
und die burschikosen Dreiszigerjahre im anmarsch – – –
semantisches kreml-hündchen
bei fusz!

(im astwerk schaukelt gott)

vom wind geboren; vom Taktstock; wird einmal alles
    lambrecht ..
über Garrard; linguistisch –
    über mediokre Vigilen:

    (schauerliche Vigilen zwischen 42 und 45:
    Eiszeit; frühes traum-eis; Panzer; auf eis-
    treten-geblendet-unwissend-beinah-stumm-beinah-
    taub
    gespeist von irgendwoher mit echo –
auffangen echo; und allmählich sehend / hörend / greifend /
    und nun alles begreifend!

(diese äuszerste spitze)

inbegriff grauen Meers
        inbegriff grauer windstille
                o leviathan

alle Gesetze ins wanken
und der Traum des cervantes:
welche schönheit!
auch in der Asche / meine Asche / Blüte –
wärme meines Blutes
o josef-jesus; nun besiegt: you need not do it / need not do it!
        du sollst es nicht tun / du sollst es nicht tun!

LUFTKINDER MIT IHREN LUFT-ELTERN

        (ausgeklinkt! o
        herodes groszer herodes – warum hast du nicht gleich?
        gazettisch / moselfränkisch und rippig)
pfahlgruppen erhalten sich selbstverständlich und gewisse
        schmeichel-Laute wie
»Bromberg« »Posen« »Thorn« und: »ein flaches Land ..« –
ein reduziertes königsberg / beiderseits
königsberg

in flammen auf .. Sauer und Elsenborn in flammen auf
Sauer und Elsenborn flammen auf
        oh saviour!
und die Achse der Ringelblume ..
        so innig mit
        peguy's strophe

(papier-maché-Liebe
ach süsze nutzlosigkeit / mitternachts
aus Appenweier in der klingelnden Mondnacht
dauer-stösze
        zärtlicher raserei
        (grau-meer ..)
.. »ausgeklinkt« ..)

Achse Trauer / erheiterte wirklichkeit:
und das auf-und-ab;
Heere überschritten Tarnopol
ausgeklinkt Tarnopol und Sewastopol

(leviathan – du sollst es nicht tun)

ich wer-ich-wessen-ich-wem-VERFALLE!
o! komfortabler Brückenkopf
helle Fronten überschritten und:
ich wer-wessen-wem-verfalle: Bromberg-Posen-Thorn
gefallen!
und weil es Céline widerfuhr / an alle
ausgeklinkten
Gazetten-Leser ..
»deine hände / blasses Leben; grau-meer«
».. verfügen sie über die kleine heilige theresia!«
»freitag der vierundzwanzigste;
ich wer-wessen-wem-verfalle ..«

aschige Hortensie (MEINE GEISTESGESCHICHTE)
und Aussage: Luftkinder; Herodes; fusznote eines
versteinten Kindes /
sollte anders;
Luft-Eltern;
meine Füsze treten –
und der kreml weint!
kreml-hündchen /
mit dem Fusze lesen ..

(»quecksilber als Tröpfchen in Gesteinen eingeschlossen –
ein rauher liebhaber –
ges. gesch.
mit dem Fusze lesen ..«)

die Starre; in Tümpeln; entreisze den brüllenden
Leben / fern von mir
lasz sie mein-gott! meiner sich nicht freuen / rings

lasz sie nicht sprechen!
meer; grau-meer; grau-meere / o
    gejagt; gestürmt;
meinem Leben die grube graben
grau-grau – wie grauer steinmetz
grau-grau wie das brüllen meiner seele –

mit löwen; schreit / mein Bruder
schreit / zechbruder; trunkenbold; spender der Fruchtbarkeit
UMGÜRTET VON GRAZIEN

mein Bruder schreit!
.. nachtigallen / trauerspiele
wunderliche fata einiger Liebender
teubners Laden / alberti julii – ein geborener Sachse –
    vermutlich noch zu dato lebend
zu wasser & zu lande

LANGES LEBEN SANFTER TOD

zu winters; hand bei hand; Kolchosen bei lucinde
als die Fasten aus
nachtwachen und gastlichkeit
»behütete gartenfreuden« –
Sonnenstand »waschbrett«
wenn ein schweres
Verlangen nach mond; feuerknistern

EIN KIND NACH ADAMS WEISE & LOSE

    meeresbrandung

während der Wiesenbau: findelkinder vom langen Tau
langes Leben sanfter Tod
    lose meeresbrandung –

sehr fest geknüpft:
    blatt- & blütenmuster
    grün-lilien

pfeffergesicht (grau)
schildblume
roseneibisch
auszerdem:
schall (in der luft)
brieftaube – ausgeklinkt
in schaumburgs armen
erdbeben-schnecke

sehr fest geknüpft:
Orkan / Sonne / grau-meer
in meinen Armen:
erschuf den ersten tag:

rauchschwalbe
bronze-hündchen
kuckuck –

(».. wie hell der mond!«)

Register zu den geheimen Schmerzen meiner Mitbrüder

».. gestürzt ins savoir seiner Rede; gestürzt; gestürzt; und
alle register gezogen; odumeingott
gestürzt ins weisze, ins heil / noch halbes Kind
gestürzt; bekleidet mit weiszen küssen
märkisch / gestiftet von Jasomirgott / alle register:

(beautiful angel / my guard and my might
tenderly guard me / for I am your child)

»arsenik-blüte«
das zahnende Kind; das zehnte
gestürzt ins weisze;
zur geheimen Bestürzung seiner Mitbrüder
tastend zahllose Augenblicke
was grün ist im Auge / es grünen

o mein erbarmer oh! saviour
die sendungen des frosts
die geheimen Schmerzen meiner Mitbrüder
der stillstand der küsten / v-winkel
die räder der jahre; o dickicht; Raine
(Küsse und Kraft des Paraklet)

gestürzt in die partikelchen;
in die Redefigur
während Posaunen / pommersche Zeit
und feiner Regen gehäuft:

VERGIPSUNG

eine Stelle für Paulus / ein gewährter Schild (wurde »frey«)
gestürzt in die traurigkeit seiner rede

inbegriff seiner Pairs-würde
was an seiner Iris erblüht /
a certain »tension«
all-Stadt und all-Mann
oh! gracious love & alle register / alle register gezogen:

abderhalden seite 148
absoluter nullpunkt seite 164
aether seite 96
amethyst seite 46
anorganische schlüssel seite 117
arsenik-blüte seite 49
auer von welsbach seite 44
azotfarben seite 164

ICH SUCHE DICH / an den schönen ulmen
grün dein auge / ich sage euch NICHTS IST
in regelmäsziger Krümmung &
wie eine Muschel-Schale in die der Vogel sich selbst
einschlieszt
allmächtiges nein / »thru'« – »I'm thru'«

VERGIPSUNG

verjährt
alle register / und alle register /

(eine prothese am linken bein; die rechte hand:
Asche; am Hals eine kanüle; ein muttermal ..

die geheimen Schmerzen meiner Mitbrüder –)
grünendes Deutschland / in seinen Augen
sendungen des Todes / o
mädchen: arsenik-blüte!
mein erbarmer / v-winkel
ich suche dich / AN DEN SCHÖNEN ULMEN
an der Innenseite meiner Hände

einer seele ruderblatt

geboren am letzten Tag eines Frühlingsmonates
Buchten und offenes Meer
see-Vögel und schreiender bettelsack / »kierkegaard«
»arsenik-blüte« & die diversen
Redefiguren
simplifizierung
bolschewistische Manier / scherenschnitt
responsorium seite 21
(gespräch über Krolow / dem 21. februar / faszination des
unbefriedigtseins)
Raine / dickichte / fels
gestürzt in seine festrede / ein fallendes Kind
(noch halbes Kind)
ein fallendes Kind
an den felswänden die schnäbel – gespräch über Krolow
schnäbel über dem Meer
zärtliche Nächte / brandung /
ein Schimmer von »wildfeuer«
erbarmen oh! gracious love

DIE EINLEITUNG EINER ZEIT DER VERGIPSUNG
hatte see-Vögel in seiner rede
in der gegenwärtigen Kraft &
wurde »frey« –
selbst Chaucer hatte gewuszt /
    (eine junge Elf' / »mönchen« – to munique somebody
        or to monk s. b. /
    a certain »tension« –)

(eine prothese am linken bein; die rechte hand: Asche; am hals eine kanüle; als muttermal geboren am letzten Tag eines frühlingsmonates ..)

geheime Schmerzen meiner Mitbrüder
alles Brüder!
zärtliches äffchen / gesicht eines Kinds (»ich heisze Elfe ..«)
aether / werden alle zu aether
die bestell-code dieser Jahre
arsenik-blüte! meine Liebe
eine sterbliche Stelle / für Paulus
Stillstand der Küste &
die see-Vögel die mein Glück
    (»schnäbelten um mein Glück ..«)

ein Heer von lichtblauen Windmühlen am Horizont
»westfalen«

    beautiful angel / my guard and my might / tenderly
    guard me / for I am your child –

meine sterbliche Stelle / verjährte Vergipsung
und alle register gezogen / oh! saviour
und die geheimen Schmerzen meiner Mitbrüder
wenn deine Stirn in vierzig wintern

(».. not marble nor the gilded monuments ..«)

freiwillig »frey«
meine sterbliche Stelle & das grün
        der heckenrosen ..

»wildfeuer« / stillstand der Küste
(»when in the chronicles of wasted time ..«)

Redefigur / stürzte ins weisze seiner Rede
alle register / alle register gezogen
von aether bis arsenik-blüte
die wölbung deiner stirn /
offenbart das grün des frühlings ..

        & weidenruten / knospen / körbe & einen ganz blassen
        regenbogen / spaten
        Raine / dickichte

ICH SUCHE DICH / an den schönen ulmen
Stillstand der Küste
eine Stelle für Paulus
        (» .. when in the chronicles of wasted time ..«)

»oh! saviour – when in the chronicles of wasted time ..«

»Auch der Winter treibt seine Scherze«

(Brustbild H. C. Artmanns)

1 Während »er« sozusagen das Dilemma, geistert »er« sozusagen in engelgleicher, gepudert & gefädelt, zusammen mit tom-shark ungenormt in solchen Kreisen

2 Um die Reinpresse der Zeit, vererbt »er« unväterlich und schwedisch, durch neinsagen, durch stapfen, Spanien, Schweden, den Stiefel; verkrustet in Deutschland, verkohlt in Wien; sattgesehen an Irland

3 bardisch würdig zipfelig rentierig kufig & säumig hier wie dort, amtlich & mitternächtig, »er« & »er«

4 Durch Erd Rausch Verschleisz an menschlichen Jahrgängen & verjüngendes feinströmen (»i play boy«) eben auch als k & k zucht Poet mit einem Tochter Betrieb in der Kärntnerstrasze, eine Tradition des süszen Vergnügens

5 Mögen sie beide noch viele Stunden unbeschwerter Gaumen Freuden g.

6 Fuszfreie Zukunft: selbst die Hunde hielten »ihn« für einen Elch! biologisch natürlich (man trägt sich selber ab)

7 Während das Pratermuseum seine Korpusse als geweiszte Stock-Holme ausstellte & damit selbst Vororte entkräftete, wurde dieses Brustbild vollkommen überschneit (»auch der Winter treibt seine Scherze«)

8 ……

Zuletzt soll er seine ermatteten Adern fächerförmig neben sich ausbreiten

Er soll hingegen zurück, und nach einem Besuch des grünen Hafens soll er über die Brücke des gezinnten Flusses gehen, um zusammengeströmte Straszen mit Lauben zu erreichen. Über die Brücke zurück, soll er besonders während der Blütezeit haltmachen. Dann soll er das Zentrum erreichen, an dessen Ende sich der wassergeäderte Berg erhebt. Er soll bis zum Fusze der Stadt weitergehen. Danach soll er zur Franse der weiszen Säulen, bis er in der Luft den Aussichtsturm gewahrt. Wenn möglich, soll er zum Bogen der ausgedehnten Ebene zurück, wo sich ihm ein zugvögelgestreifter Himmel öffnet. Vor allem aber soll er bis Levico und Pergine mit den zwei blauen Augen. Auch soll er nicht vergessen, dorthin zu gehen, wo der Brentaflusz entspringt. Er soll es nicht unterlassen, die grüne Fassade des dortigen Rathauses zu sehen. Er soll nicht gehen, ohne die groszen prunkvollen venedischen Landhäuser gesehen zu haben. Auch soll er nicht die niedrige Landzunge im Norden, die viereckige Rotunde im Süden, die rebentragenden Täler im Westen und das Hochtal im Osten versäumen. Er soll die rohe und gestirnte Alpeneinsamkeit in sich aufnehmen. Auch soll er zum würdigen Kanal zurück. Endlich soll er den Landteil aus Fluszmäandern durchqueren und die schrecklichen Felsen von Carso besteigen ..

Ein walkie-talkie

für Ernst Jandl

Als ES ganz genau hineinpaszte wie der Endziegel ins Mäuerchen und ihnen rief sich zu verhalten, hart gepflückt, was heiszen soll, dasz sie nicht gereift wie Brombeeren oder dasz sie reif aber von Unhand, oder dasz sie unreif aber perlig in Einzelstimmen – eben wie Waldfrüchte im Andrang der Moostiere, des Grüngeblinks, des Silberfeuers der Flechte und einiger Stationen näszlichen Ruszes, der Kerbe Luft, des Spinnlauchs, der verspulten Holzgeier, gezwirbelt und schwarzfüszig auf Anhöhen, und verschiedener Wasserhämmer – dies gemeint. In Stimmen zu eins zwei rückten sie hart aneinander, nahtnah, und obwohl eins das andre einschränkte, wurde daraus ein Bezirk, der sich windend verknotete, mit nach hinten gekehrten Ohren: die Handmuscheln unterstrichens! – Vierfach wundervoll ein nicht nachvollziehbares Räuspern auch, ladend in die STAMPE hinein, mars mars, ich sollt ES betreten, Tor ohnedies offen ..
Während ES im Wolf seiner Stimme rotierte, was man sehen und hören konnte (lauteschlürfend, wortequirlend, silbenschleifend), rötlich im Backstein seines Gesichts, urban verblassend, fand sich, längst angeheuert, eine fünfte Strophe, die nach Western-Art frei aus der Hüfte ausschritt: can she make a whirlpool Billie Boy Billie Boy can she make a wirlpool charming Billie.

Als sie ES uns herüberreichten und wir ES blank & fest & in Kegelform in den Händen drehen konnten, hier und am Alex, hier und in der Defreggerstrasze, hier und über der eingerüsteten St. Paul's, hier und in der Sheen Road, hier und auf der Alster, da torpedierte ES unser Drahtwort, und sie triebens falltürig, immer von neuem, wie Katz & Maus.

Tagesberichte einer Astralgärtnerin
(ein Science-Fiction-Text)

(» .. die synthetische & die analytische Phase lösen einander vorerst ab .. «)

den neunten: als ich die Stiegen 'raufstieg, rief mir das Sitzpersonal nach, ich soll ihnen die stärkste Ware mitbringen!
den dreizehnten: alles verschlämmt; die Saatkistchen strebsam; zwei Kameradinnen gingen nach Stern »impatiens« ab
den vierzehnten: führte heute die Hornbläser 'rauf, wollten erst nicht, sagte ihnen, ich würde nur die Sonne in einer Ecke anzünden; Stromausfall auf der ganzen Linie; muszte meine Kameradinnen zum Temperaturfühlen anleiten – weiszt du noch, heute ist unser Tag »nach Fuchsenart«? Störlampe brannte die ganze Nacht!
den sechzehnten: im Gewächshaus ist gerade Druckprobe; Kontrolle der Weingartenspritzen; man munkelt: Zerreiszung des Sterns »robusta«, sofort nachdem er Blüte angesetzt hatte; von der Ähnlichkeit der Gestalt, o .. heute abend Verknüpfung zweier Ahornhaine
den siebzehnten: schöne Schalen, Achtertopf, Rosaköniginnen, alles in Blüte, sogar meisters ..
über den Kopf geschüttete Nüsse & Feigen; weißt du noch, heute ist unser Erinnerungstag (der »von den Hörnern«) –
den achtzehnten: an der Rosenhecke ein Streif Morgen, ich werde die Sonne einlegen; die Schoten des Johannisbrotbaums werden dunkel; die aufgewendete Liebe ..
den einundzwanzigsten: im Werbesalon: Erleichterungen für

Liebeseinheiten; große Beanspruchung der Stimmsteine; die mit neuen Kameradinnen besetzten Arme des Stromes schwellen an .. noch mehr im Herzen –
die Apparate werden perfektioniert; neue Monatserdbeeren sind eingelangt; in die Füllöffnungen hat sich der Wurm eingeschlichen! –
gestern einige Neuerwerbungen; Frühfrost –
dir noch einmal beiwohnen ..
der Astschnitt selbst fühlt sich als Unperson
den zweiundzwanzigsten: Alarmtag! »Falstaff« eingefriedet, die ganze Länge des Stroms mit Lorbeerpyramiden bepflanzt; einige Capri-Stecklinge angeschafft; ankrächzen; ein Bergahorn zuviel; heute Spätfrost – was meinst du, sollen wir den Windkessel mit Kameradinnen besetzen? das Gelände ist gut bewurzelt (würde aber trotzdem eine Gefährdung der Saatkästchen bedeuten) –
weiszt du noch, heute ist unser Erinnerungstag ..
den dreiundzwanzigsten: unveränderte rote Marke auf allen Flugbehältern, Warnanlage beschädigt! stumpfkegelige Fühler; Gerste geröstet; Waldaroma leck! wir messen das Emporklatschen des Schaums, ich betrachte den ganzen Durchmesser; die Anzehrungen dringen bis zu meinem center vor – du fehlst uns sehr, am meisten mir; wie lange noch so?
der Überwachungsdienst wird aufrecht erhalten
den vierundzwanzigsten: die Stammformen Chicago & Harald sind ausgerückt; glaubst du, daß Goldherz-glazier & green ripples sich vertragen werden? die pechschwarzen vermehren sich am ehesten in der Neigung; wenn du doch den Mechanismus der »Allgäuperlen« sehen könntest! Druckknopf Schlaf funktioniert nicht mehr. Morgen ist dein Geburtstag ..
den sechsundzwanzigsten: ein Glimmerfreund ans Gestade .. heute die sechste Kultur überwachen lassen, groszblumig; offerierte Scharlachbaby (alle Organe eiförmig); in den Waldtälern ab achtundzwanzigsten Nachrichtensperre; ich verliere Blätter ..
der Strom schwillt immer mehr an –

gestern war dein Geburtstag!

den siebenundzwanzigsten: die Mischventile funktionieren wieder, Ausfall bei Nacht; die Hybriden bringen zur gleichen Jahreszeit ..

abgenützte Nomenklatur dieses Lebens ohne dich – eben ist die Umlaufpumpe ausgefallen; wir sitzen um die Tische des Kalthauses; hängender Atem rundum

den achtundzwanzigsten: heute geht die letzte Nachricht an dich ab; um sechs Uhr morgens zwanzig Kameradinnen auf den Stern »symbol der starrheit« verschickt; alle Saatkistchen braun, du weiszt wie sehr ..

den neunundzwanzigsten: wir haben auf den gröszten Betriebsdruck (achtzig atü) gedreht; die Leitungen können nicht mehr unter Kontrolle gehalten werden; nur noch wenige Stunden & die allgemeine Zerstörung ..

ich möchte einmal noch, du auch?

ich beobachte wie –

(» .. nun aber sind die synthetische & die analytische Phase im Gegengewicht wie die sich beinah berührenden Gänseschnäbel einer Krämerwaage .. «)

Pamelas Atemzüge oder: »basic-pamela«

Pamela offenbarte ihre nautischen Verhältnisse (»monthly«). Er, Pamelas Mann, hatte das bestechende eines visiers. In beider Finsternissen krachte ihnen das Meer; kippte das Meer aufwärts; kopulationen des morgens; aber selbst die mutmaszliche Reibung ihrer seelen flackerte in den Augen, machte ihnen Gesichter von mehl (sie lieszen die Begrenzung); trugen »monthly« ihre riesenschildkröte spazieren im ersten Schein der Sonne und überhaupt; Pamela mit rotem fetzchen; eine peristaltik der seelen wo man hinsah; Verjüngungen; und stecknadelgrosz punktete tief unter ihren Füszen die Welt auf – mit seiner geriffelten Krawatte war er dazu verhalten worden, alle gröszeren Ausgaben, Finsternisse, Veranstaltungen von sich und Pamela fernzuhalten, andernfalls alles flutlicht, alles Unbehagen, alles Kaspische ihnen zur raserei werden sollte (».. rebellion im haar der berenike ..« und ähnliches); es gelang ihm endlich und schlieszlich: das Meer kippte über! sein Gesicht trug wieder ein visier; machte ihn unkenntlich, fremdartig, chronisch; – beängstigend, wie er sich wünschte, an einem Aste Blüte und Frucht zu treiben! doch Pamela gab ihm*.. und dies war basic! die frequenz ihrer Zustimmung nahm zu; er führte sie in Dubliner Kreise ein; er sah sie allein einen unüblichen Tanz auf der vereisten Strasze vollführen (kommerzialisiert; unsicher; erschöpft).

Die Sintflut

(».. vorläufig wurde dieser Abschnitt an den Schlusz des Berichts gesetzt, wir haben ihm der Ordnung gemäsz einen Obelus, (*), das ist ein kritisches Zeichen, vorangestellt.«)

(*)

Innen & auszen mit Harz verpecht, ein Gehäuse, riesig, an den Ballonwänden Fackeln oder so wie, erinnert im ganzen an Vorbereitungen für eine Weltreise, oder Weltraumreise, man installiert alles in einem vielschichtigen Schrankkoffer: Wassermaske, Schnorchel, Schrank, Stuhl, Schreibmaschine, Papier, Tisch & Bett, Krug, Seife, silberschenkelige Statue aus dem Garten, Wein, Bier, Korn, Öl, Most, Getreide, des Dichters general food & Schneemänner, sozialistische Straszennamen, Mulden, Äcker, und die süszen Saug-Posten der jungen Frauen des Sem, Ham, und Japhet. Auch verfrachtet man die Aufnahmen ihrer zärtlichen Herztöne, wenn sie mit Sem, Ham, und Japhet. Auch die Zeichnungen der numeri-

* ».. oh for that afternoon ..« – Kunst- und Modesprache

schen Schwächungen bei Sem, Ham, und Japhet, auch die Registrierung aller im Hause Noah getroffenen Selbstentscheidungen, die, wie man weisz, ein Masz an. Weiters der Schattenrisz von Noahs Kopf, wie er eben sich umwendet bei der Frage Hams, wovon eigentlich das Kalbsfett so grün? und wie er fast schmeichelnd, schelmisch, feminin, antwortet: Die abgefallenen Nadeln des Asparagus! –
Dann wurden hierher übersiedelt, wie das so ist, die erinnerten Bilder des schwanken Cootie Williams, die müsziggehenden Prospekte einer Fahrschule, die den Namen Ham trägt (Weiszt du eigentlich Ham, Liebster, dasz die Fahrschule round the corner deinen Namen trägt? fragt Hams Frau, überpassioniert, und Hams Namen kauend). Da sind viele Öllampen, auch Fackeln, später von Füchsen zwischen ihren folgsamen Schwänzen getragen, Felder & Feldesfelder & paginierte Mädchen, und ihre Kniefälle werden verzeichnet wie See-Knoten oder Buchseiten. Da sind Bindfäden, die dem Feuer widerstanden, Landschaften in verschiedenen Bescheinungen wie Mond, lautschreiendes Sonnenlicht, bellend-willibald-schlotter-Wind & so fort, etcetera, auch violett-Abendlicht, Neumonde, verhängtes, sterniges, sumpfiges, überdachtes Laublicht, Nebellicht, Berg-, Abend-, Nacht-, Mitternachtslicht. Hier werden die Reserven Geduld, Einsicht, Voraussicht, pflockfestes Mitgefühl (unerschütterlich!) gestapelt; auch Athletenstücke moralischer Art des Hausvaters (Erinnert ihr euch noch an … – Wir habens aufgegeben .. – Hier unser neues Quartier hat … –); weiters wurden hier gesammelt der Grillofen (Xylophon) des bunten Bungalow (siehe Hilde Domin!), die Schattenecke neben dem Haupthaus, mit den beiden abgeholzten Wildbirnbäumen, der träumende Brunnen, ängstliche Quastenschirme, ein schwarzes Kostüm aus Schnürlsamt, ein Buch von Nathalie Sarraute, in dem alle Gedanken als Punkte erscheinen; ein Bogen Millimeterpapier, mit Eintragungen tief liegender Gefühle.
Die Frau des Ham hing an Hams Mund, ein Speichelfaden ohne Ende, nachdem SIE's Bündel in die Küche zum Ofenskelett gebracht; jetzt in Hams Zelt, tomatenwangig, weisz-

brüstig, krempelt sie ihre Ärmel blindlings und ist im Sitzen bezaubernd, im Hocken faltenäugig, bescharrt den klemmigen Haargroszknoten nach Hams Lippenmund und schnippelt an Ham linear fort, bis Ham rücklings herabsinkt, ein scherendes Dünenland, das immer weiter fortrückt. Hams Weibs Mann steht sitz(Bild) auf dem Sofa in ihrem Schosz, wirft eine feinstrumpfige Netzhaut über sie & sehr natürlich das Gezwinge der Mundmaschine näher an sie rückend, setzt er den Klöppel seines Eselregens dort ein, wo sie, Hams Weib, rücklings herabsinkt (siehe oben!) & zwischen Hürden lagert, im Veilchengrab, wo er sie unter sich zermalmt, sie aber locken-webend, die erregten Kinnbacken und Fäuste – – Da treten ein je: zwei Füchse, die zwischen ihren folgsam aneinander gekehrten Schwänzen eine Fackel trugen (siehe oben!) und darauf achteten, dasz diese nicht umkippte; ebenso sorgsam zwei Rotkehlchen, die frühling-frühling sangen und zwei Tauben zufusz, die zwischen den Wasserwolken. Sodann zwei Giraffen wie Hochhäuser in Kontakt mit Hilde Domin (siehe oben!), mit quastenängstlichem Schirm als sie bei Grillofen (Xylophon) & zu Noahs Entzücken, im Taxi die Nummer 140 000 ihres Scheckbuchs wiederfand, den schwebenden Siegesengel anschaute und »grasend an ihren Neumonden« graubündisch ergeben, rotwelsch, schildbewehrt, vor vielen Jahren in Heidelberg, dieser schönen Katzenkopfstadt, Lampenstadt, in einer nassen Mitternacht ihr Schulterblatt in Opposition zu Noahs Flut brachte. Weiters zwei leise Schlangen mit wehen Füszen, und zwei Esel, verbal ergeben (Wie recht du hast lieber Herr, meine Zierde!) – und zwei Fische, die da lagen mit ihren blonden Gesichtern auf der Flut & gegen Wasser, und zwei Schafe und zwei Leithammel, und zwei Pferde, und zwei Maulwürfe (nächtens bei Günther Eich), und zwei Igel, und zwei Schildkröten, und zwei Jaguare (siehe unten!), und zwei Adler, und zwei Kühe, und zwei Katzen, die journalartiges trieben, gescheitelt schreiend, und zwei Ameisen von der Art, dasz sie Säckchen unerfindlichen Inhalts befördern, und zwei Affen, und zwei Bären und zwei Frösche, und zwei Käfer, und zwei Rosenstöcke, und zwei Briefkasten, und zwei

Flaggen, und zwei Negerpärchen, und zwei Wegkreuze, und zwei Tannen, und zwei Schneemänner (siehe oben!), und zwei Papageien an Ringen, und zwei Tränen, und zwei Honigberge Hand in Hand. Sodann zwei Träumeknacker, zwei Kälber, zwei »Spielvögel«, zwei Trauerveilchen, zwei Kunstformen, zwei huj-huj, zwei Dünen (siehe oben!) mit je zwei Kaninchen & Felsspalten wo man. Zwei Gardinen, zwei Widder und zwei Wolfsschwänze, zwei Kamele und zwei Schwäne im Auto, zwei hündische Briefe, zwei Produktionsmittel, und je zwei Raddatzrosen auf zwei Wolken, zwei Feuer, über die man springt, zwei Landschwalben, zwei Tassen in einer gefrorenen Eisenbahnstation, zwei Türme weit weg, zwei Ostbahnhöfe nachts um eins, zwei Keramikköpfe & zwei Bienenschwärme, zwei Löwen, zwei Heimkinder die man bei Flaschenwein. Zwei Zuckerhüte und zwei Zeigehändchen à la pop, zwei Mäuse und zwei Ottern, zwei Stunden und zwei Ofenskelette (siehe oben!), zwei rostige Flamingos, zwei warme Hände, zwei Eulen.

Dann, als Noah sah, dasz- – und alles bereitstand, sodasz- – und die grosze Luke sogar verklebt war, sodasz- – und als das Wasser hochstieg, sodasz- – und als kein Mond, sodasz- – und auch keine Sonne, sodasz- – und als es losstürmte, heulte, wogte, sodasz- – und als sie sich alle das eine wie's andre Mal losschütteln wollten, sodasz- – und als sie keinen Abstand mehr finden konnten von der schrecklichen allgemeinen Bewegung, und als die Tage sich unverständlich verschoben, die Wolkenbrüche im Meer pflügten, die Blitze niederstachen, die Dämmerungen kalbten, die Schafe schleusten, die Esel erloschen, die Adler schmutzten, die Füchse ihre Fackeln niederrollen ließen, die Raben tickten, die Bienenschwärme überflossen – – –
da liesz Noah seinen weiszen Raben los.
Der sollte ihm sagen, ob die Erde trocken geworden sei.
Der weisze Rabe kam zurück.
Da liesz Noah seine weisze Taube los, die kam zurück.
Da liesz Noah seinen weiszen Adler los, der kam nicht wieder.

Da huschte er (Noah) hinaus und sah, dasz der Ölzweig grünte.

Es verlieszen ihn nun: die beiden und die beiden, die beiden und die beiden, die beiden und die beiden, die beiden und die beiden, die beiden und die beiden, die beiden und die beiden, die beiden und die beiden, die beiden und die beiden, die beiden und die beiden, die beiden und die beiden, die beiden Bienenschwärme und die beiden Wölfe.

Die feuchten Kehllappen der Welt trockneten sanfter ab, das Ölblatt schwankte ab, & zu Noah und Noahs Söhnen, den jungen Frauen, noch zerzaust, und Noahs Enkel & Schutzkindern, Noahs Landschaften & vermehrten Begrenzungen; und als Wege, Straszen, Tankstellen und Holunderbüsche wieder liebe Knechte geworden waren, da trat Noah mit seiner Familie aus dem Ballongehäuse, sah seine Familie um sich versammelt, sah das Bild seiner Familie zweimal: in den zwei polierten Radscheiben eines seitlich parkenden Jaguars (siehe oben!) und eine Stimme stieg ab und verkündete: »Nimmermehr will ich fürderhin die Erde um des Menschen willen verfluchen, ist das Sinnen des Menschenherzens auch böse von seiner Jugend an, so will ich doch nicht wieder alles Lebende vernichten, wie ich es getan habe. Fortan sollen, solange die Erde besteht, nimmermehr aufhören Saat und Ernte, Frost und Hitze, Sommer und Winter, Tag und Nacht.«

Pick mich auf, mein Flügel ...

Anleitungen zu poetischem Verhalten

für Ernst Jandl

Gehn Sie abends im Mai nach schmerzhafter Zahnbehandlung über die Strudelhofstiege langsam abwärts, sehn Sie in alle Grasspalten, Vogeltritte, Reservationen, bleiben Sie an der Büste von Gido Hasen stehn, werfen Sie viele Blicke in die kloppen & daken der Heilsarmee, in den Versammlungs-

raum mit der Äskulapnatter, verankern Sie sich im winzigen Rasenmäher von nebenan, gehn Sie ganz an ihn heran so dasz er mit einem schrecklichen Aufjaulen – und fort! erinnern Sie sich an den Hafen von rya-rya, an resa till delphi, drehn Sie sich lautlos in die herrliche Höhle mit den Kandelabern und der Steinplatte, den Springbrunnen, dem Urwald und beachten Sie die erwartungsvolle Spannung Ihrer Mitbrüder (jockeys raten zum mond), fliegen Sie von der Fuszstelle der Stiege gegen Tokyo mit Landpferd beurre (wie butter) .. pick mich auf, mein flügel
(wer spricht eigentlich französisch bei euch zuhaus? beurre die butter, aus-ziegen, schmuddelkinder, als die alte aus dem Verschlag kam etc. im Lunapark von Jesolo flogs karussellartig vorbei? soothing the parents) – Oder Sie fragen mit eingezogenen Lippen Ihren Freund ob er an einer metaphysischen Krankheit leidet ob er fäusteln kann ob er das Fluszband –
Oder Sie lassen sich auf ein Saxophon betten und sprechen dabei sinnentleerte Texte
(anzuraten auch für die Wartezeit beim Zahnarzt)
har du sett min lila katt?
die lila Katz' das Fluszband –
monalisa oder die schreckliche Zukunft: alle Häuser stehn offen, alle Menschen
sind aus Glas, alle leiden an metaphysischen Krankheiten –
har du sett min lila katt?
meine lila mein Fluszband (ganz Farbhecke rya-rya, delphi) –
haselnusz mona inleichen zukunft: in die Häuser wird man reinsehn können, alles
aus Glas, natürlich auch pysslinge ganz Zimmerhecke –
Waschen Sie Napoleon!
Gehn Sie monalisen!
Sprechen Sie sinnentleerte Texte!
Beten Sie!
Schreiben Sie fünfmal hongkong!
Geben Sie ein paar theoretische Bemerkungen zum besten!
Füsilieren Sie!
Rübsen Sie!

Glänzen Sie!
Züchten Sie sich ein paar metaphysische Krankheiten an!
Zeigen Sie Rückgrat!
Zeigen Sie Lotte!
(Haben Sie schon mal im Lotto gewonnen Sie trotz kist?)
Zeigen Sie Lotte an!
(jaguarungen von maikäfern aus meinem Rückgrat geboren)
Zeigen Sie Rückgrat!
Zeigen Sie Reservation!
(es wird keine Reservation mehr geben in den Häusern wird
man wie in einem
Flugkäfig – in die Gehirne wird man – alles wird Glas sein)
Füttern Sie Napoleon!
Gehn Sie an Lotte ran!
Rübsen Sie monalisa!
Waschen Sie Romeo!
Zeigen Sie Ihre Zähne!
Zeigen Sie Rückgrat!
Versuchen Sie Ihre Labyrinthe verbal zu lösen indem Sie
sinnentleerte Texte vor
sich hinsprechen!
Baun Sie mit am Kieferzertrümmerer!
Atmen Sie gleichmäszig im Wartezimmer des Zahnarztes, es
kann Ihnen nichts geschehn!
Beten Sie!
30 m mord –
Morden Sie funktionell & fröhlich!
Seien Sie einfach ff! prima!
Lassen Sie sich auf metaphysische Krankheiten ein!
Sagen Sie ja zum rasenmäher Romeo!
Überlassen Sie sich zeitweise dem Wüten des Pöbels!
Träumen Sie von maikäfern die Ihrem Rückgrat
entschwärmen!
Träumen Sie von der Konstruktion des Kieferzertrümmerers!
Sammeln Sie devotionalien!
Sammeln Sie den sportlichen Bau Ihrer Freundinnen!
Überreizen Sie Ihre Groszhirnrinde durch intensive
Gerüche!

Gehn Sie an Lotte ran!
Ziehn Sie ihr eine Grimasse!
Gewinnen Sie im Lotto!
Machen Sie's auf indianisch!
Halten Sie sich raus!
Buddeln Sie mit!
Versuchen Sie döhl zu imitieren (»hat die aber zu tun«) indem Sie sich vierlinge
anschaffen!
Leben Sie feucht!
Besuchen Sie die Orte Ihrer Kindheit!
Treiben Sie abstrakte Akrobatik!
Bedecken Sie sich mit Entenmuscheln!
Läuten Sie die drosselglocke!
Ernennen Sie Ihren Vater zum rasenmäher Romeo!
Gehn Sie öfter mal in den Fleischsalon!
Kommen Sie in den Königreichsaal!
Rufen Sie Ihr Auto heimlich JESUS!
Gehn Sie ihre sisters besuchen!
Programmieren Sie den Ausverkauf der Sprache!
Gehn Sie erst morgens zu Bett!
Denken Sie dabei ans Schlafen!
Halten Sie SNOOPY's Hand bevor Sie einschlafen wollen!
Versuchen Sie knapp vor dem Einschlafen zu winken!
Verbringen Sie einige Stunden des späteren Abends im Ahornbaum gegenüber!
Lassen Sie die Wörter aufjaulen!
Machen Sie öfters mal boingg-boingg!
Vergessen Sie die ganze Sprache!
Legen Sie Silben aufs Eis!
Wärmen Sie sich an den Deklinationen die Füsze!
Überhöhen Sie die Grammatik!
Fliegen Sie aufs alltägliche Gespräch!
Setzen Sie Winkelmasz und Zirkel aufs spiel!
Stören Sie die Sprache ein wenig mehr!
Drücken Sie sie gegen die Wand bis sie schreit!
Fahren Sie mit ihr im Lift abwärts!
Lassen Sie sie vorüberfliegen!

(fond windzeug – so bunt nachmittag .. heisz)

Verfliegen Sie sich mal schönster!
unterfliegen Sie sich mal ein biszchen!

(rötliches überauge säumiger … dünen junge –)

(Fliegen Sie über sich selbst hinweg!
  fliegen Sie über sich selbst hinweg!
    fliegen Sie über sich selbst hinweg!

& fort!)

Arie auf tönernen Füszen

Sängerin kommt hereingestürzt fast horizontal Partitur
weit von sich haltend äußerste Entfernung vom Auge als
ob sie im nächsten Moment auf den Händen die jetzt noch
die Partitur halten gehen wollte –
(herzzerbrechend möchte sie weg / als liverpool verkleidet)
als ob sie auf den Händen gehen wollte aber die Partitur
dabei weiter in den Händen haltend als ob sie horizontal
strebend Partitur lesend auf Händen gehend –
(Strähne in Strähnen)
radschlagend
während ihr *Begleiter auf dem Klavier* Schwierigkeiten hat
zum Klavier zu kommen
nämlich ein schwarzer Punkt in der Form eines
Kontrapunktes –
(fäustlings / fröschelt in fabelhafter Gegend »stage-fright«
umher fabelhaft gern wie ein Käuzchen)
irrt wie Irrlicht vor ihm her
während die *Sängerin* in ihrer horizontalen Lage verharrt
ruft ihr *Begleiter auf dem Klavier* das Käuzchen an ruft
den Kontrapunkt zur Ordnung versetzt dem fäustling
einen weichen Nasenstüber fixiert dem Punkt eine
Nasenklammer

(präpariert das Klavier, na also!)
beunruhigt ihn mit fuchsmundi mirlifax & passa gier
verspricht ihm eine Maulschelle sowie Nelsons Hut und
Seidenstrümpfe
während dieser Fingerzeige & Warnungen
hüpft die *Sängerin* auf einem Fusz während sie immer
noch horizontal auf diesem lagert und fängt an zu schreien
(die furen gottliebs!)
der westliche Teil der *Sängerin* –
(tokyotisch)
geht an den Bühnenrand heran
dann läszt sie ihren östlichen Teil die Rampe langstreifen
in welcher Bühnenecke sie beim Anblick des immer noch
widersetzlichen schwarzen Punktes anschwillt und wieder
zu schreien beginnt
BAFF BAFF BAFF BAFF
während die *unterredende Person* –
(Souffleuse in verschlissenem schwarzen Kasten
23° nördlicher Breite Bühnenlokus
klein von Gestalt Eulenkralle und Viertelstundenrepetismus
arhythmisch an Weisheit und Verschwiegenheit die ganze
Welt beschämend)
seitlich zu Rand ihre vermischten Gedanken ruft
was ihre Inversionen angeht –
inzwischen haben sich Kontrapunkt und *Begleiter auf
dem Klavier* –
(sehen aus wie groszer Dämon mit aufsitzendem kleinen) –
hinter dem Klavier niedergelassen
während die *Sängerin* –
(ein Wasser welches nie gefriert)
schwankend auf ihrem einen Fusz sich nun etwas
aufrichtet zum Klavier
um zum Klavier zu kommen
und noch mehr aufgerichtet klavierwärts tappt
und ihre riesige Vignette vor sich aufstellt –
(partitur, na also!)
dazu ein Fläschchen asti-spumante aus dem sie
schöpft & trinkt & schlürft –

(und worauf sie pocht wie man auf holz   abergläubisch!)
und zart knabbernd den Rand der Vignette steht sie nun
mit beiden Füszen auf dem Bühnenboden
steht nun mit beiden Füszen an der Rampe
knabbert und säuft
und hebt die Brust als ob sie anfangen wollte zu singen
während der *Begleiter auf dem Klavier* sich ihr zuwendet
als ob er anfangen wollte sie zu begleiten
da flattert der schwarze kleine Kontrapunkt hinüber zur
Vignette der *Sängerin*
und versetzt ihr (der *Sängerin*) einen Nasenstüber
und fixiert eine Nasenklammer auf ihrer Nase
worauf sich die *Sängerin* auf ihren Händen gehend über
die ganze Bühne in Bewegung setzt und den *Begleiter
auf dem Klavier* schmollend & von unten her   lange anblickt
die *unterredende Person* in ihrem schwarzen Kasten fängt
an zu schreien
während die *Sängerin* radschlagend in den Kulissen
verschwindet
und der *Begleiter auf dem Klavier* bis zur Dämmerung –
(na also!)

Der Alpenkomponist & Merkurs Kinder

(ein Happening in Zeitlupe)

Während Merkurs Kinder erstmals auf der Bühne mit riesigen Rollschuhen an den Füszen erscheinen in einer miauenden Klage rollend und nach (postkinder) Art mühsam die ersten Fäden einer Welt (muster) zusammenklauben was etwa so viel bedeutet wie die Geste SICH AN DEN FUSZ FASSEN (fusz fassen) und der Alpenkomponist *im nu* das gewünschte Wort und die lehrreichen Winkel über Sitten & Gerüche (eine Fülle von Füllhorn Vokabeln) findet was ihn befähigt seine intimsten Wünsche korrekt auszudrücken und über die landläufigen eine jedermann verständliche Unterhaltung *zu führen*, nimmt der Alpenkomponist seine Schildkröte aus und spannt Fäden (s.o., auch Saiten, komponistische) von dem einen Rand der Schale seiner Schildkröte zu dem andern und macht den Eindruck eines vielbeschäftigten rasenden (Wasserfall mit einer MEDUSA notenköpfe) mit steifer werdenden Schwingen und rast nun über die ausgenommene Schildkröte wie überfliegen (herzstoff) ohne vorher ihre schweifchen gereinigt zu haben & piszt in Zeitlupe auf sein Tischchen; leckts bald auf; während sich auf seinem Scheitel nur kurz die *Kladde* (Fädchen, Saite, Eingebung etwa) niederläszt und vor seinen Blöszen krächzt (»unglück auf unglück .. achtung wunderland«) er aber, seit einigen Zehntelsekunden (klumpen ein schlankes; sequenzen der KLADDE) *verschollen*, taucht nun abermals auf und macht den Eindruck eines viel beschäftigten rasenden gekleidet wie'n tagedieb den kornhandel übergeschnallt, ambitioniert wie cupidos werkstätte (»theaterscheitel«), marschiert kreuz und quer über die Bühne, notenköpfe (s. o.) kotend, während Merkurs Kinder, ohne vorher ihre schweifchen gereinigt zu haben, in ihren Blöszen, pissend kreuz und quer über die Bühne, mühsam die ersten Fäden zu einem Muster (welt) zusammenklauben – eine Apfelkammer erscheint auf der Bühne – kommt auch der Alpenkomponist mit der ausgehöhlten Schildkröte in der linken (dem Leierkasten) mit der rechten *fingerlutschend* wieder in den Vordergrund, während die ausgenommene Schildkröte (Leierkasten) um seinen Hals baumelt; nun läszt sich kurz die KLADDE (Eingebung etwa) auf seinem Scheitel nieder (s. o.) und ihre Anklage gegen die beabsichtigte Urform fürs Musiktheater macht sich mit merkurischer bewegung platz (in schnee verkrochen), während die Kinder Merkurs erstmals auf der Bühne mit riesigen Rollschuhen an den Fersen in miauender Klage ihre Runden drehen (s. o.) ohne vorher ihre schweifchen gereinigt zu haben, die ersten Fäden zu einem Muster (welt) zusammenklauben & pissen (hinweg wie binsen) kreuz und quer über die Bühne, in ihren Blöszen, ohne vorher ihre schweifchen gereinigt zu haben, so zügellos bitter wörtlich und finden *im nu* durch die anordnung des ganzen STOFFES was niemand sonst wahrnimmt, sitzen auf ihrer ausgeworfenen pisse, werden wie halbe Pferde, überfliegen mit steifer werdenden Schwingen & allmächtigem Fusze (wörtlich väterlichs flanke) und streichen sich über die angenähten »Theaterscheitel« wild und in Zeitlupe und lassen ihre Flügel & flossen (freihändig) ...... rollen so mit herabhängenden Flügeln flossen flanken auf ihren Rollschuhen neben dem Leierkasten des Alpenkomponisten *fingerlutschend*, während dieser mit seiner KLADDE beschäftigt mehrere Notenköpfe friszt und sie bald danach wieder von sich gibt, kreuz und quer über die Bühne, während die Kinder Merkurs über die Bühne rollen und versuchen, in Mühsal und Qual, die ersten Fäden zu einem Muster (welt) zusammenzuklauben .. die Schildkröte leiert am Hals des Alpenkomponisten ausgenommen und süsz (seitlich gekehlt mit den büschelohren des luchses) im lehrreichen Winkel über Wikkel & Gebräuche (sitten & gerüche), ihre intimsten Wünsche korrekt ausdrückend (was / rollt / über / die / bühne?) .. über die landläufigen (smyrna) themata als Auswurf & während sie (Merkurs Kinder) erstmals auf der Bühne mit riesigen Rollschuhen an den Füszen in miauender Klage vielerlei Fragen über die ersten Fäden zu einem Muster (welt) zusammenklauben in ihren Blöszen & mit den Rollschuhen an ihren Füszen (fusz fassen) was etwa bedeutet mit allmächtigem Fusze und *im nu* (in Zeitlupe) über die hell erleuchtete Bühne zu radschlagen (Füsze mit angeschnallten Rollschuhen hoch oben) oder *fingerlutschend* mit den Rollschuhen auf der Bühne dem Alpenkomponisten zu begegnen, der eben seinen Sprachfehler korrigiert und *fingerlutschend* mit umgehängter Schildkröte in seiner Blösze (franse um fresse) mit allmächtigem Fusze sich selbst aufs rad flicht (was anfangs hirt) und immer noch den Eindruck eines vielbeschäftigten rasenden macht, während sich auf seinem Scheitel nur kurz die KLADDE niederläßt, um ein weiteres Mal zu krächzen (s.o.) – in der Apfelkammer die jetzt frei auf der Bühne erscheint, stolziert nun der Alpenkomponist, notenköpfe zählend, *fingerlutschend* & pissend (medusenwärts), während er stolz über die Bühne fliegt, die elysischen Kinder auf ihrend beflügelten Rollschuhen hinter sich lassend – diese jedoch mit steifer werdenden Schwingen (unglück auf unglück) ohne vorher ihre schweifchen gereinigt zu haben, in ihren blöszen, nach kinder frage (art) mühsam die ersten Fäden zu einer Welt (muster) *rupfend*, rollen nun im Schatten des Alpenkomponisten, während dessen ausgenommene Schildkröte leiert und seine Geste sich an den Fusz fassen (fusz fassen) bedeuten will, dasz er nicht gestorben ist sondern … entrückt : *fingerlutschend* und sich über die Apfelkammer die nun aufs neue erscheint .. Notenköpfe kotend, während sich auf seinem Scheitel nur kurz, zu wiederholtem Male, die KLADDE niederläszt, um ihm was zu flüstern.

Nun aber dreht die Bühne auf dreh bühne und enthüllt die aller intimsten Wünsche des Alpenkomponisten während *fingerlutschend* aus der werkstätte cupidos die Kinder des Merkur auf ihren Rollschuhen erstmals auf der Bühne erscheinen in einer miauenden Klage und nach kinder (frage) art mühsam die ersten Fäden (fädchen, KLADDE, s.o.) zu einem muster (welt) zusammenklauben *(rupfen)*, im leichenhof der Alpenkomponist versabbert …… (ganz zu schweigen von seinem fasz MEDUSE) während die ausgenommene Schildkröte ohne vorher ihre schweifchen gereinigt zu haben, sich an den Fusz faszt (fusz faszt), in ihren Blöszen, nicht gestorben sondern … entrückt .. *fingerlutschend* dem Alpenkomponisten am Nacken hängt (unglück auf unglück), dieser aus seiner Versenkung (der Apfelkammer) emporragt (pilotenzieher), statt eines Brownings sein bentleyfeuerzeug : *kopfputz*! mit steifer werdenden Schwingen nun auf seinem Scheitel auch die KLADDE erträgt trotz ihres permanenten Kopfstübers .. während die Kinder Merkurs auf ihren riesigen Rollschuhen, ohne vorher ihre schweifchen gereinigt zu haben, in ihren Blöszen, sich auf seinem Scheitel niederlassen zusammen mit der KLADDE, ihm Eingebung vorspiegelnd und nach kinder (frage) art mühsam die ersten Fäden zu einem muster welt zusammenklauben *(zupfen)*, während der Alpenkomponist, aus seiner Apfelkammer ragend, *im nu* die beabsichtigte Urform fürs Musiktheater (»Theaterscheitel«) überspringt & so (adler anschwillt einer landschaft) sie dazu verlocken kann aufs neue zu flieszen, während glühend die jungen funken zur höh und in seinen Blöszen den Dank für unzählige Kopfstüber & *im nu* das gewünschte Wort findend (Aufmunterung der Künste, in Zeitlupe) und schreiend: GEH HEUT DEN STRAND ENTLANG WIE ELY ...

MAIL ART (1)

Die meine Arbeit begleitenden Theorien und Ansichten befinden sich in einem Zustand permanenter Bewegung, die zwar ihr Tempo ändert, sich aber an keinem Punkt fixieren läszt weil dadurch die Arbeit selbst gestört würde. Was ich jetzt zu meiner Arbeit sage, könnte nur eine Aussage über einen fiktiven Fixpunkt sein und müszte womöglich morgen widerrufen werden. Freilich erscheinen solche Fixpunkte mir beinahe ebenso oft, als ich Arbeiten zu Ende führe. Ich kann mich daran vergnügen, wie diese Punkte, in einer Reihe gesehen, einander widersprechen, ein Durcheinander von Stimmen ergeben, nie einen Chor. Freilich liesze sich aussortieren, ein Querschnitt versuchen – aber, was würde dieses Wissen mir, das heiszt meiner Arbeit, eintragen? und wäre es ein Wissen? Mich selbst befragend, welcher Art das sei was ich mache, kommen mir Antworten wie : TRAUM / aber aus BETON; SCHMETTERLING / aber aus EISEN (»Iron Butterfly«); LEBEWESEN / aber aus PLASTIK. Immerfort kommen und gehen Theorien zur eigenen Arbeit, als Teil des Arbeitsprozesses, aber nicht als Aussagen über die Texte, diesen zusätzlich Gewicht zu verleihen. Natürlich gibt es Phasen, in meiner Arbeit wie in meinem Leben, und erst wenn eine Phase vorbei ist kann eine neue beginnen; so gab es die Jahre der »langen Gedichte«, so gibt es jetzt die Zeit der Texte für ein imaginäres Theater : darin werden, ähnlich wie in der Totalmusik der »Mothers of Invention«, Formen zitiert und gleichzeitig ad absurdum geführt.

aus der wirklichkeit

lehrstück liliengracht

wollt es zuerst spuren nennen, sagte er, weil wenn A spräche, käme er allmählich in eine andre spur, nämlich in B's; wenn dann B spräche, käme B allmählich in eine andre spur, in C's nämlich; wenn C spräche, käme C allmählich in andre spur, D's nämlich; wenn D spräche, käme D allmählich in andre spur, in A's nämlich, wieder, und so fort.
ach warum wollen wir, sagte er, hier nicht sprechen.
es war wirklich alles so hart an einem geschehen dran, und die grosze tafel *privatgrund* war mit roter farbe überpinselt, dasz es jeden vorübergehenden aufforderte über all das nachzudenken.
es nistete auch schon überall, sagte er, die syringen waren lila.
das hat der theodor storm aufgebracht, sagte er, aber es riecht einfach besser als wort, besser als als wort flieder, und auszerdem, man hatte fast immer den verdacht, dasz gleich hinter dem domplatz meerwasser rauschen müsse. vor allem wegen des fischgeruchs, und sogar ori, der am flusz lang japste, hatte eine ahnung davon. wir, sagte er, am stadtrand zu mondschein am nachmittag.
seltsam auch, sagte er, die sonne ging unter, es war ein sonnenuntergang im sommer, gleichzeitig mondaufgang, und wir entzifferten was von der landschaft in den hohen baugerüsten, eine völlig verkrustete, unten schwappende erdmasse. wie bei einem richtigen beben, sagte er, verfärbte sich auch der himmel.
höchste zeit, sagte er, kleist zu lesen, ich weisz nicht also ich weisz nicht, an jenem nachmittag vielleicht, als die zentauren die fischerhüttenstrasze hinunter galoppierten an der kleinen baude lang, als wir sie verfolgen wollten, als sie, im rudel, verschwanden in der nicht mehr auszumachenden ferne der argentinischen allee, in den geräumigen gärten auch, abseits, sagte er, im sprechen die kunst erlernen, sagte er.
erst würden wir, sagte er, alles dekollagieren, sagte er.
aber denk doch, sagte sie, jeder ist froh in einem haus unterzukommen, auch wenn es häszlich ist, und wenn man abends

heimkehrt, am krankenhaus garten vorbei, sagte sie, lehnt da immer eine baszgeige im fenster in der ersten etage.
manchmal tönt von innen ein geigenton oder das klavier. erst würden wir, sagte er, sturmwind orkan durch die straszen jagen, wüten, stadt auswärts, sagte er, bis zur krummen lanke wo die schwäne.
wollt es zuerst so machen, sagte er, erlebnisstellen aufzunehmen, sagte er. weil nämlich auf die dauer, sagte er, es windete mir's haar nach hinten aus der stirn weg, was ich ungern litt.
stellen uns dagegen, sagte er, würden rathaus grünanlage rot sprenkeln, blut, marmor füsze, des siegesengel, und dergleichen.
durchs okular das mechanisch ablaufende straszenleben, sagte er, am brandenburger tor ausgemacht, sagte er, wie madersperger, sagte er, lachte er. alles würden wir dekollagieren, sagte er, *die zeiten eilen.*
wollen die denn immer spiegel sehen wenn die ein buch oder sonstwas lesbares greifen, sagte er, wollen die immer nur sich selbst finden, und wenn auch nur in einem scherben.
als wir, sagte er, und das taxi uns ausgespien um die ecke rasend um uns im bogen auszuspeien ehe wir noch die paar ostpfennige, sagte er, die augen an sich ziehend, kastanien werfend, sagte er, monument in den kolossalen osten, sagte er, mit 'ner sternwolke, die pünktlichen linienflugzeuge über unseren köpfen.
bei tequila & saragossa, sagte er, lachte er, versäumnis der äuszeren kräfte, zur gedenkstätte in die kuppel hinauf und empor wo alle weltbürger, sagte er, und hat im sprechen die falsche kunst erlernt.
wir spazierten, sagte er, über eispfützen an den flusz heran und zum alten eierhaus, und endlich saszen wir alle und unbewegt, sagte er.
sehr mit blumen werk, sagte er, in halb erhobenen sachen fransen borten, direkt an der sektorengrenze, ein zerrüttetes lokal.
hochsitze auf knarrender holzveranda, sagte er, so saszen wir alle da.

haupthaar angeschimmelt, sagte er, lachte er. 's machten ihn noch junge rosen doll.
aufmord, grab, ist nicht so schwarz, sagte er, einfach dekollagieren, alles. in fortspulenden gesprächen, an langen diskussionstischen, hart an der grenze, an den signalen ehe es auf die AVUS rausgeht.
und zischen nur so dahin, sagte er, und unten gestalt mit brotsack zum verwitterten meilenstein, wiesenwärts, knochig, ausgenommen, und sitzt dann, an verwehter böschung, gelehnt, steht, antlitz verstreut, und steht, wort für wort, auf meinem bewusztsein, lesbar.
wollten wolken stern nach, sagte er, mitkopf, sagte er, lachte er.
hat im sprechen die kunst erlernt, sagte er, alles in frage zu stellen; oben-unten, innen-auszen, erschüttert jegliches in seinem grunde.
personen aussparend, sagte er, die einem achtung einflöszen wie beim mündel etwa, und ahornsamen zwischen worte geworfen, und frischgeborenes hündchen, postgänge.
eng zu eng an allem geschehen, sagte er, eingehakt und gesichert, sagte er, zigarettenstummel weit weg werfend oder zertretend, einem bestimmten punkt der stadt zustrebend, zarte helle blaue augen bälle, und so 'n fahrrad hier, wie wär's denn mit sowas.
brückenbauen, sagte er, behufen, vom flughafen durch eine menge straßen flirren & flitzen, nun waren wir gekommen, sagte er, alle zusammen nicht nur im erzählen darüber sondern wirklich, in der wirklichkeit, *aus der wirklichkeit.* und mein gesicht, sagte er, zu beiden seiten, und bevor wir in den garten einbogen standen da ein paar figuren umher, lösten sich rasch ins baumbuschwerk, und grünriechend stufenwärts zwei drei mal, traten ein uns selbst in den offenen armen.
ach warum wollen wir, sagte er, hier nicht sprechen.
und dann kamen sie, sagte er, direkt mit diesem frischgeborenen hündchen, sagte er, gelb wie haut leine gelb verflixt wie gebundene schlingenmasche und so, bis sich der andre von drüben fast losrisz und immer von neuem die

gitter hochsprang immer von neuem als wollte er versuchen.
als wollte ich versuchen, sagte er, eine schlinge ein band eine leine immer von neuem zu knüpfen zu binden daran zu ziehen, so dasz alles wieder auseinanderginge um dann wieder von neuem zu knüpfen binden ziehen, endlos, bis der kopf von selbst, sagte er, abgeht, ab ginge, sagte er, morgens zum beispiel, diese seltsame verrückung des mobiliars.
die verrückung des küchenstuhls über nacht, sagte er, etwa, jemand musz damit hantiert haben, oder in stuhles nähe sich befunden haben, dahinter darunter darüber, wer weshalb welche wie, und die blumenvase sei kein abfallkübel, milchstrasze, sagte er, nasse gärten.
bei atemlosem einkaufsfieber im woolworth, sagte sie, lachte sie.
als wollte ich versuchen, sagte er, langes haar immer wieder zu öffnen um es danach schöner immer schöner kunstvoller flechten zu können, immer wieder auflösen und flechten, immer von neuem, als wollte ich versuchen, sagte er, immer neuen formen auf die spur, sagte er, auf die spur zu kommen, schleifen, bögen, ringe, sagte er, ist ja mein bruder, sagte er, mein ameishafter. ganzer tag war ganz gelb, sagte sie, kauerte zu seinen füszen.
ist ja mein bruder, sagte er, affenbrot, etwa den klappbaren bügelladen hieven oder die sonnenliege, affenbrot, in die mütze kam mir ein ahornsamen.
und drückte seine obere zahnreihe, sagte er, auf die unterlippe, übrigens als kind schon, kann man auf alten fotos sehen.
der erich zinsler war's, lasz 'nen kuckuck zu dir fliegen bei dir wohnen, in deinen bäumen, brandslangen, sagte er, rang mit dem tiger.
der erich zinsler war's, sagte er, nämlich, sagte er, der ist hinter mir gesessen in der klosterschule; blond dick und im schulgarten mit lilien und lianen rosen & aschenbrödel aberglauben und so.
vermiszt ist er, vorgebunden wie ahornsamen in der mütze; nämlich, als er herein kam; musz immer diesen verdammten

baum vor meinem fenster anschauen mit den weiszlichen flecken, sagte er, und nicht mal blattwerk, sagte er.
sturmheit, sykore käfer stiegen auf.
am ende liebgewann, und alle bäume, sagte er, von deinem mund gesprochen, sagte er, und deine hand an deinem ausgestreckten arm, sagte er, *die zeiten eilen.* fusz welkt, sagte er, *die zeiten eilen.*
fusz welkt, *die zeiten eilen.*
ach, sagte er, warum wollen wir hier nicht immer wohnen oder wenigstens versuchen uns hier anzusiedeln; hat im sprechen die kunst erlernt deren örter, sagte er.

je eine frau oben & unten

sah sie im profil sitzend bei straszenbahnfenster, in die graue nässe blickend, schmalnasig dunkelhaarig vorkriegsfrisur: straffe dünne auszenrolle rund um den kopf genadelt, perlen an den ohren; so muszte misa, nun bald siebzig, vor vierzig jahren ausgesehen haben.

sah wie sie immer wieder an mir hochblickte da ich stand, neben ihr wo sie sasz und ich fragte mich kannte sie mich? erkannte sie auch mich von früher weil ich wie jemand aussehe der so aussah wie ich vor vierzig jahren ausgesehen haben mag.

sah sie im profil stehend neben mir, blickte mich ununterbrochen von der seite herunter an, machte den eindruck als ob sie kontakt mit mir aufnehmen wollte; sitze hier will nichts als möglichst rasch und ohne störung an den ort gelangen wo ich hin soll.

vielleicht kennt sie mich von irgend woher oder ich sehe jemand ähnlich den sie kennt oder gekannt hat, oder sie verwechselt mich mit jemand und denkt an eine person die ich nicht sein kann, indem sie mich anblickt.

als der bau knecht erstmals ins haus kam

als der bau knecht erstmals ins haus kam, sagte er, narben im gesicht, schaf zunge raushängend, am morgen so gegen vier als die sonne schon da war der mond im abgehen.
als der bau knecht erstmals ins haus kam, sagte er, hatte die psychische trennung von der umgebung bereits eingesetzt.
der leere bahnhof drei züge am tag die halle ein gespenstersaal.
als der bau knecht erstmals ins haus kam, um rumzusitzen einfach rumzusitzen bei uns, am morgen so gegen vier als die sonne schon und der mond, und wir nach stühlen suchten, denn es war eine ungewöhnliche tageszeit um gäste, sagte er.
als der bau knecht erstmals ins haus kam, sagte er wie bestatten, freunde, wie bestatten.
wir mit diesem ständigen alpenglühen hinter dem haus, mit der ersten prüfung des morgens, mit dem singen des kübel vogels an der hausfront aufwärts gehievt bei tag und nacht zum first, den lavendelbäumen, steinstufen zum ziehbrunnen. als der bau knecht erstmals ins haus kam, sagte er, war plötzlich alles in frage gestellt.
als der bau knecht erstmals ins haus kam, mit dem ständigen alpenglühen hinter dem haus, mit der enten schar enthauptet blutüberströmt, sagte er, schwimmend auf der oberfläche des weihers als ob sie lebten, aus zu weiden.
als der bau knecht erstmals ins haus kam, sagte er wie bestatten, freunde, wie bestatten, und wir öffneten alle fensterflügel.
als der bau knecht erstmals ins haus kam, narben gesichtig mit heraus hängender schaf zunge, hatte die psychische trennung von der umgebung längst eingesetzt, sagte er.
als der bau knecht erstmals ins haus kam, wuszten wir keine antwort, öffneten sämtliche fensterflügel, lieszen morgen ein.
als der bau knecht erstmals ins haus kam, um rumzusitzen einfach rumzusitzen bei uns um sich abzunabeln von jeglichem, aus zu weiden, und wir nach stühlen suchten.

mit den auffliegenden sperlingen spät herbst morgen, und wir fensterflügel aufstieszen, sagte er, war es uns plötzlich als könne er in seiner weisheit alles verlachen.
der leere bahnhof drei züge pro tag die halle ein gespenstersaal.
als der bau knecht erstmals ins haus kam, war plötzlich ein schatten da.
als der bau knecht erstmals ins haus kam und wir nach stühlen suchten, sagte er *die herbst krähen wissen genau wohin sie fliegen und so weisz ich wohin ich gehe*, sagte er.
als der bau knecht erstmals ins haus kam, wir mit dem ständigen alpenglühen hinter dem haus, beim auffliegen der sperlinge, erste prüfung des morgens, wuszten wir keine antwort, sagte er.
wir mit den umliegenden dächern zum flachen spazieren, wasser aus brunnen mund, sagte er, suchten nach stühlen, stieszen die fensterflügel auf, so früh am morgen, eine ungewöhnliche tageszeit um gäste.
als der bau knecht erstmals ins haus kam, der leere bahnhof drei züge am tag die halle ein gespenstersaal, war plötzlich alles in frage gestellt und er sagte wie bestatten, freunde, wie bestatten.
als der bau knecht erstmals ins haus kam, war die psychische trennung von der umgebung weit fortgeschritten, am morgen so gegen vier als die sonne schon, der mond aber, sagte er.
als der bau knecht erstmals ins haus kam und uns sagte er habe den korb getragen, er habe den korb so getragen wie alle bäuerinnen, nämlich auf dem kopf, und er zeigte es uns.
als der bau knecht erstmals ins haus kam, sagte er, den mantel über die schultern geschlagen, und wir die fensterflügel aufstieszen, in riesigen wäldern, blinken.
wir mit dem ständigen alpenglühen hinter dem haus.
als der bau knecht erstmals ins haus kam und uns fragte was wir meinten wie er bestatten solle, wuszten wir keine antwort, war alles plötzlich in frage gestellt.
als der bau knecht erstmals ins haus kam, mit dem ständigen alpenglühen hinter dem haus das uns alle sehr ängstigte, mit

den verblutenden enten hinten am weiher, sagte er, sehr mit blumen werk das alles in frage stellte.
mit dem vorgarten, sagte er, den dächern flach zum spazieren, am morgen so gegen vier als die sonne schon da war der mond aber im abgehen.
als der bau knecht erstmals ins haus kam und seinen korb mit früchten, mitten in der stube, abstellen wollte und wir nach stühlen suchten, sagte er wie bestatten, freunde, wie bestatten.
als der bau knecht erstmals ins haus kam, am morgen als wir aus seinem munde ähren rissen und mit der hand zerrieben, am morgen gegen vier, als die sonne schon und der mond.
als der bau knecht erstmals ins haus kam, und wir nach stühlen suchten, denn es war eine ungewöhnliche tageszeit um gäste zu haben, war plötzlich alles in frage gestellt.
als der bau knecht erstmals ins haus kam, war er gekommen als wäre er nicht gekommen.

erzählen einer erzählung

rot, sagte er, rot und kalkhart.
kalk ist nicht hart, sagte sie.
rot, sagte er, und kalkhart, und von allem herstellbar, sagte er.
von allen, sagte sie, von allen herstellbar, poesie muß von allen herstellbar sein.
von allem, sagte er.
revolutionspoesie, sagte sie.
nein, sagte er, nein.
realität mit werten dahinter, sagte sie, kontemplation.
neue kontemplation vielleicht, sagte er.
eine hand, sagte er, mit einer kuchenzange von innen in die vollgestopfte auslage eines zuckerbäckerladens langend, ein segment einem angeschnittenen tortenkreis entnehmend, und du davor, sagte er.
ein vergleich, sagte sie fragend.

intellektueller wahrheitsdrang, sagte er, intentionen unter zwang.
wie pallas athene voll gerüstet aus dem kopf des zeus gesprungen ist, sagte sie fragend.
und vor der ladentür die matte für den hund, sagte er.
etwas höher ein haken zum einhängen der leine, sagte er, darüber ein emaille schild WIR DÜRFEN NICHT HINEIN und darunter ein hundekopf, sagte er.
du muszt ausreiszen, sagte sie, *aus der wirklichkeit*, aber sie mit dir hinunter reiszen, in den abgrund während du fällst.
und wie ist dir das bekommen, sagte er.
von nebenan, sagte sie, hörte ich in der stille des morgens, wie vorhänge von fenstern weggezogen wurden.
manche örtlichkeiten, sagte er, vermitteln mir angenehme, andere unangenehme vorstellungen und empfindungen, sagte er.
wege, straszen, hauseingänge, durchblicke, plätze, rasenanlagen, übergänge, gebäude, mauervorsprünge, gärten, sagte er, ohne dasz ich weisz warum.
solche überlegungen sind mir nicht fremd, sagte sie.
aber was habe ich falsch gemacht, warum eigentlich ist die ganze sache schief gelaufen, ich hatte doch alles versucht um erfolg zu haben.
wir wissen viel zu wenig von einander, sagte er.
und dann, sagte sie, probierte ich mein linkes auge aus, wie es funktionierte. dabei spazierten wir auf einem seitenweg der parallel zur autostrasze verlief, eine kurze strecke immer hin und her, als ob wir auf jemand warteten der jeden augenblick aus dem haus herauskommen müsse, das hier ohne nachbarschaft am wegrand stand, und ich blickte lange in den zitronengelben himmel.
wenn ich mich im kalten schlafzimmer, sagte er, ins kalte bett lege, unbekleidet unter die weisze wolldecke schlüpfe, fühle ich, sagte er, wie mein bett sich allmählich wärmt mit der wärme die aus meinem körper kommt.
mit dem der ich mit zehn war, sagte er, habe ich nichts mehr gemein.

die zeichen der zeit

das getüm, sagte er, wie es uns anblickt.
immer ist es eine abstrakte saite, sagte er, an der wir uns wünschen berührt zu sein, sagte er als er mit dem rücken zu uns stand.
mit dem gesicht zu den bücherwänden, und er fuhr mit der hand über die buchrücken, zum diktat raskolnikow, sagte er, man weisz ja nie.
dies köstliche leben, sagte er, was steht ihr da als ob ihr nicht verstehen wolltet, sagte er, gar nichts.
wir atmeten auf, er ereiferte sich endlich wieder.
nämlich als ich mit ihr zusammen den winzigen warteraum des bahnhofs abging, sagte er, und wir abwechselnd den riesigen eisernen ofen berührten um zu fühlen ob er wärme begann sie plötzlich zu mir zu sprechen eine frau in mittleren jahren in der haltung eines menschen der alles beklagte, sein leben seine mitmenschen den gang der welt.
ich schaute, sagte er, durch die glastür des warteraums auf das einzige hochhaus des orts, das eben fertiggestellt worden war, oben wehte die dachgleiche. ich möchte da nicht wohnen im obersten stockwerk sagte sie, sagte er.
ich zuckte die achseln, sie beugte sich zu mir.
korngarten kontemplation man weiß ja nie, ein ungelöstes problem, sagte er, weit drauszen hörte man ein dünnes kläffen.
wintereuphorie, sagte er.
aber plötzlich stimmt alles nicht mehr, das was gewesen ist hat keinen sinn mehr, sagte er, türfrost, wintersonne, grell dasz man die sonnenbrille überstülpt.
und fragen immerzu fragen stellen, sagte er, und dann alles verschoben, sagte er, und man dreht den kopf weg weil man genug hat, schnitzmaske augenscheuche aus der hand eines zuckerbäckers, wie beuys etwa, sagte er.
um es ganz in farben auszudrücken, sagte er, es war ein dünnes weiszes kläffen, ganz weit draußen.
der fäkalienschlange zusehen dann sich zufrieden geben, sagte er, abnabeln abnabeln oberstes gebot, jahre austausch-

bar die lange zeit da man gelebt hat, die vielen jahre mit den vielen gesichtern.
antagonismen von außen und innen, sagte er.
die angst, sagte er, der kleine katalane würde durch die zargen seines instruments fallen, die angst vor den winzigen männchen mit den riesigen aufgeblähten köpfen die angst ihre köpfe könnten in meinem kopf zerplatzen.
perle im ohr, sagte er, gulaschkanonen im hof, sagte er, ein bursche im blauen overall mit drei blauen autonummertafeln, die er an lederriemchen baumeln ließ, *aus der wirklichkeit*.
das gefühl man bewege die dinge kraft seines immerwachen bewusztseins, sagte er, verläszt mich nie wird mich nicht mehr verlassen, und ich fühle wie ich mich fühlen würde, würde ich jetzt aus dem haus treten, aus dem haus in den frostigen garten, fühle mich wie ich mich fühlen würde, würde ich jetzt den garten betreten mitten im januar, die länglichen eiskrusten vermeidend, die sich hier und da auf den steinstufen, in den flachen stellen des rasens, gebildet hatten, jetzt mitten im januar fühle ich mich wie ich mich fühlen würde, träte ich jetzt in den garten, die eispfützen meidend, denkend, wie es sein würde, wäre ich zuhause beinah ohne mittagslicht, nach hause kommend, die türe öffnend, meinen mantel abstreifend, auf der stelle fallen lassend, fühle wie ich mich fühlen würde wenn der mantel zu boden gefallen wäre und dasz ich dann mir denken könnte, aus dem garten zu treten in einen winterlich weiszgrauen tag, die eispfützen meidend, das vereiste gras aussparend, zum hauspostkasten in die gartenmauer eingelassen strebend, ihn öffnend, in seine höhlung spähend und nichts vorfindend, zurück gehend über die spiegelglatte treppe, ins haus, und alles würde sein wie damals nur viele wochen monate jahre würden vorüber gegangen sein, sagte er.
und ich habe, sagte er, mich daran gewöhnt zuhause in millimeterbereichen zu denken.
blechschere, sagte er, und am nachmittag diese nähe, sagte er, von allen dingen, es dämmerte schon.
scheu, sagte er, blickte ich in den überwundenen abgrund.

weit drauszen, sagte er, hörte man ein dünnes kläffen.
die wirklichkeit ist erregend, sagte er.
weit drauszen, fern, sagte er, konnte man ein dünnes kläffen hören.
aber irgendwo, sagten wir, muszt du doch zuhause sein dich zuhause fühlen, sagten wir.
ja überall an allen plätzen der erde, sagte er.
aber nicht angesiedelt, sagte er, nicht angesiedelt, nirgends.

schützer des hauses

es herrschen einfach andere gesetze zur zeit, sagte er, und du bist ausgesetzt, ihnen ausgesetzt.
über deinem schädel werden sie mit mächtigen stiefeln stampfen, sagte er, und du kannst nichts tun gegen sie.
unter deinen sohlen haben sie sich ausgegossen und ätzen dir deine eingeweide wund wenn du über sie trittst, sagte er.
aber du kannst nicht das haupt erheben gegen sie, sagte er.
aber du kannst niemand anrufen um dein recht.
du lebst nämlich ein leben, das nicht dein leben ist, sagte er.
knöcheltief, sagte er, bis an die zähne bist du umstellt.
ich teile eure gefühle, sagte er.
teile ich teile ich, eine orange in mehrere teile, spalte ich eine frucht in sämtliche spalten auf, werfe ich die schalen in die gegend, so habe ich den ersten schritt zur partiellen abreaktion vollzogen, sagte er.
rufe ich aus rufe ich bewundernd aus femme sportif! sagte er, begrüsze ich sie bewundernd, sagte er, und beuge mich runter zu ihr, sagte er, femme sportif! um ihr die hand abzubeiszen, so habe ich den nächsten schritt vollzogen.
ich war noch nicht dazu imstande, sagte er.
über unseren schädeln, nämlich, sagte er, schütteln sie die knochensäcke.
wir können auf diese weise kaum mehr einen gedanken zu ende denken, sagte er.
wenn ich diesen ort verlassen werde, sagte er, wird es um mich geschehen sein.

allerdings weisz ich nicht was geschehen sein wird, wenn ich diesen ort verlassen haben werde, sagte er, diesen ort den ich gleicherweise liebe und hasse, sagte er, diesen ort wo mich gedachtes umgibt, wo mich gefühle umgeben, wo mich umgibt was ich einst gefühlt habe, wo mich die erinnerung an menschen umgibt, bös rollend frühlings rote sonne, *aus der wirklichkeit*. wir waren in keiner weise darauf vorbereitet, sagte er, und das ganze mutete an wie sabotage, sagte er.
wir hatten ausgemacht gehabt, dasz ich der schwächere früher sterben wolle, wir hatten aber sonst überhaupt nicht gedacht daran, wir waren überrumpelt worden, *aus der wirklichkeit.*
bös rollend frühlings rote sonne, des frühlings, auffliegen sperlinge im spätherbst, bös rollend des frühlings.
am ost tor erblühend der morgen verklausungen, doppelstimme, sabotage.
wir waren in keiner weise darauf vorbereitet, sagte er.
wir können kaum mehr einen gedanken zu ende denken, sagte er.
es kam alles zu rasch.
es überschlug sich alles, sagte er.
immer kommt es von drauszen, zappelt im windfang ehe es eindringt, und enttäuscht unsere freunde weil wir sagen wir hätten es längst gewuszt dasz es so kommen würde.
für uns ist es die bekannteste sache der welt, wir hatten es längst erwartet, wir waren selbst immer wieder im windfang gefangen, wir standen hundertmal vor der tür.
wir ahnten hundertmal wie es kommen müsse.
wir wehrten uns dagegen, sagte er, wie oft.
wir wehren uns dagegen, *aus der wirklichkeit.*
mit dem schiefgeschriebenen kleinen bleistift, sagte er, in der manteltasche und dem zerfetzten rest eines notizbuchs, schrieb ich das alles auf, sagte er, mit den vielen nadelköpfchen.
engelgotteskind, sagte er, sie sagte immer engelgotteskind mit den vielen nadelköpfchen, über die holprige innentreppe, dreibeiniger wackliger holzstuhl, die schlagkeulen, sein gesicht zerflieszend wie teig.

ausgezirkeltes leben, sagte er, auf zeit.
wie beschämend, sagte er, in blutlachen form ausflieszend, sagte er, *aus der wirklichkeit.*
was uns nicht zugestoszen ist, sagte er, aber beinah zugestoszen wäre, erfüllt uns mit tieferem schrecken.
bist angenadelt, sagte er.
engelgotteskind, sagte er, hatte sie immer gesagt, mit den vielen nadelköpfchen.
ein waschhandschuh, zerbeult wie boxhandschuh, sagte er, und steif gegen die wand, sagte er, ein leichenhaus.
wenig, sagte sie, wenig brauchen wir um zu leben.
versteinerung, sagte er, immer mehr.
vernutzung, sagte er.
und der hund der darauf wartet ein mensch zu werden, sagte er.
das autoritätsgläubige kind von damals, sagte er, pagenschnitt, augen aufgerissen, gläubig aufgeschlagen, *aus der wirklichkeit.*
einzugsgebiet, sagte er, die schützer des hauses, sagte er.
was macht ihr eigentlich so den ganzen tag, sagte er, nur so rumsitzen den ganzen tag, sagte er, immer so rumsitzen die meiste zeit des tages, um den groszen tisch um den groszen runden tisch, dahinter der spiegelkasten.
getan wird dieses und jenes, einzugsgebiet.
und was zuerst wie blumen werk aussah, sagte er.
wenn ich diesen ort verlassen haben werde, sagte er, wird es geschehen sein. aber ich habe es so oft im voraus erlebt was geschehen sein wird, was mit mir geschehen sein wird dasz es mich nicht schrecken wird, wenn es tatsächlich geschehen wird, und indem wir vorausnehmen was geschehen wird, nützen wir die ängste ab, sagte er.
als harmloser rosenzüchter verkleidet, sagte er, den bug im rücken.

von den bergen springen, eine denkfigur

natürlich, sagte er, aber das ist physikalisch-chemisch bedingt.
und mit regeln der mechanik zu beweisen, versuchten wir in ihn zu dringen.
er drückte mit dem daumen der linken hand den puls an der rechten und sein blick schweifte über die möbelstücke des zimmers.
klimperkasten, sagte er, klimperkasten in liebe gehüllter.
hatte ich früher, sagte er, seinen blick durchs fenster ins grüne des gartens lenkend, durch die anregung meines metronoms eine uhr in mir gehabt, so dasz ich überall auf die sekunde pünktlich erscheinen konnte, so komme ich in der letzten zeit überall hin zu spät und ich leide darunter.
ich leide darunter, sagte er, wie ich darunter leide auf der suche nach einer neuen sprachmagie, waldvater deutscher kunst, sagte er, und es erinnert an das kindliche spiel, sagte er, als wir das chinesenpüppchen kauften und es durch drücken zum quietschen brachten was in einem sehr reizvollen gegensatz zu seinem klaren schönen gesicht stand seiner schwarzhaarigkeit und glatthaarigkeit und zu der bunten zartheit seines glasperlen diadems.
es ist wichtig zu wissen, sagte er, und ich leide darunter.
ich leide darunter wie ich darunter leide, sagte er.
dasz ich gefühlsmäszig von euch abhängig bin, wild und gefieder!
dem wachse seine hand heraus zum grab!
wichtig zu wissen, sagte er, und ich leide darunter.
ich leide darunter, sagte er, wie ich darunter leide.
daß ich mich verfolgt fühle von der last der verfolgung durch menschen und dinge die auf mich fixiert zu sein scheinen so dasz ich selbst beginne sie zu fixieren in der hoffnung ich könne mich auf diese weise vielleicht doch noch frei halten von ihnen, wild und gefieder!
was die stunde, sagte er, schlägt.
wie der tropische mond, sagte er, einer schale zu vergleichen, sagte er, mich zu verfolgen schien.

dem wachse seine hand heraus zum grab!

ich leide darunter, sagte er, wie ich darunter leide von den bergen zu springen morgens in gekrümmter position, sagte er, nie mehr zu ruhe gelangend, in steigender ungeduld alle stunden des tags, in feuerfressendem wahn alle monate des jahrs, vertilgend.

unterbrochen nur ebenso atemlos durch die träume, ungezähmt ungezügelt ohne regelmäßigkeit lebend, in gekrümmter position.

eine reise eine in viele kleine bilder zerstückelte reise, sagte er.

ich leide darunter, sagte er, wie ich darunter leide dasz ich da ich lebe alles aus mir herauszuschleudern versuche, da ich lebe indem ich lebe.

er fühlte mit dem daumen der rechten hand den puls an der linken.

ein glück aus zweiter hand, sagte er, eine liebe aus zweiter hand.

wie erklären sie das, sagte er, uns anblickend, – er siezte uns nämlich zuweilen.

czechenherz, englische haare, sagte er, wie erklären sie das.

wie erklären sie das, sagte er, noch den staub an den schuhen von new york's straszen und schon aus den wolken, aus allen wolken gefallen, gefallen, vor brannt.

geht zum teufel, sagte er, geht zum teufel.

dem wachse seine hand heraus zum grab!

ich leide darunter, sagte er, wie ich darunter leide dasz ich nicht mehr werde nach texas reiten können, es wäre schön gewesen bei der erhaltung der texte.

eine reise, sagte er, eine in viele kleine stücke zerfetzte reise.

ich leide darunter dasz ich sie nicht werde erleben können, ich leide darunter dasz ich sehe wie sie zerfällt indem ich sie erlebe.

zerfällt, sagte er, eine situation die uns aus den händen fällt, sagte er, trotz bremsversuch, bei erhaltung der texte.

texas, sagte er, was für eine berauschung.

etwas schönes wird es sein, sagte er, etwas schönes mitte juli und dann jahrelang.
bogen bogen & bogen, sagte er, von den bergen springen, sagte er, vergehen, versehen, ein verseh gang.
ein wasserstrom, sagte er, trieb mir die hagelkörner vors aug, dasz ich hinter hohem durchsichtigem glasmantel, und duckte mich im bus ehe ich rauskroch, sagte er, die wagentür mit wiesenblumen und steilen knospen verhängt, noch dazu, sagte er, wie es uns bald mit frühlingsgekratz ins aug fuhr.
wasserstrom, sagte er, transreal, elektrisiertheit liebe benannt, und er zog die hände hinter den rücken.
nein, sagte er, es ist nun tatsächlich verlegt in meinem kopf wie in meiner behausung, sagte er, unübersichtlich.
es wird jedoch wieder erscheinen, sagte er.
erscheinen, sagte er, wie wasserstrom und tränen erzeugen, sagte er, palmen rote heckenrosen und flieder.
ein kranz aus flieder, sagte er, palmen heckenrosen und lilien, ein wasserstrom.
es wird einige wochen dauern, sagte er, aber etwas schönes wird es sein mitte juli und dann jahrelang, und darüber der kranz, der wird dann vergilbt sein. ich leide darunter, sagte er, wie ich darunter leide eine scheu vor gebärden zu haben.
ob das irgendeiner von euch schon erlebt hat, sagte er, uns fixierend.
eine scheu die dazu führen könnte zu versteinen, sagte er.
eine scheu die einem den wink mit der hand versagt, sagte er.
eine scheu den fusz zu bewegen, eine scheu den kopf zu drehen, eine scheu nämlich, sagte er, und in schüben im stummen aufschrei.
höchste alarmstufe bis man auszen und innen verwahrlost, schlieszlich mit zerfetztem fokus ankerloser zunge zerbricht.
schmerzbereitschaft, sagte er, während er seinen blick in uns bohrte und wir uns nahe an ihn herantreten fühlten.
ich leide darunter, sagte er, wie ich darunter leide.
er liesz uns nicht mehr los.

und die denkfigur? schrien wir in verzweifeltem aufbruch und fühlten uns gegen ihn anprallen. wir hatten uns gegen ihn geworfen, obwohl, während wir ihn fertigmachten sprach er weiter uns an.
wir hatten ihn fertiggemacht aber er liesz uns nicht los.
ich habe sehr an euch gehangen, sagte er.
aber eine gelassenheit zum abschied, sagte er.
und damit aus gott, sagte er.
wenn ich nicht aufs bett gestreckt worden wäre von euch, sagte er.
und es war sehr unangenehm und ganz allgemein, sagte er.
ich bin ziemlich am ende, sagte er.
während wir uns längst wieder an unsere plätze zurückverwiesen wuszten, fühlten wir dasz es uns nicht mehr loslassen würde.

in riesigen wäldern, blinken

aus harzigen träumen, sagte er, hüllt ihr sandbilder und was sonst paszt, sagte er.
wir lächelten nachsichtig versprachens.
sandbilder was sonst paszt, sagte er.
wenn der fischmann durchs dorf kommt, sagte er.
zitternd im geschoszhagel vom meer gegen die stirn, aus der tür aus dem fenster nichts wie weg. sandbilder und was sonst paszt hatte sie gesagt, sagte er.
leider gelang es nicht, sagte er, sie auf dem telefon, sagte er, zu grüszen.
die türklingel schrillte eben.
aus dem blumen zimmer, sagte er, aus der tür aus dem fenster und nichts wie weg.
leider gelang es nicht, sagte er.
die türklingel vielleicht die glocke der taufkirche, eine wirklichkeit ein haufe gleichmäßig abschnurrender dinge.
ein gepfeife auf dem dudelsack, roter klee eben geerntet, in einem schubkarren vor dem haus.

sandbilder und was sonst, die türklingel schrillte, eine tageszeit.
und wir flüchteten immer sogleich unter den elterlichen schreibtisch, wenn es an der tür läutete, warteten auf die eintretenden personen, blickten sie aus unserem versteck lange an.
wenn der fischmann durchs dorf kommt, wenn er den dorfplatz überquert.
wo die im viereck gesetzten häuser ihn von zeit zu zeit verbergen.
auf sand gebettet, ein korb mit früchten an seinem arm ein blitzwechsel.
so ritzten sie seine eigenen sanften tiraden mit denen er die welt stets bedacht hatte ihm in die wangen, sagte er.
lebendige lieblinge, gefräszige rüssel, sagten wir. die signale von allen seiten, sprachstücke, wie fleisch.
gegen die stirn geschleudert, sagte er.
empfänglichkeit, telepathische kunst, sagte er, schwere atlantische böen.
schmerzbefähigung.
in riesigen wäldern, blinken, sagte er.
wir hatten uns da gelagert moosflächig grün am gipfelkreuz, und vorüber, nun saszen wir da dachten und sprachen und wann immer sie, sagte sie, sich zu verirren drohte, kam ihr groszvater längst tot und führte sie wieder heraus bis es hell wurde bis der wald endete.
diese verknüpfungen, sagte er.
bis es endet, sagten wir.
ich habe scheint es meinen platz verlassen, sagte er, mein fleisch.
durch die zähne zischend fluch und flüche wende ich mich hierhin und dorthin, ohne sprache zu finden.
meine verwirrung meine verstrickung, sagte er, sprachlos.
mein traum, sagte er, ich sitze in einem café falstaff mit freunden.
mein traum ich sehe von auszen das schild mit der aufschrift.
mein traum ich werde gerufen.

mein traum die schwester erkrankt, mein traum wir bringen sie im krankenwagen ins nächste spital.
und *aus der wirklichkeit*, sagte er, eine nächtliche fahrt, nach einer unterhaltung mit freunden, und ich fuhr, schon schläfrig, an dem schild mit der aufschrift café falstaff vorüber, und sie lag schon zuhause und am nächsten morgen, wir brachten sie ins spital.
die signale, sagte er, sie kommen von allen seiten.
die kornähren, sagte er, in riesigen wäldern, blinken.
ich habe meinen platz verlassen.
eine schmetterlingszeit eine sirene ein telefon, sagte er.
amseläugig über stiegen abwärts fliehend, furchtsam zurückblickend, rote tinte über die hände gegossen, blut vortäuschend, zwischen treppenabsatz und treppenabsatz: revolution.
wenn der fischmann durchs dorf kommt, sagte er.
so kurz hintereinander, sagten wir, passiert kein unglück.
gestern erst, der expresz nach rotterdam entgleist.
selbstverzehrung in der zeit, sagte er.
dort oben die taufkirche, sagte er.
die kartoffelkeller aus den kriegsjahren, jetzt agitationslokale für eine politische partei.
perlgraue fluten, an sommermorgen gegen den süden, gekräuselte luft.
und was sonst paszt, sagten wir.
dies kneifen tätscheln streicheln der dinge, sagte er.
korpulente lebensart, sagten wir, und hineinwamsen was nur geht.
eine schwermütige begegnung, sagte er, wir spulten jahre zurück doch es miszlang.
zu viel fremdes dazwischen.
dort oben, sagte er, war früher die tanzschule, daneben das lotteriegeschäft.
kornähren wie kornähren was für verschwendungen.
wirklichkeit, festgeschmolzen, sagte er, ich leibenfrost.
oben auf der kleinen moosfläche, sagte er, hatten wir uns gelagert und zu einander gesprochen bis es hell wurde.

fortschreitung

fortschreitung, sagte er, dem drachen fehlt der wind.
wie sie im garten kraut und fenchel jätet, sagte er, kurzes donner-, regenwetter.
ganghaft, sagte er, eine pose einnehmen.
ein weiszgrauer fleck taube wolkig abwärts stürzend, dazwischen silber sperlinge, sagte er, und wir in hagelschloszen badend, die gesichter aufgeschlagen wie gegen weihnachtsschnee, aber es ist mai, meerschaum.
maigrüne offene arme, sagte er, bis zur selbstaufgabe.
eine pose nämlich des erzählens nicht wirklich erzählen.
ich träume, sagte sie, immer wieder den gleichen traum.
ich träume von einem haus in dem ich einmal gelebt hatte an einem ort den ich sehr geliebt hatte.
nelkenstück, sagte er.
ich träume, sagte sie, wir ziehen aufs land und wir wohnen in dem alten haus.
ich träume, wir haben einen garten einen innenhof und ein vorgärtchen wie damals.
unsere familie hat ihre eigenheiten, sagte sie.
marie hatte ihre freude daran mit total zerfetztem schuhzeug anzukommen oder mit bloszen füßen, die fuszballen schrecklich geschwollen. oder richard im garten stehend, mit dem rücken zum gartenzimmer, in das wir eben getreten waren, lange von uns angeblickt, ehe wir ihn beim namen rufen. sobald wir ihn gerufen haben, dreht er sich zu uns, tritt ins gartenzimmer, heiszt uns willkommen.
macht den eindruck, sagte sie, als müsse er seine freude über unser kommen erst allein bewältigen.
auch das gefühl, sagte er, für alle erdenklichen geschehnisse und situationen verantwortlich zu sein, beherrscht auf seltsame weise unsere familie.
etwa als sie, eben aus der narkose erwachend, zu wissen wünschte welcher tag heute sei.
dann hat er ja geburtstag jammerte sie, und bekommt keinen glückwunsch.
jahresuhr, sagte er.

geranien zu nächtlicher stunde, sagte sie, rot gebauscht, in den vorgärten.
oder ich träume, sagte sie, er streicht mir mit seiner hand vom hals nieder, mit zärtlichen blicken in mich eindringend.
mitternachts, sagte er, auf hügeln und wiesen jasminstab rosenstock.
ein wäldchen, sagte er, beinah ein wald.
ich stelle mir vor, sagte er, sie ist immer schon im erkerzimmer gesessen, den blick auf den see gerichtet.
wallende landschaft, sagte er, die stürzenden marmorsockel im garten verstreut, wasser uns überall hin folgend.
und morgens eingesprochen, fortschreitung in eine raserei.
hangelte mich hoch, sagte er, hing in tropenhauchen.
wir konnten es nicht vergessen, sagte er, und ich habe es zugeschrieben.
ihr zugeschrieben zungenschreiber.
die präsenz einer geliebten person, sagte sie, ist nicht aufzuheben, nur zu mildern.
schlafensterben, sagte er, ich versuche mich da auf etwas zu konzentrieren, ohne zu wissen was es ist aber ich war oft sehr nahe.
man zerfleischt sich am ende doch nur, sagte er. zu jedem augenblick abrufbar, sagte er, betrübt über so viel häszlichkeit.
es war ein gurren morgens um vier, aber ich dachte dabei nicht an eine taube, sagte er.
die fortschreitung einer landschaft mit booten schwänen wolken, sagte er.
von birken, sagte er.
als wir im halbkreis standen und sprachen trat eine zahme hirschkuh heran.
eine fortschreitung, sagte er, eines traumes.
und auf dem wasser den ort verändern.
karolinum, sagte er, uralt.
nämlich, sagte er, um allmählich in den rücken der zeit hineinwachsen zu können.

MAIL ART (2)

Diese elliptischen Gespräche sind eine Bodenfalte in die einer fällt oder über die einer strauchelt wenn er, mit dem Blick etwa auf buntscheckiges Gelände, dahineilt. Wenn er das sepiafarbene Gras tritt, oder oberhalb seines Kopfes das fadenziehende Licht greift. Nicht Haus und nicht Land sondern Gruft, nämlich vergebliches Mausoleum von Hoffnung und Ehrgeiz.
Beinah geschlechtslos wenn auch weiblich geboren, fällt sie, die zentrale Figur, nun nur immer schneller in den von beiden Felsen gebildeten Schacht hinein, und wir meinen den unaufhaltsamen Gang der Jahreszeiten am Fallen dieser Sonne erkennen zu können.

Die Tränen des heiligen Laurentius

Orakelbuch. Am tauf-füszigsten einunddreiszigsten August, neunzehnhundertfünfundsiebzig, fingerte lesend darin ich.
Mit Flatterblick weil wir nicht wuszten worüber reden wo aufsetzen (put up). Auf Säulenstümpfen, Sockelzehen, Platitüden
Nebengesell (Narrator, Gastfreund): die Erregung des Kopfes, sein Anzug müsse erst zu Bade, er nahm mein Kinn hoch und suchte meinen Blick
Laser, sagte ich, das passe nicht sonderlich zu Auge.
Er hatte runde Oberarme mädchenhaft zu kurze Hände geballtes Blond auf seinem alten Schädel; wie lange würde er noch ausgeschlagen tragen?
rauchblättrig Verwandlungskunst. Er schmauchte vor sich hin, blickte mir wieder in die Augen mein Kinn hochziehend: ich hätte ja gar keine Angst mehr! er könne es erkennen weil ich seinem Blick nicht ausweichen wolle! es sei jedenfalls das erste Mal gewesen dasz ich mir von ihm hatte in die Augen sehen lassen!
Schwertmaul Unpasz!
Reiszzähne Schöszlinge Ruten!

wann war ich nie katholisch?
mit scharfen spitzen Nadelstichen durchschieszt eine Hitze die gesamte Hautoberfläche an meinen Unterarmen, eine plötzliche Übelkeit läszt keinen Gedanken, keine Bewegung zu
Gewand des Bettes er fotografierte mich unausgesetzt durch seine zur Hälfte zugenähten Augen
ein Negerprinz, ein Schnallenfabrikant, zwei sanfte Tondichter, Gewürzsträuszchen. Gedröhn von Hauptbahnen, Ziehkarre, Motorrad, Kastenbeiwagen, Limousine, traten wir auf die Terrasse hinaus. Seine Frau verlängerte jedes Wort, das mit einem Konsonanten endete, durch ein ältliches äh.
Für Name würde gebürgt rief sie. Gefritzt, gekürzt.
Unnatur Makulatur, rief sie wir haben endgültig beider Ehen stillgelegt!
Der Gastfreund verschnaufte er hatte lange geredet: hätte ich von fern das vorläufige Ende einer seiner Wortkaskaden zu erkennen geglaubt, hätte ich mich beeilen müssen, eine Bemerkung über die späte Stunde anzubringen
dem Glückling schlägt keine Uhr! lachte sie, ihre Atemwurzeln ächzten.
Blütenholz Honigkeiten rasante Rabatten: überschlug es sich an meiner Vorderseite
solange der Blick über den weitläufigen Garten in den funkelnden Himmel zu schweifen schien; solange eine Umkehr noch denkbar gewesen wäre.

verzückter Bereich

(nach Magritte)

1 den Wandergang, zu wittern, aus metrischen Gründen

2 fallsüchtig, leptosom. Ortes und Zeit Gebälkträger: umgenusz, eine sich entziehende Spätsonne, sepia

3 (vertellung?)

4 die Tagesleuchte. Im hellen Viereck gegenüber schienen zwei riesige Fische an ihren Mäulern von der Decke zu pendeln; seitengleiche Struktur in der Achse des einzigen Fensters

5 geplättete Zeit. Ich hatte sie vom Fenster aus beobachtet wie sie heranrückten. Sie hatten auch bald eine Frühstückspause eingelegt. Der Baum den sie geschunden hatten, wächst seither auf eine Seite. Ich frage mich ob wir es noch wert sind dasz er ausgetrieben hat

6 fällt aus den Angeln, Scheinarchitektur: versäumtes Leben zwischen zwei Buchdeckeln!

7 einer beginnt, das Eisentor aus seinen Halterungen zu zwingen. Ein anderer entfernt die Fixierungen in den Mauerpfeilern mit einem Schweiszgerät. Der erste bewegt sich wie ein Fuszballamateur, der zweite stülpt sich Maske und Augenschutz über

8 durch beschlagenen Sehschlitz unbefriedigende Sicht auf schneebedeckten Vulkankegel

9 (nichts zu vermelden, Blindscheibe. Auszer dasz ich beinahe auf eine Kröte in der Dunkelheit. Paula risz mich aber zur Seite: ich hatte den Fusz schon aufgesetzt. Wenn auch mit halbem Gewicht als hätte ich es vorausgeahnt. Es kroch hervor schien unverletzt)

10 jeden Morgen Kurskorrektur um Richtung nicht zu verfehlen

11 (wohin?)

12 anfangs flog es sich gut an ihre Bildbrust. Jetzt –: Stirn-, Wangen-, Lippen-, Nagelblässe!

13 einer füllt die Betonkästchen mit Zement, der andere fügt sie zu einer schmalen Mauer zusammen, gemeinsam passen sie das Stück ein wo früher das Eisentor die beiden Teile der Mauer verbunden hatte

14 ob es an den uneinheitlichen Gröszenverhältnissen liegt? nichts passe mehr so recht zu einander. Auch war, was konkav schien, konvex, und umgekehrt; die Personen, früher an ihrer Umgebung erkennbar, schienen nun, von ihr abgelöst, unter einander austauschbar:

15 die Verleumdung sie ist lüftchen

16 kollidierte abends auf dem Bruderholz

17 zickige Sprache: muß bei Afghanistan stets Struppiges denken – magere schwarze Bergziege, melancholisch blickend

18 im Uhrwerk rückt es unaufhaltsam vorwärts. Anderseits sei es bedrückend gewesen, die Zeitzerdehnung ertragen zu müssen: so lange geradeaus hineinzufliegen ins Morgengraue, Morgengrüne, Morgenrote, in dem Gefühl man bewege sich nicht fort.

19 Das antäushafte Berühren, schrieb sie. Und: wir berühren einander auch aus der Ferne!

20 flaska: Taillenverlust!

21 (schamlose Selbstbetrachtungen)

22 die Scheibe Brot war unter den Kasten zu liegen gekommen. Er hatte sie, nach den ersten Bissen, wütend beiseite geschleudert

23 in süszer Verlotterung

24 er zog aber den zärtlichen Blick sogleich wieder ein: merkte dasz ich mich von ihm beobachtet fühlte – (Januarfrühling?)

für Otto Breicha

rot ist unten, und die füsz' sind die blumen, und die lily am strand

meine Erreger wanderten aufwärts, ich folgte der Milchstrasze aufwärts, eine weisze Spur führte aufwärts zu meiner Tür, diese Jahreszeit winterlich am liebsten weil weniger gelenkt von den äuszeren Wandlungen; als wenn alles mit Fühlern ans grüne Licht lockt vom Mittelpunkt weg; eine Schmelze des Schnees in diesem Jahr wieder zum ersten Mal roch grünlich; meine Finger klammen. Ich stutze am Straszenrand, es blümte in ausgebleichtem Rasenhang, der Bahndamm von Fahrbahn abgrenzt, und es hatte mich bläulich abgefangen wie erster Veilchenduft; ich hatte mich bei einer Unzeitgemäszheit ertappt, ich trat zurück einen Schritt zurück dasz die hinter mir gingen erschrocken wichen, starrte ins gelbe Gras als hätte ich da was entdeckt als wollte ich da was finden aber Nase oder diesem Organ vergleichbares war es was sich hier tummelte über verwelktem Grün, von Staub und Trockenheit und fortgeschrittener Jahreszeit gezeichnet, so trat ich zurück und wieder an den Rand des hügeligen Rasens, roch bläuliches roch Schneeschmelze also grün, spürte, es roch nach weiter fortgeschrittenem Kalender. Anfang Dezember.

ein Feuer Tag ein Feuer Tag rief Laura und schwenkte den Federhut, wallte hochstöckelig durch die Halle des Instituts, koordinierte ihre eleganten Hinterbacken unter wadenlangem schwarzen Rock; gewährte mir einen flüchtigen aber befriedigenden Einblick in ihre oberen Beschaffenheiten, und war verschwunden;

ich bot ihm die Wange an was er nicht erwartet zu haben schien eine Vorstellung die nur in Umrissen; schwarz triefendes Verlangen wenn er nachts aufbricht wenn er sich fortgemacht hat, dann schmeckt plötzlich das ganze Zeug das ich untertags gegriffelt habe *papieren* und hohl, ist ein Hohn; er hielt inne brachte das Fahrzeug zum Stehen und suchte, indem er etwas Scherzhaftes sagte das mich in eine fragende Unruhe versetzen mochte, meine Hand; so in die erkalteten Fingerspitzen, in meinen Schosz, ohne mich anzusehen und scherzte nochmals mit gleichen Worten WIE SIE ZU HUNDERTTAUSENDEN NACHTS DAS GETREIDE BEWACHEN

wie ich es wünschte, Welterklärung, als würde alles ins Konditionale gerückt (schmecke rieche höre den Duft der blessierten Vögelchen ...)

Laura war krank geworden, ich hatte mir die Brille zerbrochen

ich wagte es nicht seine Hand zu nehmen sondern starrte geradeaus durch die Frontscheibe als später sein Name fiel zuckte ich zusammen

ein Aufruf von Kräften sagte ich zu Laura, die auf keine andere Weise sich zu verantworten bereit sind; aber auch ein Umsetzen von Kraft, die, würde sie nicht nach auszen gestoszen, das schlimmste anrichten könnte, in meinem Kopf. Und jeder beliebige ist der beste dasz man ihn als Antrieb verstehen möchte. Aber ich könnte nicht jedem beliebigen mit dem Anfangsbuchstaben seines Namens, nur Pasteur. Wenn ich an ihn schreibe verwende ich als Anrede seinen Anfangsbuchstaben – ein gelegentlicher Blick auf seinen Schreibtisch offenbart mir dasz es ihm ebenso geht oft malt er hinter der groszen Initiale meines Namens Ort und Stunde unseres nächsten Zusammentreffens

aber die gaze-flügelchen fifty years ago, ein Kammerton nicht überhörbar, und immer so weitergetrieben, als sei es einem vergönnt ewig zu leben

legt mir ein stilles Wesen bei, schält einen Apfel für mich setzt sich an die Bettkante knipst meine Nachtlampe an; leib haftend sage ich zu ihm, wenn du fort bist stelle ich mich unter den Fahnenmast und versuche deine Schrift auf der Fahne zu entziffern sie flattert so heftig dasz die Worte nicht ablesbar sind. Wir werden einen strengen Winter haben sagt er abwesend, die Mäuse Käfer Maulwürfe, haben sich tief in die Erde

wir starren zu der weiszen Fahne, klammern uns am Fahnenmast fest, wollen uns nicht voneinander trennen; mit unseren Gesprächen sind wir am Ende, aber die Stunde des Abschiednehmens ist noch nicht gekommen

Sprache des Unbegrenzten, ich hatte sie beide aus den Augen verloren, vielleicht, dachte ich, hatte sich ein Kondor ins Triebwerk verspannt so dasz das Flugzeug zum Absturz kam. Als ich ihn vor mir stehen sah am Ausgang des Flugplatzes mit dem Schild um den Hals das meinen Namen trug kam ich mir vor wie ein verlorener Gegenstand der seinen Besitzer wiedergefunden hat. Es war alles für mich vorbereitet gewesen das Fremdenzimmer die Blumen die festlich geschmückte Tafel, er blickte mich über den Tisch hinweg an ich fühlte mich sogleich von seinem Blick berührt ich hielt meinen Blick an seinen; so als wollte es mir gelingen die beiden Schalen einer Waage lange im Gleichgewicht zu halten, das ist das Verlangen dachte ich, als er mich nachhause fuhr widerstrebte es mir zu sprechen mein Schweigen erschien mir als eine Form von Intimität mit ihm, aber ich wünschte eigentlich dasz er etwas sage. Während er seine ganze Aufmerksamkeit dem Fahrzeug zuzuwenden schien und ohne mich anzusehen murmelte er, ich wollte Sie um etwas bitten

wie schön sagte ich, obwohl sie fast alle gestorben sind verneigen sie sich zum Schlusz alle gemeinsam auf der Bühne, die Bilder sind auf Entfernung gerückt

Bildermacher, im Wald, sagte ich, wieder einmal schluckt mich die Fremde, sie sahen beide auf mich; sie hätten mich mit meinen Nerven, unterhalten. Das Durchkreuzen, das endgültige Auskreuzen eines Tags wenn alles so vor die Füße kollert und nur noch mit Mühe ein Hindurchstapfen möglich erscheint; magnetischer Schlaf murmelt Pasteur, und ob ich musizieren könne

nachts in seinem Büro beraten sie halblaut wie sie für den nächsten Vormittag am besten planen sollten der wie sie sagten ein halber Feiertag – die Kinder in der Schule – ohne

mich auszuschlieszen. Pasteur blickte zu mir, Laura fingerte mit mäszigem Interesse in den zwischen zwei Buchständern stehenden Poststücken
ach die schiefen Menschen (Maschinen) seufzte sie. Der Zusammenhang zwischen ihnen hatte möglicherweise darin bestanden dasz es die letzten waren die uns verlassen wollten. Die Luft kahl, grün wie das Wasser unten, der Kanal. Wenn es stiller wird sagte sie, werden sich auch mehrere und seltenere Arten.
Perspektivisch in die Tiefe des Himmels fliegend, so schien es mir da ich am Fenster stand, flogen sie, zielten sie, gegen mich: ein Umkippen des Blicks so konnte ich es von Mal zu Mal verändert sehen. Am Fenster stehend sagte sie, mit dem Blick der von Mal zu Mal umzukippen trachtet, wissend dasz der Flug der Vögel sich selber schreibe ein Keil in den Winterhimmel, und in den Schreibpausen gegen die Stirn
dein leichtes Frühlingskleid sagte er, und dasz du bei der Tür hereinschaust dich überzeugend ob ich noch am Leben sei um sogleich wieder zu verschwinden ist ein Zeichen dafür dasz es dir nur um den eigenen Seelenfrieden zu tun ist
indem ich seine Worte in meinem Kopf nachzusprechen versuche, schliesze ich einprägsam die Augen, seinen Abschiedsblick bei mir zu halten, zeichne die Umrisse eines eben auftauchenden und sich verflüchtigenden Gedankens nach und speichere an oberster Stelle die beiden Telephonnummern die ich im nächsten Kiosk, an der Straszenecke, zu wählen haben würde
Tanz der Planeten der Mars trottet der Sonne nach ein Kürassier fiel aus den Wolken, keiner wollte sich auf meinem Gemälde wiedererkennen
Geschmack von Salz in meinem Mund (sich durchs Gitter schnäbeln) die Federchen liegen auch überall auf der Strasze. Während des Schlafs vorher und zwischen seinen Übergängen vergrub ich es wie in einer Hautfalte so teuer schien es mir; ich hatte nicht die Kraft aufzustehen und zum Tisch zu gehen um es aufzuschreiben; ballte's in die Faust vielleicht konnte ich es hüten bis zum endgültigen Erwachen
es klopft ja schon mit knöchernem Finger! nach fünf. Die er-

sten Wortbrocken. An ein Wiedereinschlafen ist nicht zu denken, der schnaubende Fernlaster unter dem Fenster startet zum morgendlichen Ausritt –
ein Postbote ein anderer Bote, die Maulwürfe graben sich unter die Basis meiner Behausung, alles tönt hohl, meine Tritte ein dumpfes Tappen
Randnoten, fliegen Lämmer zu Tal?
wie gespenstisch lieber Pasteur! auch werden wir von den Gespenstern ausgetrunken ich meine die Ängste, mein ganzes Denken ist ja so gespenstisch und ängstlich und eng und schief, auf dem Fahrrad tretend plötzlich rückwärts weil etwas weil jemand gegen mich zielt zieht, Rückpedal. Alles abwehren sich gegen jedermann absichern
ein Wille zur Unsicherheit sagte er, die Sorgsamkeit auf der einen aber die Sorglosigkeit auf der anderen Seite, so kann man ihre Grundhaltung bestimmen, von anfang an
mit bepelztem Kopf gegen die Schranken der Luft, Eis und Eisen, während es winters düster herab fiel und wie Gewittertränen pflaumenfarbig ans Fenster schlug; auf diesem Kissen, sagte sie. Manchmal wustze ich es schlafend und machmal nach einem Schlaf, oder es träumte mir in seiner Vollkommenheit. In einer besonderen Weise mein Gewand zu tragen nämlich das innere nach auszen: in dieser rigiden Verkehrung beginne ich zu *vergröbern* in einer mir beklemmenden Folgerichtigkeit und Schwere, so hatte ich viele Vorstellungen ohne sie alle bezeichnen zu können; ein Flimmerband so zog es zuckend an mir vorüber
ein Nervenbündel! aus allen Fugen geraten! rief er; ihr Gewand daraus die Nervenfäden wie angerissene Seidenfäden die das Futter am Ärmelausgang zusammenhielten. Sind Sie immer so sprunghaft? die herabhängenden Seidenfäden wie Nervenenden, an einem aus allen Fugen geratenden Gewand, er tänzelte rückwärts mit schiefer Schulter, wir nannten ihn Pasteur. Das Jesulein sagte er, nicht vor dem Je-su-lein, wir mokierten uns anfangs
drauszen sind die Müllkutscher am Werk, Pasteur verläszt das Haus, in Müll verpackt ich rufe ihm nach, mein Kopf steckt zwischen Hecken im offenen Fenster, die Kleidung eine Art

Ordenstracht. Er ist ein Kolorist rufe ich, ein Dentist ein Organist ein Internist. Sein dunkler Flaum an der Oberlippe Bindfäden Körperpfeile Köpfe, er führt Veränderungen ein. Nämlich der Gebrauch der Sprache scheint nicht von ihrem Willen gesteuert sagt er, so fällt es ihr immer schwerer alles zur Verfügung zu haben wie sie es wünscht, oft ist sie stunden- ja tagelang auf der Suche nach einem bestimmten Ausdruck, einer Wendung, einer Wortfolge die sie früher ohne Mühe zur Verfügung gehabt hatte eine verquälte Liebesbeziehung. Er löste die Uhr vom Handgelenk, zog den Siegelring vom Finger, schlüpfte zu mir ins Bett
irgendein Erregungszustand, das mehrmalige Überblenden des Anfangs, mit dieser Deutschsprachigkeit ist aber nicht zu spaszen sagt er, indem du die Kleinschreibung forderst forderst du ein nichtklassifikatorisches Verhalten, in der Grammatik, also die klassenlose Gesellschaft, in der Grammatik. Deine Körperschaft, aber deine Körperschaften, er strich mir über den Schädel
sie hat immer nachgegeben sagt er zu Laura. Hast du nie Geschwister gehabt, fragt er mich, und bist so nachgiebig. Dann klopft er mir auf den Rücken als wolle er mir zu Atem verhelfen er meint aber eigentlich ich solle mich geradehalten, dann klopft er mir auf den Rücken, ich glaube eines Pferdes. Was ich auch sogleich tue aber nur einen Augenblick lang dann sinke ich wieder in mich zusammen; die umständliche Rückenpartie, so sehe ich mich im Spiegel wenn ein neues Kleid ein neuer Mantel mir angepaszt wird. Spezialanfertigung scherzt Pasteur, und kneift mich in die hintere Backe
in dem Gewölbe des Bahnhofs bis irgendein Zug, fröstelnd, bis irgendein Erregungszustand vermutlich. Ich hatte sie nicht gegen die blendende schräg einfallende Sonne sehen können wie sie mir entgegenkam so dasz sie annehmen muszte ich hätte es vermeiden wollen ihr zu begegnen, erst wenn an die elf Personen, erklärte sie mir, sich hier versammelt haben kommt wieder ein Zug; ich zählte die Wartenden es waren neun, mit Mühe ich schwankte gegen die einfahrende Garnitur. Die Ubahn die Urbanität ich zähle nach un-

ten, Asche fegt mir an den Kopf in die spaltweisen Späher, ein Hall sage ich, in meinem Kopf als töne es mit metallenen Hämmern im Inneren eines Felsgesteins. Aus dem Innern des Schachts donnert es heran, ich zwänge mich in eins der aufgesperrten Wägelchen; ein greller klaffender Schlund ein schrecklicher Hallraum ein automatisches Türenschlieszen ein melancholischer Pfiff; zwischen den knirschenden Mahlsteinen meiner Kiefer das Frühstücksbrot mit Getöse zerrieben, ich halte mir die Ohren zu der Zug schleudert quietschend in eine Kurve, mein Tritt wie auf Watte ein quälend lang anhaltender Pfeifton, aus meiner rechten Nase sickerte Blut. Deine Körperschaft ach deine Körperschaft flüstert er, er müsse auf der Stelle, taub schlimmer als blind. Sah mich von der Seite an und schien besorgt wegen der Müdigkeit die er an meinem blassen Gesicht ablesen zu können glaubte. Er liesz mich viel allein umhergehen, ich sollte mich ungebunden fühlen. Aber ich beherrschte die Landessprache nicht, so wollte er fortwährend um mich bemüht sein. Sobald ich die Absicht hatte ein Lokal zu besuchen begleitete er mich da hin und betrat das Lokal vor mir, sprach ein paar Worte zu dem Gastwirt meine Wünsche betreffend oder stiesz nur mit der Schirmspitze die Tür zu einem Café auf, rief dem Kellner im Innern etwas zu, hielt mit einer Hand die Tür für mich aufgeschlagen und verschwand ohne Grusz
Eindrücke sehr verschwommen aber immerhin mitteilbar sagte Pasteur. Sie ist ja sehr gefährdet durch ihre Sprachstörung, sich allzusehr zu isolieren, wahrscheinlich wird sie in den nächsten Tagen bei euch auftauchen
vormals Elefantinnen Ougenweide, sie erinnerte sich daran mich einmal irgendwo schon gesehen zu haben; Kleiderstock die andre. Wie Wasserrieseln! rief sie und griff sich an den Fusz der lahmte. Auch waren die aggressiven Sequenzen zu kurz geraten. Nur noch äuszerlicher Vollzug. Die ersten krankhaften Abweichungen am Telephon ich beglückwünsche ihn zwei Monate zu früh, auf den Tag genau, zu seinem Geburtstag
eigentlich wollte ich seinen Brief zuerst *aufessen* obwohl unpersönlichen Inhalts, so hungrig nach seinen Worten. Er hob

die Braue und blickte mich an, Zweifel, Mitgefühl, zärtliche Strenge: Sie sollten vorerst nicht in den Spiegel schauen sagt er, wie um etwas endgültiges in letzter Sekunde abwenden zu wollen. Meine Zunge tappt automatisch im Innern meines Mundes. Hatten sie mir einen Zahn während ich in Hypnose lag? ich befühle meinen Schädel. Oder den Haarschopf? hatten sie mich etwa geschoren? ich betaste meinen Körper, bis an die Zehen; es schien alles vollkommen und intakt, ich fühlte auch keinen Schmerz. Es jährt sich nun alles, wiederholt sich alles, ist wie beim ersten Mal, und mir scheint als nehme alles was zu geschehen habe parallel dazu seinen Lauf

und das schrieb ich fast ohne Atem zu holen, bin ins Wasser in den See und erst jetzt an die Oberfläche gekommen, ein beklemmender Tagesbeginn. Sie neigt ja im ganzen zu Exaltationen sagt er zu Laura. Ich war eingeschlafen und hatte die Wohnungstür offengelassen. Nach einem tiefes Erschrecken hervorrufenden Traum erwache ich und falle sogleich in einen anderen Traum der mich in eine quälende Ungewiszheit darüber versetzt ob die Vorgänge des ersten Traumes Traum oder Wirklichkeit gewesen waren; es verdichtet sich sodann zum Ende des zweiten Traumes in mir die Empfindung dasz alles Geträumte Wirklichkeit gewesen sein müsse, was meine Erregung steigert, ich verrücke den Blick, auch hier wieder nur Kammerton: nichts, keine Rede von plakativen Gefühlen

irgendwo aufgefunden als Notiz ein Blatt darauf Worte wieder verloren, irgendein Satzanfang. Und holprigst notiert während des Laufens, nach Haus: *rot ist unten, und die füsz' sind die blumen, und die lily am strand*

ich schaufelte mit Knien, dann war es bald in Erfüllung gegangen. Die Ohren klingen mir; mein tobendes Herz. Ich trete auf den Korridor und lasse die Wohnungstür offen stehen, etwas wie ein Schatten huscht vorüber und durch die offen stehende Tür ins Innere meiner Wohnung dasz ich in Panik alles ausleuchte; leib haftend sage ich wenn du fort bist versuche ich deine Schrift auf der Fahne zu entziffern. Ein tobendes Herz, ein geschulterter Unterbau, wie

nah wir wohnen! ruft Laura, wir sollten einander öfter besuchen!
Vielleicht wird man dir am wenigsten gerecht sagte Pasteur, wenn man behauptet du habest dich *verändert*. Du hast einen Weg genommen, und du hast dich nach ihm ausgerichtet
schon aus der Ferne, wenn Sie am Ende der Straße, kommen, würde ich Sie sogleich erkannt haben, rief Laura, Sie könnten sich sogar verkleiden.
Ich hatte es überschlagen wie man Buchseiten überschlägt, den Blick auf die dünnen Pfeiler die das gelbliche Haus am Ende der Strasze trugen. Mit Mühe, sagte ich, wie es auf vier dünnen Pfeilern aufstützt, sagte ich, sie scheinen wirklich zu brechen. Ein Miszbehagen, ein geschulterter Unterbau, unser Körper ist wie eine Landschaft. So werden Briefe Schmetterlinge sagte Pasteur, und er sah mich bedeutungsvoll an; nämlich aus der Verpuppung sagte Laura, einer besonderen Stimmung die mitzuteilen man sich gedrängt fühlt. Die Blutgefäsze, die Büschel der Muskel, die Kettengewebe, die Kanäle von Abwässern, die Knochensäulen, die Hochburgen der Nerven
sind Sie Historiker? sind Sie Schotte so frage ich ihn anfangs, er entfaltet ein weiszes Tuch und senkt die Nase hinein ohne zu antworten, ich sehe dasz es blau-rote Streifen hat. Sind Sie französisch? affektbetont; ich bemühe mich darum mich solcher Fatalität zu entwinden. Ein Feuer Tag ein Feuer Tag ruft Pasteur und wirft sich, ein Atemloser, in seinen Tag, Kopf und Schulter nach einer Seite geneigt, und fegt vom Institutskalender ein Blatt nach dem andern, so schnell vergehen die Tage. Ach, Sie geben mir Rätsel auf sagt er, glauben Sie werden die Zeitgenossen sich hier wiederfinden können?
die Platzdeckchen liegen bereit, Pasteur und Laura beraten halblaut wie sie den nächsten Morgen am besten, ohne mich auszuschlieszen, der wie sie sagen ein halber Feiertag
überlappend die Assoziationen ruft Pasteur, und es sei beinahe unmöglich geworden ein Gespräch in ihrer Anwesenheit geradlinig zu führen, immer wieder brach sie aus und stürzte in irgendwelche Luftlöcher die nicht mehr einsehbar

waren, aus welchen er sie nicht mehr zu dem ersten Thema zurückzuführen vermochte; es begann mit den umständlichen Worten: was ich sagen wollte und geriet unabwendbar in ein Dickicht von Ablenkungen und Parallelen, nämlich Annäherungen an einmal von ihr Gedachtes Vernommenes Geschmecktes Gerochenes Gesehenes. Wurde im Gespräch etwa ein bestimmter Ort erwähnt, oder vollführte jemand eine bestimmte Handbewegung, fühlte sie sich gezwungen sich einzuschalten und alles vorangegangene in ihrem Wortschwall zu begraben

die mehreren Klippen des Morgens, sagte ich. Ich hatte das Bedürfnis gehabt mich vor ihm auszulegen

Rosen- und Vogelfarbe, ein leicht ironischer Zug um Mund und Nase ein Wittern ein Wetterleuchten in seinen wasserhellen Augen als er den beiden Mädchen die herein wollten bedeutete dasz das Institut geschlossen sei wegen des Feiertags. Umgang mit Schemen, im rosableichen Dämmerlicht drüben die vertrauten Quader, kaum Köpfe in Fenstern, gottlob, nur Häuserfronten oder fensterlose Kuben mit querem Mauerstreif, graugelb gebändert

ich sehe ihnen beim Gehen zu, fange ein was nach hinten ans Ohr dringt, wenn sie reden; wenn sie auf der Strasze vor mir ineinander festgehakt gehen; ich versuche ihnen zu folgen; während des Gehens und während der Sturm ihre Haare ihre Rufe rauft, höre ich ihr wechselseitiges Fragen und Entgegnen, ich sehe ihr Nebeneinanderherlaufen und wie sie im Laufen Zacken beschreibend sich voneinander immer weiter entfernen, wie sie, einander zum Lachen ermunternd, sich miteinander nur noch laut schreiend verständigen können, während ich ihnen in einem Abstand folge, aus meinem nach unten gewandten Blick nur teilweise, schwankend, sie vor mir sehen kann – Lauras weiten wadenlangen Rock und wie er um die Schaftstiefel spielend und knitternd sich verfängt, und, mit einem einzigen kurzen Blick hinauf zu Pasteur sehe ich wie sein Schlapphut abheben will und wie er mit einem hastigen Griff ihn tiefer hereinzieht. So habe ich sie beinahe aus den Augen verloren

ich erkenne ihre sie treibenden Wünsche in den Bewegungen

ihrer Arme und Beine wieder, aber ich habe sie schon aus den Augen verloren

hatte es gegraupelt oder war Reis verschüttet worden, vor den Haustoren, an der Strasze? weisze Körner in den grün sprieszenden Fugen zwischen den Pflastersteinen. Ein verständnisloser Ausdruck öffnete ihr den Mund als sie hinter mir stehen blieb und ich mich umwandte – eine Reflexbewegung in jenem Augenblick als der riesige Rüde, mich am Mantel streifend, vorüberstrich. Ich hatte es nicht erwartet in dieses verwunderte Gesicht zu geraten: der Ansatz eines spöttischen Lachens drang als Kehllaut aus ihrem Mund, zwischen das Gebisz, und die breiten blutroten Lippen, von Speichelnässe gelackt. Es muszte sie verwirrt haben mich so zu finden mit meinem Notizblock an der Strasze, während ich meinen Notizblock aus der Tasche zog um etwas aufzuschreiben sie dachte vielleicht zeichnen, während ich zur Seite trat um den Gehsteig freizumachen; sobald ich von hinten die sich nähernden Stimmen und die sich nähernden Schritte vernommen hatte, während ich zur Seite, gegen die Wagenzeile, trat, und der grosze dunkle Rüde mich anstiesz so dasz ich aufblickte. Ich halte den Atem an, mische mich nicht vergnüglich, erblicke mein erloschenes Gesicht im Spiegel: auf und davon! alles zurücklassen! mich jeglicher Verpflichtung entziehen! er hatte mir eine Zigarette angeraucht und mich dabei angeblickt, die Rauchkringel schnörkelten über die Tischplatte zu mir. Ich führte seinen Brief ganz nah ans Auge als hielte ich ein Röntgenbild gegen das Licht der Funke war übergesprungen

wenn auch nicht ganz in jener Form sagte ich, wie ich es mir vorgestellt hatte. So erfüllen sich Ansätze von Vorgängen in meinem Kopf in der Wirklichkeit. Allerdings, der grosze Vereinigungsakt, sagte er, würde noch auf sich warten lassen.

Erinnerungen an Rilke

1 die Wiederverfestigung meines Eindruckes ich hätte ihn nie gesehen, zwingt mich in das beunruhigende Gefühl er müsse es mir verübeln wenn ich ihm nachspürte : *ein weiszes Wild im Dornenbusch*

2 als Rilke 1926, 29. Dezember, stirbt bin ich 2 Jahre und 9 Tage

3 er erzählt mir dasz es im Jahre 24 hier nach dem Krieg zum erstenmal Bananen gegeben habe, er habe damals zum erstenmal welche gegessen

4 wir sitzen an einem lauen Abend auf dem Kahlenberg und er kauft mir ein Püppchen das auf Knopfdruck sich rundherum dreht während eine Musik ertönt, Lockenkopf Häkelkleid Fingerputz über und über rosa

5 er wechselt Farbe, die Beziehungen zu den Dingen sind mit Nerven ausgestattet

6 drei Buchsbäume in grünen Holzeimern werden über den Hohen Markt spazierengefahren, sie schwanken auf dem offenen Pferdefuhrwerk über das holprige Pflaster. Wir auf dem Kutschbock erblicken uns plötzlich in einer Spiegelscheibe während der Wagen um eine Straszenecke biegt, denn derselbe macht sich Flügel

7 schwört am Rheinknie diese Stadt nie mehr betreten zu wollen, da geriet natürlich viel Wasser hinein

8 ich bin sonderlich zu seinen Füßen : der Lampist – das Unterlamm!

9 hastig der Kunstgriff nach dem Ruhm / *vielleicht ein Pflaumenbaum von dem ein Kuckuck hastig abgeflogen*

10 wir bewegen uns sitzend fort, in meinem Kopf rasseln mehrere Gespräche mit ihm gleichzeitig ab, wie bei eingebrochenen Leitungen

11 das Alpenvorland verlassend schaukeln wir in die Ebene der funkelnden Städte zurück

heisze Hunde

1 Tag unter dem Ende, Tagebuch
(»oh Rappen!«)
diese und Waldsee / Waldseele, auch durch die Moore, Rixdorfer.
Werde mich auf einen Leuchtturm zurückziehen, oder auf Patrouille gehen ins Museum – früher wollte ich immer Barrierewärter sein.
Flockenschnaubend, und wuchert im kleinen Sonnenschein.
Gezirkelte Wege, gern immerhin denke ich an dieses Leben zurück.
Ich habe gestern den ganzen Tag geschlafen : ich auf ihrem Kasten, sie auf meinem. Es geht merkwürdig zu bei unseren Telephonanschlüssen auf dem gemeinsamen Schreibtisch (etwa wenn sie den Hörer auf die falsche Gabel wirft).
Überhaupt scheint unser Glück von undurchschaubaren Bewegungsabläufen einer *blinden Wahrscheinlichkeitsrechnung* bestimmt, und ich frage mich wo bleibt die zentrale Perspektive?
Ansonsten bin ich hier wie angewurzelt, was mir aber gefällt.

2 in rasender Fahrt *durchs Wien*, früher Neujahrsmorgen schreit sie so : fahre gegen einen Baum schreit sie. Sehr imponierend, glaubwürdig sogar, im elektrischen Bogenlicht, 1882 – ein Relikt! sage ich, solch' ein Relikt!
die beiden Äpfelchen wie sie ihr traurig herabhängen!
die Fohlenbeinchen!
Gelenkspfannen!

manche Tonfrequenzen verschaffen ihr Qual!
ihre Mantelfurche!
es ist nur eine ganz allgemeine Niedergeschlagenheit sagt sie, wie eine gewisse Lebenssicht sie von Zeit zu Zeit hervorbringt.
Hier noch mehr Bäuerliches sage ich, wenigstens ein Rest. Die Leute gehen in den Wald, auf den Weiher, Eisstockschieszen, Schlittschuhfahren.
Ist ja alles anachronistisch sagt sie.
Beschwichtigende Beinkleider, Gedanken, lange Sessel.

3 *Überschwemmungsküche*: ihr beiläufiger Sopran, Schwarzschwäne. Die gegenwärtig grellen Umstände haben alles was war, zur gänze übertönt. Organischer Anmerkungsstil, bin in ein verzweifeltes Vakuum geraten.
Niederschlag. Angst Qual und Quetschung.
Steinerne Lachmulde.
Tritt im Gehirn als furchterregendes Knacken auf, rasselt bei jedem Schritt fort.
Tobias verschleudert seinen SEGN, ärgert sich an Wagner, japst / hinaus in düstern Sonntagmorgen-Horizont (– sogleich auch / Meister!).
Unvermittelt stürmisch, wie Menschenstimmung.

4 *Tannenbaum der Flösze*, Kraftfeld Kopfzierde.
Ihre Augen gleichmütig offen, aber ich höre oft nicht was sie spricht. Und halberfroren griechisch, Kappa, sucht sie den Atlas ab : die streunenden weiszen Hunde (Schaumkronen auf Brandungswellen) – wenn wir in Tränen tauchen oder Bücher als *wilde Beziehungen* empfinden.
Wir antizipieren Jahreszeiten, aber das kalte Frühlingsversprechen sagt mir nicht zu.
formidabel! schreit sie schreit sie so, rollt Polarauge. Stockholm ist schneefrei! seit letzten Oktober über so viele Festtage hin und auf die nächsten Fasten zu, und wieder alles von vorn : eigensinniger Kanon.
Polarbären / Unterbruch, Trittsteige ins steinerne Fleisch.
solch' Andenkbarkeiten.

5 hält den Laden geschlossen, und dann mit deutlicher Schnalle ins Schwarze.
Trutzkasten, blauer Blumensegen.
Eine Verwandtenheirat 1664!
als ob sie es mir mit flieszenden Geräuschen (Seide, Körper) einflöszen wollte.
Das Innewerden, Sausen der Luft.
Auch solle sie endlich meine Briefe unter Verschlusz bringen, die Welt dringe ja begierig durch alle Ritzen!
Erfindungsmütze. Tobias jongliert mit Zeit, auf der Spitze eines Stabes den er auf einem Finger rotieren läßt. Trällert, tanzt dazu. Stöszt unverständliche Worte aus. Hüpft im Nachtanzug in seinem Zimmer umher. Stürzt gegen das Fenster. Wirft Bananenschalen ins Freie.
Ich sehe seinen Körper tief herunterklappen.

6 nachdrängendes Erinnern, Schauseite.
Wir unterhalten uns über Bestattungspositionen : mein allererstes Buch sagt Tobias, ich möchte dasz es mit aufgeschlagenen Seiten mein Gesicht bedecke.
Mit dem Gesicht nach unten sage ich, auf meiner rechten Wange ruhend.
Solch' Schlafstellung, wie ich es zu Lebzeiten.
Keine Beweggründe sagt Marie, nicht irgendwelche!
(platonisch) Schlittschuhlauf.
Mein Wünschen sie zu hören. Oder ängstlich bedacht dasz das Gefühl meiner Zuneigung für sie wieder wie früher sich einstellen möge.

7 solch' Haken wie der Hase schlägt : *ich fühle mich gewundert.*
Schwankungen, Unebenheiten.
Trauerwickel, blaue Verwandtensträusze
Seine wunderliche Stelle, wie umarmend! ruft Marie. Aber wenn ich bedenke dasz nur Sand durch seine Finger geronnen ist!
Kamera Zimmerchen. Schneequell Quecke Schierling Sirius. Sandbank Löffelhund, Hundswache Bingelkraut.

Man stirbt von den Füszen her.
Tobias' Abdrift.

8 Strömungen, Straszenachsen.
Da fehlen mir die Ausleger.
(habe ich solcherart mich auf die Nachwelt bringen wollen?)
ich liebte sie damals so hoffnungslos sagt Tobias, dasz ich nur immerzu wünschen wollte, sie möge die Qual endigen, und für längere Zeit die Stadt verlassen.
Er erinnere sich, es bedeutete fast eine Erlösung : der Anblick ihrer verschlossenen und weisz verhängten Fenster als er, wie jeden Morgen, von der gegenüberliegenden Straszenseite aus emporblickte.

9 Blankvers, blas den Schuh!
silbernes Perlengeriesel, Kolorationen von Taubenfüszen, Getrippel oben auf Fenstersimsen dasz ich davon erwache am frühen Morgen.
Noch schlafwarm, Technik des Ausstülpens.
Überschlägt sich die Luft, Knieschatten purzeln.
Nämlich auf Händen, im siedenden Flug wächsener Flügel, so kehre ich ihr den Rücken, unsres Gesprächs.
Denken Sie nur die Schnurrbarthaare! ruft sie, mich zurückbittend.
und : *Ihr Y ist beneidenswert*!

10 Aufwand Gefühl : Eisenschlipse umklammern Halsknorpel.
Dirigentenblume Überfalk.
Über Meerwende, *Kleist oben*.
».. ich kneippe etwas ..« (im Wellenhaus).
Sie verschaffe ihm Gleichgewicht sagt Tobias.
Auch würde er gern einmal wieder verreisen, aber ohne sie büsze er an Bewusztseinskraft ein.
Landmaler, der Muschel Ohr, ein zerknittertes Schneckenhaus.

So'n Blitzmädel! sagt Tobias, soweit er zurückdenken könne. Erdfarben, durch Wälder streifend, die Gedanken auf den Körper gerichtet.
Nur dort würde er bleiben wollen wo das Auge von selbst verhält, oder wo dem *freien Blick ohne Zögern alles sich darbiete.*

Ganz in Tirol
Graz in Tirol

1 *Es flygt!* sagt er, ein umarmendes Beispiel, sehr liniendünn intim, stadtauswärts durch die Sackstrasze ersehnter (Knaben) Verschlusz. Räuchernde Marktnacht, folkloristische Verknüpfung von Vorstellungen im Kaufhaus gegenüber nämlich Griechenland.
Welches in Graz ein vielarmiges Leuchten vom Schloszberg herunter, hinter den Buden hervor, in der Herrengasse, am Südtiroler Platz entzündet, ich erwache im Nordstern. Waren Sie gestern schon hier? fragt die Kellnerin, nähert ihr welkes vor Anstrengung gerötetes Auge, war es eigentlich ein Erinnerungsschock?

2 *Dampfradio*, an der Klinke der Badezimmertür, innen. Wälderanwüchse, Schloszberg.
Ihre bläuliche Haut sagt er, so hatte ich Mühe, darin die vertrauten Züge wiederzufinden, aber es war nur der Schatten eines dunklen Baumes, unter dem sie einen Augenblick verweilt hatte, ehe sie auf mich zutrat.
Er weist mit ausgestrecktem Arm auf die markierten Plattformen: Rom, Moskau, Venedig, Madrid …
In den Nächten senkt sich ein leckes leuchtend beziffertes Luftschiff Schicht um Schicht abblätternd über mein Fenster schlaff ans Bett. Die englischen Stimmen mehren meine Betroffenheit, Kind vor Freude tanzt und der Pinselstrich selbst; die flache Hand faszt, als mühe sie sich eine Pulsader abzublocken, an den im Bersten leise tönenden Karaffenhals

eines Glaskrugs in eben jenem Augenblick da die kräftigen langstieligen Blumen ihn auseinandertreiben.

3 *Familienheiten* sage ich, die leichte Ausziehung.
Ihn selbst sage ich, sehe ich ja am wenigsten; aber sein Hausschild jeden Morgen.
Laufke. Solch' platonische Stadt!
Reversible Erkenntnisse, Taufschnee: müssen wie ein Geweih der Dame sein, untere Vögel.
Schon am Vorabend der Reise entferne ich mich von mir selbst was mich beschleunigt: jemand der mir fremd ist wird die Bahnfahrt antreten.

4 so scharf umgeben, er spüre immerzu den ausgesparten Raum neben sich wo sein Kind nämlich wo er es sehen zu können glaubt dieses Kind das es nicht gibt.
So fühle er sich ohne Abwehr, allein.
Die Postreiter über dem Platz, die eingeweihten die *Einwegmenschen.*
Es schleudert aus ihm heraus, wie Eggenberg.
Der Raum überflutet von Sonne; so sollten wir auch die Lüge nicht mit der Wahrheit verwechseln sagt er.
Dann geht sein Blick unter, sein Bartgestirn.

5 Zinnien Zypressen verwirrende Hausdurchgänge, ich überquere den Markt.
Trafen wir uns mittag machte ich es in der Mitte, blieb der weitere Tag offen das Ende des Tags, ließ ich es unten, *ungeschlafen.*
Ein reines Erscheinenlassen Blitzgemahl, die Pronomina sind zu verkehren. Kaufte Apfelschnaps, hakte mich ein, wir lieszen es dann sein, *und so verschwanden* wie man nachhause geht.
Am ehesten, plötzlich, im Stadtmuseum, beim Betrachten der Bilder fiel es mir wieder ein: der Chronometer! die Wasseruhr! irgendetwas, sage ich, woran man sich halten kann, hier.
Die zückenden Mond-Säbel, für je ihre Zeit.

Tochter der Bahn

1 nach dem earth-quake : man musz sich sehr aufmerksam hinlegen, in die ausgebaggerten Stollen, die Augen geschlossen, die genötigten Töne über sich ergehen lassen. Man musz stillhalten : so wird man es ertragen, dasz die prasselnden Einschüsse, von oben kommend, und von unten die Erde wankt. Man musz sich in Ruhestellung begeben, den Mund öffnen, die Beine langstrecken, den Kopf in Ergebung auf die Brust sinken lassen, und sich ins Ohr flüchten solcher Erdbewegungen. Danach auf den durch die Luft gewirbelten Backsteinen in der Mitte der nackten Strasze niedersitzen so dasz die klaffenden Annäherungen nämlich der verwüstende Schmerz vorüberrasen

2 Er hält mit mir Schritt, läszt sich fallen wo ich sogleich verweile, zählt seine Zimmerwannen. Es ist an der Zeit, sagt er. Es ist an der Zeit *Menschheitsträume* zu haben. Kann es sie geben, frage ich zögernd, und wer sollte sie bauen?
Vielerlei Wuchs, wohlgefällige Tage so inmitten.
Sie haben *schiere* Tannenzweige, sage ich, Nadeln des Doppeladlers, dessen Silberkralle, mit Lupinen in den Fittichen –
die Unreise. Die Unpräzisheit der Bewegungen zwischen den Gelenken des technischen Fortschritts, sagt er, diese Schlottrigkeit *heart of dixie*, was für ein Bild!, ein zu schlachtendes

3 ob die Melancholie daher kommt, sage ich, *daß du wechselst*?
es bleibt so immerzu dieser nagende Hunger.
Mir kommt es traurig vor, sagt er, aber nicht so dasz ich es genieszen könnte dazu habe ich zu viel Angst vor Belanglosigkeiten, zum Beispiel diese Frankenreise. Ich habe sie mir lange ausgedacht und werde sie jetzt endlich allein, in meine Kindheit hinein, antreten.
Alles mit allen Sinnen und Übersinnen, sage ich, Erde ohne Himmel kann nicht sein.

Ein Florentiner Brief Lupinen und Leuchtsterne.
Schon die Möglichkeit dasz sie sich an diesem Ort befinden *könnte*, verwirrt dich, vermehrt deine Unsicherheit – deine Blicke schräggewinkelt, deine Antworten zerstreut, oder zu forsch.

4 *kindfuchs*, keine Einengungen mehr!
Wir nehmen die Schiebemützen ab, die feuerspeienden Geisire schweigen. Auch haben wir genug davon, sage ich, an allem zu rätseln. Wer Geheimnisse vermitteln will, muß dies aufrichtig und vernehmbar tun.
In den tiefen Taschen deines Burbury, sagt er, und blickt mich an. Seine Stirn, gefurcht, seine Wolle. Das Miszbehagen, sage ich, von drüben.
Trinkbuch allwinkel voll Glück, und Eisenkleid.
Lisène verderbt aus Lisière, Mundloch oder lesende Trompete ich horchte auf sah wieder die Jazzmusiker vor mir auf der Bühne, merkte von neuem die Ausdruckslosigkeit in meinen Gliedmaßen.
War es ein Zwischenzustand, frage ich, die Mohnkörner rollten überall hin auf den Fußboden ins Bett zwischen die Bücherborde, schlafen wir glücklicher?

5 eilt man in Wiszbegierde dahin, wird man sich kaum der Innenseite solcher Hohlform bewuszt, sagt er, die atemlosen Bücher.
Diese Wohlfeilheit, Waldschmuck wie es mir in der Kindheit eingepflanzt worden ist, so verschwendend den nahen Tannen- und Kiefernwald, *lost pines*.
Sie verschwand indem sie jeglicher Begrüszung sich entzog ganz in Tirol Graz in Tirol. Ein Schneegewitter, halb-Graz-weisz-es-schon, sagt er, rotes Bologna, Krug-Waldsee, Überhorst – ein kryptischer Ort neben dem andern, und einander gegenüber, sehr *spalierend*.
An jenem Tag, sage ich, ging ich zu jedem abfahrenden Zug weil ich hoffte dich so vor deiner Abreise noch einmal zu sehen, aber ich fand dich nicht. Die Stunden dazwischen verbrachte ich im Bahnhofcafé an der Straße, die Sonne brannte in die schüttere Laube.

Rigides Geschlecht, sagt er, sich überpurzelnd.
Fetischen jeglicher Art auf der Spur. Plattformen, Plätze, Frühlingswetter (alles rüstet zum Schein).

6 nachsichtig, und gegen Hindernisse. So zerreisze ich meine Tage, lasse sie mir zerreiszen, bekomme Magenschmerzen wenn die Post ausbleibt oder ein Brief sich verzögert auf den ich lange gewartet habe, gewissenhafter Vorfusz. Der Feind, sagt er, umzingelt mich immer würgender aber ich leiste keinen Widerstand sondern ziehe mich auf die geschonten Innenwerke zurück
und man verzettelte sich gerne. Es roch dort alles was man zum Munde führte, *Katzenholz*.
solch Binnenmensch!, solch Sommerkomponist!
Seine Arme, über seinem Kopf, schlossen sich zu einem girlandenhaften Halbkreis dasz ich es verstehen sollte – : Willkomm und Abschied würden sich verschränken wollen, wie sein Namenszug.

ein Fremdling ein Mohrenkopf

in den Alleebäumen hockend so schien es in der
    Perspektive
vom hochgelegenen Fenster aus
in den Alleebäumen hockend, die waren entlaubt
nicht in einem bestimmten Alleebaum so schien es gegen den
    nahenden Winter
gegen den bleigrauen Himmel so schien es aufgefahren in
    den Himmel
an der Oberleitung der Strasze so schien es
in den Alleebäumen hockend so schien es, die waren entlaubt
gestern bei regnerischem Himmel etwas sperrt sich in mir
mit dem nahenden Winter etwas sperrt sich in mir
ich sehe Octavia wie sie schlaftrunken durch den Garten geht
ich sehe den See wie er dunkelblau zwischen den Baum-
    stämmen glänzt

ich höre Octavia wie sie ruft ihr hättet mich wecken sollen
früher wecken sollen
ich sehe den Rosenstock wie er strohverpackt auf der
Terrasse steht
gegen den nahenden Winter so scheint es
bei regnerischem Himmel das Krematorium gesehen daran
vorübergefahren
Turm mit Zinnenrand hochragend aus der Ebene der
Schrebergärten
schwarze Rauchschwaden aus seiner Mitte etwas sperrt sich
in mir so scheint es
mit dem nahenden Winter so scheint es, aufgefahren in den
Himmel
etwas sperrt sich in mir über die Brücke gegangen
aus schwarzen Blumen sah sie mich an etwas sperrt sich in
mir
die Finger aus ihrer Verankerung gerissen
die Wetterschenkel verrenkt
gegen den nahenden Winter, die endlichen Menschen
das Ausbleiben des Frühlings so scheint es
Vorfrühling auf der Bergstrasze abwärts ein paar Schritte
gelaufen
Erhitztsein im Rücken bergab ein paar Schritte gelaufen
Wendung der Strasze bergab ein paar Schritte gelaufen
und der plötzliche Blick auf die tiefe Mulde der Stadt
und im Rücken eine fröstelnde Welle aus Frühling und Berg-
wind so scheint es
im noch nicht grünen Gras vereinzelt die ersten Leber-
blümchen
ein Erhitztsein im Rücken ein gesprächiges Elternpaar
ein Ausbleiben des Frühlings so scheint es, eine Belausch-
szene
ich wuszte nicht recht was ich sollte
im Rücken so schien es, die endlichen Menschen
in den Alleebäumen hockend so schien es
in den Alleebäumen hockend, die waren entlaubt
gegen den nahenden Winter so schien es.

zahlreiches Vorhandensein

für Hans Mayer

auf dem Rücken fliegende
Himmelsgegend vor der Natur die wilden
hartgrünen Gestrüppe Stechpalmen Macchien,
mittelmeerischen Unterholzes, in ankommenden
Rufen Mohnbläue
von der Materie befreit auf meinem
Kalender steht Engelbert, Vollmond, neunzehnter
März (Fest Festkörper Fenster, ein Fenster zersprang, eine
Schellackplatte zerbrochen in der Mitte der Strasze, ich
sah es vom Fenster wie die Fahrzeuge sie aussparten als sei
sie etwas das lebte). In meinem
Mantelsack die klingelnden Münzen, ein anachronistischer
Ort sage ich, Union-Bräu, Bräuhaus, Burgflorist; so viel
Vergeblichkeit so vielgeliebt, ich
fand es in Abständen heraus, vergasz es dann aber wieder.
Das Gehen in der Wüste, das Verhauchen von Phantasie, die
lange *Entlaubung*:
ganze Herzwälder Regionen von Schwärze, Unfarbe der
Vasentrommel endfest die erfundene nicht angewandte
Liebe deren Windmüller
ach! weiter ist nicht, die Türme – Fluchtpunkte weisze
Gischte Mehl-Katarakte Lehm und Erde. Die Freunde aber:
dasz man sich wohlgeborgen fühle in ihren
Tugenden: sie wissend, nämlich, an den immergrünen Orten
ihrer
Geneigtheit, ihrer luftigen
Konditionen, in freier
Landschaft das zärtliche Durchwachsensein grenzüber-
schreitender
Honigkeiten. Den taktilen
Dornstrauch zu jeder Zeit. Und
im absichtsvollen Blicken den Verschleisz
beklagend der empfindsamen Commis mit den goldenen
Daumen,
den schlacksigen Kniekehlen,

den hinters Ohr geklemmten Federn –
Bewegungsleben wie sie es nennen redlich, bemüht,
beflissen, mühsam, gegen
chimärische Brust Lockenkopf Poesie. So
von der gröszeren Welle verschlungen, Frottage, der untere
Hirte, als ob nirgend geboren.
Die galoppierende
Perspektive jedoch des Erinnerns immer zwingender dem
Anbeginn zu.

kapitaler Kugelfang

aus entstellten
Feldern Schönblindheit keuchendes Rot, die Gewässer dahinter
schwarz bis dunkelblau in verfallenden
Forsten, Tibetwasser zum marmorierten
Tarimbecken im Norden / unpäszlich eine Zärtlichkeit Zerdrückung
es vor den anderen zu verbergen, *sein Mundschenk*! so fühlte sie sich so gosz
sie ihm das Waschwasser ins Becken, blieb neben ihm als er die Hände
wusch, griff zu ihm ins Wasser betastete seine Fingerkuppen tauchte herauf
reichte das entfaltete Tuch Meszgewand / mittere, überflammtes,
jegliches Ermessen, Haupt. Im Osten nach dem groszen
chinesischen Strombett entwässert. Im Süden sein zärtlicher
Puls, im heiszen
Bad nach der gemeinsamen Mahlzeit, und im Schlaf die Hände
in einander verschränkt seine
linke in ihrer rechten Hand, entwöhnter
Schlummer, Kunst-
glied bald sein Geschlecht, durch sein Badekleid hindurch sein

Pochen / indes sie aus seiner Haut feine
Stückchen herausbisz wie
Zähleinheiten (lange Sessel) sich tief im verborgenen auf-
richten, kopfwärts edle Metalle, offene Mantelhöhlen Sepia
Sehkeil
Rückstoszbewegung, das blühende
Fieber stattdessen Verweigerung Landschnee und
Blut. Nötigung
zur Tugend, ungenaue Gewohnheit von Fellatio,
eingeweihte
Wandblaker blutend / Strauszvater Strauszsohn Strausz-
richard; törichte
Reibzunge, waagrechter Flossensaum oder, gedrehte Gischt
umgedrehtes
Lachen, und wie im Westen eine Statik ihm durch den Mund
wächst, Bedeckung seines
Kopfes / Kopffüszer, Atemwasser, gestreckter Glas-
körper Büszerschnee / Scout, pigmentierter
Nautilusbecher, *die Suche nach einem Weg*. In Helligkeits-
maschinen
ein Eschenbaum, halberloschene Hohlbläschen, Tinten-
kalk, Schulterblatt Eiswand; lichtfeste
Knirschung, Kirschhang, spätes
Platanendreieck, Flötenuhr; Farbeinheiten für
Gletschermühlen lichte und graubraune Töne – Himmels-
bögen Schulpe Lichtöffnungen am Scheitel, Auge des
Frühlings, Tupfen im Pfauenschwanz, Perlboot, lesbare
Unterfindung
ganz ins Schauen verloren. Kalkige
Schalenspirale in deren vorderster Kammer sein
halbschüssiger
Leib haftet / Tränenpunkt
während die junge
Meute, festgeknüpft, und in Fäden (spengendes Auge Gehirn
geschlossenes Meer Fiederungen des Meers) *die schöne
und warme Landschaft* in den Bäuchen der Schiffe
einschleppt, vermurtes Geziefer köstliches
Gift, wie Gift / rose priessnitz / Scheinassoziationen!

akustische Scheinarchitektur! Schwefelholz,
überflammtes
Gestirn fabulistischer
Torheiten; an zottigen
Wärmequellen jedoch hockend die Dichter mit dem
verstohlenen Blick auf die neue Ästhetik
die die Kunstsäle füllt –
Brustsack, ein Unterbruch, eigentlich Rückzug, geprellter
Nautilus; steile Umwucherungen Wehrungen Erdwälle im
Rücken des
Schieszbudengetümmels, eine Leidenschaft
sei zu entwickeln, eine natürliche
Treue, Schlachtmaske Nicken, versinkt
der Abend. Lackierter Nasenstumpf (Edler v. Hund) /
dissonante
Wanderarbeiter : abweichende
Schatten die einer einzigen Person anhaften; ist
die Geschichte jetzt fertig? frage ich
ja, ein wenig abgeflacht
antwortet er, kleine Delle Idylle im Mund Mond:
die wellen medienmiszhandlung
probieren ob sich an irgend
(Grind der Grind, ihr Mut)
entzündet erlöscht
das Volk. So, eingewöhnte Öse an einer Schlinge
Traum, ich erbaue / erbarme
die Wäscherin : weiblicher Schlusz
niedergedrückte verbuckelte Welt, ein Topolino für
fünf.
Töricht und tugendhaft der grosze
unwiderstehliche Ruf, tückisch die Hände daran zu wärmen
Herstellung von Bälgern nämlich auf Flaschen gezogen
die gedrillichten Tiere, gehend in Tieren –
gekrönte
Luftschnecken Elektrisiermaschinen Gemütsbelustigungen
Jetons, täppische
Ordnungen, verminderte
Heimatrolle.

Nach heftigster
Erscheinung Wintererschütterung
jetzt in unvollkommener Verwandlung ein zager
Frühling, und ich tappe wie ein *Un-*
mensch

sich in ein Vibrato begeben

an jenen
eingeweihten unerforschlichen wirklichen Ort,
Mondhof,
verzogen : sehr
zusammengesetzt eine vollkommene
Neigung /
Stichflamme.

Briefstatuen / drei
gemalte sibirische Krähen in einem Rundtanz erstarrt, näm-
lich
Waldnester, weisze und schloh, dasz
die nackte
Eselszunge der Erde
/ (?Engel) /
die weiszen
beinah unbeschriebenen Blätter
/ (?Falter) /
verschlingt.
begierig nach
gebohnerter
Natur, definitiver
Kometenerscheinung (das einräumende
Knie / bleiche
Eisenkleid nämlich
Beigeselle) –
älteste Schuld.

in dieser
eingeweihten abgeschiedenen umnachteten
Erde : ein Schwarzenberg Fenster
(»in den Wäldern und Gräbern kann man sich gut verirren«)
dann in diesem
kalten Sommer die wilden
Köpfe / eine Nacht mit Donner und Blitz, und wie der Fuchs zum Igel
wechselt, ein alter
Wahrspruch.

Kollisionen
in einer Flieder-
bucht, Boje,
nächtlich Toulouse.
(wolle er entrinnen? ohne Versuche sich je *verkörpert* zu haben
durch sie? –
Juni 42?)
(»dann hätten wir das Klavier wir hätten das Klavier
auf die Reise mitgenommen /
ein wildes Rauschen
und Kriechblumen Fadenrosen – das *Verreistsein* (Verzogensein)
des Herzens
.. verstehe jetzt besser
was es bedeutet«)

Stollwerke, Fruchttode, das
Versinken der Berge /
Zurechtrücken der Kiefer / die
Zusammenschnürung des
Sees –
verrostete Wasserzeichen

und wies auf
die leichten Wellen die der Tang herangeweht hatte,
und auf das Innere der Säule

die hohl war / ein
Niederwald Schneeballge-
sträuch Oleander / verzogene
Kartografie.

bin zu Gefangenschaften
und mit bleierner
Fassung / Uterusschlaf
(»wolle nicht wieder geweckt sein«)

plötzlich
das Ankommen plötzlich am Morgen,
dieser Flügelknabe
nämlich hervorstechendes
Kind, eine Mauer küssend

sickernd seine sickernde
Sommerlust /
hell und Hauch /
Geiszblattgewächs.

und schweigsam astgabelte.

für Konrad Bayer:

und pflückt den Vogel / eher Winterling

(mit zwei Fusznoten (Herzgefälle) und einem
erinnerten Piktogramm eines Hundes (Posthorn?))

und er kann aufrecht gehen / um zu wissend das Ende :
nämlich
wie Paarhufer trotten (je
auf einem Bein, durch die rauhe
Nacht, oder gekauert über der Schwelle / Pforte des
Morgens / blut-
gestillt)

sein Rücken, *blank!* : die Hände, vor sein Gesicht
geschlagen in tiefer
Betroffenheit / und hebt
sogleich ab ins generale
Giftzeug –
das halbkugelartige Grab / Grabhügel mit dem
Zaun und *(Fusznote 1)*
trockenes Katzengebirge (»negerin?«)
nämlich *Gainfarn* / fuszgetreu *(Fusznote 2)*
Schloszrelikte / und Scherben /
blaugrüne Fadenpuppe auf unseren Knien /
das leuchtende
Piktogramm eines
Hundes (Posthorn?)
fort und fort
grollt sein Auge : abwesend blasser Stern : im Blinken noch
Vogel : und das oftmalige
Einziehen seines
Wangenfleisches / peripherer
Sonnenreflektor / Haut / (Kleehütten
im Wind / im Winter / vor den sausenden
Simsen des Zuges) : EINE
EXZEPTIONELLE LIEBE ..
(»Männin« »Gesellin« »Gehilfin« – ein Wachdenken / scheidender Radionist! Flamingo Vogel!
(»flamenco?«)) bei
Erstarrung der Schmelze :
würdevoll, ernst, gemessen, von rosa
Farbe, ein um /
sichtiger
vor /
sichtiger
be /
hutsamer
Blick mit dem Fusze Blick in den Schnee
Paarzeher / aber mit nur je einem Fusze : Giraffe Hirsch Rentier Kamel Fluszpferd und Schaf /
englische Korrektur?

(»ach die viel zu vielen Sankt Pölten . . «)
und er habe
zurück komponiert?
Leib der
Libelle gänzlicher *Tal-*
schlusz / schwere
Würde, veralteter Halte-
griff /
für den schweren
haltlosen
fallenden
Ton – so, wie sein Fluszbett
leerläuft / sein Lachen dieser
Lach-Keil
zwischen uns /

(»mit Maien . . ?«)

und mächtig ver-
schminkt *Spielkind* / Profil / ebenmäszig
entblöszte
Zierung / Verzierde Peilung Postzwang :
Seezeichen Landmarke *Zunge* : Laune der
Lokomotive? sein
Lachen eine
geräumige Acht / das
Gemetzel / das
Gelache / der
Gemetzelte / der
Gelachte / die
Lach-
Korrektur
*

ungenau
fröstelnde
Liebesverschränkung
im klaftertiefen kalten Grab-
bett der Erde Verdammung des

Lotes / schon am ersten
Abend war Abschied / antagonistische
Muskulatur –
aber vielleicht
könne man es am ehesten als Liebesspiel
mit der Sprache bezeichnen (»lauter
kleine Ohren ..« / »ein Leuchtprozesz ..«)
nämlich
gekrümmt in den Morgen : die dünne
frierende Haut *die tiefen blauen Höhlen wie Augen*
hartnäckig in Hoffnung
und streng
famuliert : man habe sein
Blut an die siebzig Mal durch seinen Körper gejagt ..
(und schläft dann im Wachen)
in einem über weite Strecken gänzlich un-
belichteten Land / Landes
Schnee-
decke .. verstecken .. verbergen
»unter einer tiefen Schnee-
decke dich
verbergen ..«)
*

und pflückt den Baum?
*

(als könnten wir uns einrichten / noch einmal einrichten / an
einem geschonten
Ort)

(Fusznote 1)
».. undurchdringlich, schrie Agnes, auch konnten wir den Grabhügel nicht mehr finden, es war öfter so gewesen die roten Blumenköpfe die hervorragenden Farben, wir stiegen in den höher gelegenen Teil des Friedhofs wir suchten nach seinem Grab, wir verliefen uns aber. Als habe er sich uns immer wieder entziehen wollen. Als wir endlich sein Grab

gefunden hatten versuchten wir uns die Stelle einzuprägen, wir stiegen die Anhöhe zu seinem Grab hinauf, aber wir konnten es nicht finden, wir verliefen uns ..«

(Fusznote 2)
».. etwas hatte sich vom obersten Teil des Bücherregals gelöst und war zu Boden gesunken, auf dem Steg eines Flusses, schrie Agnes, manchmal rief er mich mitten in der Nacht an ich solle zu ihm kommen doch ich konnte die Kinder nicht allein lassen .. wir fuhren zu der alten Villa seines Bruders wo alle Zimmer leer standen nur grosze Papiere lagen auf dem Boden. Wir wohnten in einem Turm mit dem Blick auf den Garten, an den Weinbergen, in der Nähe des Waldrandes Konrad spielte die Flöte, auf dem Dachboden und die Kinder aszen Spaghetti mit Schokolade, auf der Terrasse. Toby sprang wie verrückt in seinen nassen Windeln auf einem alten Sofa das immer so hübsch federte ..«

Entwurf zu einem Traktat über den Tag der Unschuldigen Kinder

vom Schröpfen nämlich Geschmeidigmachen
der Stimme / *Abkolorieren*
des Atems der Luft / Traktat
vom Erschöpfen / Schröpfen und Schrappen
Kolorieren / Karolinenorden und
-bad .. / Traktat
von den geschröpften
Amselgärten / süszesten
Requisiten : Erschöpfungen unter
stehenden Bäumen und Blumen Gebüsch (»das
Hineinsehen und -reisen«) um nicht irre
zu gehen – (»wie wenn ein Vogel plötzlich erschrocken auffliegt ..«)
Tafel und Bett / und gebettet getäfelt / gemeinsamer
Mund : Bett / mit Amselzungen
bestückt mit Zaunsperling Zimmersperling

Drossel und Elster / Beere Windwall und Eisen-
häher / Reise-
gärten / langsames Fuhrwerk Sonne / Schöpfungs-
Erschöpfungs-
geschichte : die tiefen (bei Nacht)
Gespräche / die
Auferweckung vom Grabe : die *stark bewohnten*
Körper gekrümmt in den KONSTANTIN-spärlichen
Morgen / (bei
gekrümmtem Leib :
Aufrichtung / Ausstosz / Farbengericht / bei
gekrümmtem Leib :
»in die Kleider gefahren ..« / bei
gekrümmtem Leib : mit
dem Zipfel des Kleids die erregten
Blöszen bedeckt ..) – *»allwissend*
Erzähler ..« / und / minimalistischer Ab-
gott / Ab-
risz eines Menschen-
kopfes mit doppelter Brust-
Schnecke oder /
Doppelbildnis in Kreuzbandschuhen –
stark bewohnte
Körper : Ausdruck schmerzlichen
Staunens / nämlich *jazzend* von Jazz / von einer
Konfession zur andern : (»Gewahrwerden
der Paradiese ..«) –
er habe sie (: ein Schenkender sich Verschenkender)
unter einer Schnee-
decke
verborgen gehalten /
durch eine Schnee-
decke
hindurch geliebt

*

(»und schluckt den Baum?«) – er
deliriere ..

(»am 23. Dezember : phantasiere ich eine Frau mit einem Weihnachtsbaum die vor mir in einem Haus verschwindet während ich die Strasze heraufkomme : ich denke dabei : »und schluckt den Baum?« (möglicherweise abgeleitet von : »und Tor schluckt Baum?«; später umgeformt zu : »und pflückt den Baum«; im weiteren Verlauf mit der Maschine fixiert : »und pflückt den Vogel / eher Winterling« – was schlieszlich die Titelzeile eines Widmungsgedichts abgibt«)

er deliriere ROHRSPRACHMEISTER
Trabant /
der Vögel *Totenuhr*
*

Verzahnung Verzehrung (Verzeihung?) Schatt'
und Schättchen / groszer Meister Kondor Königsweih
(»damit er mich höre endlich höre / solle
ich mit den
schrecklichen Kehlen der
Oleandervögel rufen ihn rufen ihn immer rufen .. ?«)
chaotischen Stimm-
schlags Küche und Haus das A und das O Atlantis und Oster-
insel Wechsel
der inneren Perspektive / Skorpionstadt
Wien (*erfundene* Schwester)
Aquarius / Alser
Grund-Werk eminenter
Verfall / Länder
der Eiche Elche Delphine / unter
stehenden Bäumen und Büschen Gebüsch / Griechenland
oder die Wiedergeburt des
Baltikums zur
Abstillung Neige winziges
Doppelfeld / am Rücken
ein Flügelpaar (»Mehrverkehr«? – famoses

Versteck) / *erfundenes* Drachen-
gekröse Schärfe der niedrigen
Strahlen wenn Sonne schräg : viel zu
Tode / viel zu
Rosenrot / viel zu
Süsze / mützige
Vergangenheit / voller Scherze der Tod immer nahe,
        Mimosen ..
(»wenn du einmal
zu uns kommen
würdest« –)
viel Pudel (TOD) unser Hase
verkriecht sich / Krakelzug / langer mühsamer
Weg bis *Lichtmesz* / Luftgarnison / fliegen Ohren
zu mir? versäumte
Wellengardine zierlich
in Lumpen von Plüsch : Requisiten-
kammer die voller Augen ist : in der
Dämmerung *(Stand im Bordeaux)* unser
Münzwardein –
        (viel weinen / viel träumen) –
komme er endlich
zurück?
*

bewehrt
sämtlich gegen den bösen
Blick mit Krallen Adlerknoten Gewitter Geweih –
(Schirmvogel Tyrannchen!)
bepelzt und eingeboren / knarrend wie
Schatt' Vogel :
schwirrend gegen die kahle Wand schwankend im
Flug / im Lufthauch
des Zimmers erzitternd / kreisende
Zuversicht?
(liesz mich kommen? Zirbel zur
Liebe / noch einmal kommen? :

: wurde getragen
    Baden Gainfarn zur Treppentür /
: wurde geboren
    Landkärtchen! /
: wurde Täufling
    ein heller Florian /
: gemessen gewogen
    Flügelweite, des gottlob Weih /
Stern und Sturm (»glaube ja an Gott ..«) neue Spirale :
unbeholfen zartgliedrig mit aufgesperrtem, weit
aufgesperrtem
Auge – erste
Lebensveranstaltung : *Erfindungen Findungen*
einer Sprache – erste
Selbstverschleuderung : *fiktives*
Liebesglied –
und fiel
    fiel
        wie ein Stein
ins Haus ins Meer ins Auge –

: wurde gezogen
    Lianen und Sternblume /
hoch gezogen
    Blechschürze Litaneien / :
»zu lernen schauen durch die Wände : zu lernen schauen
    durch die Wände« /
und : »ankommend teuer / Adventures ..«
    wüstes / in fremdes
Wuchsgebiet eingeschleppt – geschlossene
Zeiten)
*

(Dielen, schwermütig
trugen Geweih ..)
*

schlieszlich ABSCHATZ / von Populationen junger Sturm-
dämonen
: empor getragen
(in ihren Gliedern der gesamten versengten
Pflanzenwelt schreckliche
Glut
in ihren Augen die flammenden
Wiegendrucke
des Sommers ..
(»nein die Fasane, dort
Federchen ..
knicken ..«)
an ihren Borken / Flanken : stählernen
Nadelkleids
Wippen /
STURMDÄMONS JUGENDKLEID –
baum-
wohnend
Federgeist –
und adstringierend
(Brust-
harz) : Versuchungen Suchungen einer
erfundenen funkelnden
Felswand – (Schwester))

Kopf- und Fusznoten (»Mehrverkehr«?) verdrehtes
weltkomponierendes
Wagenrad / KOMMITTCHEN / oder /
Wechsel der Perspektive : Gewahrwerden
der Paradiese : Berührungen nach allen Seiten nämlich
Beseelung
*

plötzlich /
(»Beweinungen Betrübungen ach
Doubletten

ach,
Gott vom Dorf ..«)

(»das beharrliche Schweigen.«)

(»von strafenden Bedingungen?«)
(»nein nicht in solchen
Klassen ..«)

(»das beharrliche Schweigen.«)
*

Lessing!
Blutschosz!
Basilisk!
die düsteren
Leuchtfeuer –
Feld-
hase
Turm-
schnecke
Wendel-
treppe
Schirm-
huhn
Schwirr-
vogel
Fink : die
stufenweise
Ähnlichwerdung
den
(winters) Vögeln :
: in ihrer Sprache
um in ihrer Sprache zu
schweigen –
(»vergleichbar, ihrem Rücken-
gesicht vergleichbar ..«)
in Kurven (winters) nämlich

schwebender
Himmel / körniges
Handlaub –
*

(»Narrationen . . :
: verstaubtes Mausfell / Falle
während des Umzugs beim Wegrücken des alten Schranks,
    gefunden
EINGEHUNGERTES Tier –
: die Hände vors Gesicht geschlagen, geweint.

: in der Hand des Anglers
zuckende
Forelle gesehen, das Opfer ihm nicht entrissen ehe er es mit
    einem Kiesel erschlug –
weggesehen –
: die Hände vors Gesicht geschlagen, geweint.

: etwas BURLESKE / *angehoppelter* Tod : im Zoo im Rasen,
    nicht zu Hilfe geeilt –
weggesehen –
: die Hände vors Gesicht geschlagen, geweint.
. .«)

Wasseramseln Feldhasen, düstere
Schreckensgesichte / je
mit vorgenannter (vorgehaltener)
Natter / Borken-
geäder Berge und
Regen / ein
Menschenleib
(ich BAUM
    ich BLATT
        ich BACH
            ich TIER
                ich LICHT
                    ich STEIN)

: und mit
erstickter Stimme : Blauspecht!
schreit er : Rumäne!
Fischleib!
        Fuszfalle!
                Fuszfall!
(nicht Fisch – VOGEL
seist du : fliegst immer
davon ..
        du ROTKEHLE
                ZUNGE
                        FEUERSCHWAN)
*

Trabant /
(der Vogel Aquamarin)
*

(»viel Holz, ruft er, Winterbord Bücher /
gespalten gestapelt / fügsames
Vorgebirge / grosze
Schönheiten *Land-*
schönheiten an den Fenstern die (Freuden)
Tränen –
»wollen wir diesen
Feuerwehrgriff
erneuern ..?«)
*

des Szepters AHORN das *Alphorn* (»Miliz«)
verschoben die
Linien seines Gesichts / ge-
fiedertes Auge (»Angst«)
(»jetzt viel Finsternis hier mit schnellen
Blicken und Rückwärtsgesichtern – (»Schlosz der Berg« / das
schweifende
Winterlicht Licht .. Erlösung /
erlöst?«))

disputfrei –
Schnurrhaare Gewitter Geweih
schwermähnige
Krümmung
Kusztafel
Augen / Schleife
Griffel und Kranz
Alpenflora, rudimentär /
(zerknirschtes)
Stapfen
(im Schnee er sah würdig)

(»Duchamps *Vorderleib* / zierliches Fahrgestell / Urinoir / : am 29. Dezember phantasiere ich bei Duchamp : Parallelen zum eigenen Werk; am 30. erkenne ich im Gedicht die Möglichkeit, entschlossener, kühner zu arbeiten als in der Prosa, freiere Bogen zu schlagen / (in der Prosa hingegen, gleichzeitig präziser *und* durchlässiger zu sein); unerläszlich jedoch für diese und andere Gattungen : *Öffnung sämtlicher Schleusen* bei Aufrechterhaltung strengster Maszstäbe und Übung von rücksichtslosester Härte und Schärfe«)

kein
Entkommen mehr –
die Erschöpfungen Schöpfungen jener Nacht
auf der Zunge /
zergangen / als habe er oftmals
die Liebe gewechselt –
(Wutschrei und Kletten-
kopf / teils pur teils gemodelt / ein rares
Quellen-
verdikt /
zurückzukommendes /
(.. *Eskimokind* ..?) – und
die Reue über alles Versäumte)

(»Anlässe für KONDENSIERUNGS-Stellen : sie fallen einem nicht in den Schosz vielmehr habe man sie *herbeizuführen*, zu erzwingen zu ertrotzen gegebenenfalls als ergiebige Perspektiven zu er-finden. : alle einlangenden Briefe seien sogleich auf ihre Verwertbarkeit (in roher oder modifizierter Form) zu prüfen; überhaupt seien alle erdenklichen Quellen zu erschlieszen / emotionale Windmaschinen in Bewegung zu setzen – vor allem, jede Art von Norm zum Anlasz zu nehmen gegen sie zu verstoszen«)

(Gedanken-Zelt?)
zählebige
Abschweifung :
»Jesus, es schlägt!«

(»wonach so frage ich mich, würde ein junger Autor heute, 1978, sich ausrichten können? mit welchem Blick auf welche Vorbilder könnte er angefangen haben zu schreiben? –
: befände ich mich jetzt selbst in dieser Lage, ich fühlte mich verwirrt rastlos entsetzt entflammt begierig alleingelassen«)

(»am Rücken die
Luke, auf der Erde
Gewitter, ich sehe, blitze den
Mond, er scheint mir ins Auge –
»es reiche! es reiche! so Sarja die Morgenröte.
»es reiche es reiche, wehrt Sarja die Morgenröte,
ihr seid ja alle wie toll ..«)
*

(»Fleisch des Gedichts«)
*

häusliche Szene Schwarz-
stern glimmendes Aschenmeer – so geräumig bewegt dasz
sein Rauschen –
*

(»nämlich du weiszt ja man soll
nicht alles schreiben was man denkt aber
die flüchtigen Dinge

besitzen so viel IRRLICHT dasz
die Leuchtfeuer ihres
Wahns . .

. . . . sich wie Feste bewegen.«)

mit deiner Vogelstimme /
schreist du mir in meinem Herzen oder
des Adolf Wölfli's
BRIEFSCHLUCHTEN

(mehrere Mottos verzweifelte Prosa : etwas um den
31. Januar wenn einschenkender Jüngling / dem
Kinde (Jesu) –
ein Kind noch im Rock / Rebschöszlein / durch
den Äther hindurchsausen sieht . . .)

des Mundes (Hölle) heisze Schmiede / und an den Felsen *gekünstelt* : alle Versuche des FEUER'S HERR ZU SEIN scheiterten an dem Unterfangen (glühenden Fängen / ruszgeschwärzten Nervenenden) mit allen Hausgeräten Feldstücken von der Stelle zu rücken nämlich ans unersättlich' *Gotteswerk* / zu *schieben* (dessen Wasser Widerstand leistete?) so mit dem sämtlichen Hausrat auf den Estrich gezogen (etliche Reiser Windfang und Traufe) / mit einer Mandel die Zähne gewaschen / das alte Rohrgeflecht des Korbdachs gelüftet : bis etwas aus seiner Tiefe (aufsteigendes Flügelpaar) und mit weit gespannten Schwingen gegen die Decke zu schweben schien um dort ins Freie zu weichen –
daß WIR sogleich eine grosze Welle davon mit nach Hause brächten : Quelle, das gewaschene Korn wie eine Seide die schön wie Wasser sei
die schwarzlila Heide um UNSER Grasdachhaus herum ist rauhreifverschleiert heute die Traufe zerbrochen schwarzgraue Felder und ausgerauchte Kohle (Liebe). Sodann mit dem Kinde (Jesu) – dessen beide Mundwinkel (zwei aufwärts

sprieszenden Blütenblättern gleich : dem Lichte der Augen entgegen!) WIR fort und fort anblicken muszten und zu küssen begehrten – in einen Schneesturm am Meer geraten der uns beide fast vom Boden gehoben hätte, nämlich so sei es stürmisch und sonnig schneeig und alles in Stunden durcheinander gewesen ein durchaus Aschenmeer
(dieser Zuckerberuf / *Landnahme* / Mundes beide Talwinkel Schöpfrad Satzlippe wies UNS ein Kind nämlich / Geschlecht / vor (= Vorweisung des Kindes) und Wundertaten, indes es UNS seine himmlischen *Fuszglöckchen* enthüllte : *welches Schellen* in UNS die tiefste Aufwallung hervorzurufen pflegte die WIR nur durch äuszerstes und schmerzlichstes Gebothalten UNSERES Herzens zu unterdrücken imstande gewesen seien)
in solchem Schatten knospender Wolkenhyazinthen, dämmrig ruhender Mohnfelder : UNSER kunterbunt' Hauswesen (Mondgebüsch) ein zusammengebundener Duft / Grasbrand / Camin – das Zanken der Mutter ... so dasz das Rauschen des Meers umwittert? / eminenter Erstgriff : sie habe den riesigen Säugling in das Innere der Wiege gelegt sie habe den riesigen grünen und weiszen Blumenkohl in die Wiege zu Füszen des Kindes gelegt sie habe den riesigen grünen und weiszen Blumenkohl in der Wiege zu Füszen des Kindes gebettet sie habe den Kopf des Kindes im Innern der Wiege gebettet / in dem von Palmblättern beschatteten Tal (solcher Bettnische)

(den 2. Februar den Mohrentanz / am
Lichtmesztag /
den ganzen langen Lichtmesztag : WIR zogen als ein
lieder(licher)-Mann
das Weihnachtskind in UNSREN Bann :
o Heroldin du Heroldin
ein ganzer Trog Klematis

...

der Atlas
trägt den Himmel auf den Schultern

...

der Atlas
trägt den Himmel auf den Schultern, den
3. Februar dem Kinde (Jesu)
o Hyazinthus kleiner (Lynx?) (zu leuchten?) mit den
Mandelzähnen / o Hyacinthus / Unheil Quell
komm
küsz mich auf den Mund ...)

es gemahne dessen Tuten : ein ungeschieden' *Mohrentanz* : so drücken WIR das Kind an UNSERE Brust (das alsogleich die Ärmchen schlang!)

(... und wissend im Genusz schon um das Ende) sodann mit dem Kinde (Jesu) / stehend atmend so dicht und nah und warm beisammen, und als wolle es UNS wahrhaftig das Mark aus den Knochen ziehen, tappt' es einmal mit seinem linken Fusze zu UNS, hernach mit seinem rechten – und WIR, als dürften WIR's als zärtliche Aufforderung begreifen, beeilen UNS in andachtvollem Eifer und beflissenem Ungestüm : den eignen linken und den eignen rechten als sanfte Kissen *(eines wahrhaft Fuszschemel)* ihm unterschiebend darzubieten, und stapfen massig so, auf UNSEREN Sockelfüszen, auf dem Parkett, ihn fort und fort und rundherum zu tragen, im Alkoven –
der zarte Knabe und obgleich der zarte Knabe / immer schwerer wog nämlich des Kindes steile Neigung dasz wir befürchten muszten nach hinten zu fallen (hielt UNS gebieterisch fest um UNSERE Leibesmitte fest, mit seinen zierlichen Armen)
während die Hölle UNSRER Erleuchtung : als sei UNS durch seine sanfte Blitze schleudernden Blicke für immer das Gleichgewicht UNSERES Herzens verloren, als sei für alle Zeit UNSER Unvermögen UNS dargestellt, dies Kind je erkennen zu können

(tanzhaft das Tanz*hallen* das Eis*hallen* / UNSER vergebliches Mühen im Innern jenes Felsendoms Trittstufen zu hauen, um so, auf UNSEREN Knien vorwärts- und aufwärtsschiebend, es endlich erreichen zu können –
Florfliege Florpapier die stählernen Nadeln / vom Weihnachtsbaum / des Kindes beharrliches Schweigen) –
so habe er (ein Blick aus Habichten? und während sich die Unglücksbringer / Unglücksberge vor ihm auffalteten?) in einer Rückwärtsbewegung durch den endlosen Äther schweifend, Fuszgebete gestammelt / so habe er, durchaus zurückgekehrt, einen Stein zum Reden gebracht / so habe er, in seinen Kleidern sich auf den Fuszboden geworfen und heftig zu schluchzen begonnen und heftig geschluchzt, und beide Hände auf seinen Mund gepreszt /
die Zuckerkristalle / die er in einem Gefühl tiefer Verlorenheit überall im Hause aufgestreut habe / dasz es ihn trösten solle (als könne er an der Vorstellung sich aufrichten in seiner Heimat zu sein / »scheingenau« / seine stapfenden Füße im Schnee … verwehte Fuszspur hangabwärts … / »schangnau« …). Nämlich des Kindes (Jesu) bedrängendes *Tierkleid* : so in seinem *Tierkleid* versteckt UNS anblickend : so über seine Schulter zurück, seine Blicke : *biegend* zu UNS : *schmelzend und schmiedend* zu UNS / dasz sich das schmerzende Band / Stahlband / immer enger zwinge um UNSER Herz

(den 4., 5., den *Rosenmontag, Aschermittwoch* /
dem Kinde (Jesu) / dediziert, o
Aschenschosz –
mit Mond Komet und Finsternis / kreis ich
im Horizont
samt zweiunddreiszig Fasten

…

Musik in' Schosz in' Schrift ein ganzer
Stosz der Atlas
trägt den Himmel auf den Schultern

…

o Kind von deiner erzenen /
Vogelstimme hallt das Herz /
mir wider …
…….. ist bald zerschellt ..

…

mir ist als seist du mit dem blanken /
Messer gegen mich gesprungen

…

im musz mich selber essen / das eigene
Herz verzehrn …)

es mahnte dessen Tuten /
und habe er / habe er dann bei dem Kind an der Wiege / *zu sprossen begonnen* / und waagrecht zu seiner Körperachse?
(sein' Papiermühl' / Holzschlange / Ländlichkeit / Bergflanke Fleisch um ins Fleisch zu kommen – und, mit verbergenden Augen …)
frei vorgegaukelt / sei es allenfalls seinem ausgeplünderten Nervensystem / verknoteten Gehirn zuzuschreiben gewesen dasz er des Kindes plötzliche Aufwallung miszdeutet und mit zärtlicher Neigung verwechselt habe?
und sei nicht schon früher einmal an seinem Fenster dieses Klopfen gewesen? – er aber habe sich solche Nachbarschaft nicht zu erklären gewußt, oder nicht weiter darauf geachtet, sondern habe nur mit niedergeschlagenen Augen schweigend verharrt oder sei ans Fenster getreten, habe es zage geöffnet und einen Blick in den kahlen Garten getan –
auf tannig Ländern! fort und fort! sein' Trauermarsch! sein' Trauermarsch geblasen fort und fort /
sein' Schecken Kappe (Katze) und Kapuze / ach Regens's Garten's *Bei-Sein* (tauig Grab!)

(den 10. / *den endenden* / (Februar)
ab / Kömmling's Wahn : ich sitz' in meinem
Sonnenzimmer
und
Waschungen des Todes –
fest stehen / innewohnen / Blitze schleudern /
o! Todeswahn wie schön umschlingst
du mich ...)

verkappte stählerne Distel im Knopfloch / bandagierter Kopf zerschmetterter Schädelbock / kurz abgestoszen zu spielen und singen : die stählernen Nadeln / vom Weihnachtsbaum ...
in Reisespuren eine unbeschreibliche (feine) Erfahrung : die sämtlich' Nächte durchgemalt und durchgesungen, gesungen geschrieben gespielt / sodann mit dem Kinde (Jesu) – melodisieren : mückensehen – die sanftesten Küsse getauscht (»erbarme dich über UNS!«) / vielmals und hingezogen das Erlenholz geblasen (dessen Töne im dreifachen Widerhall und *ungeschieden* die schwester(kreuzenden) Bässe / (»herauszuschleudern, und alles ...«)).
Manchmal des nachts wenn er aber aufsitze wenn er lange aufsitze / bis in die frühen Morgenstunden und das Licht brennen lasse / dasz die Vögel draußen im kahlen Garten grauen Garten sich täuschen lassen mögen und denken sollten : es würde schon Tag! und zu schreien begännen ... an seinem Fenster ... (und angetrieben durch den endlosen Äther, mit himmlischer Pferdekraft / die himmlischen Bogenschützen / und wenn sie an UNSER Fenster pfeilen / die himmlischen Bogenschützen mit ihren hohlen himmlischen Pfeilen / und wenn sie an UNSER Fenster klopfen /

(kein Tag mehr keine
Nacht
in dieser Welt so UNSER letztes
Wort :

o Gotteskind wie groszer Schmerz ich hab
die Flügel mir verbrannt an deinem
Licht ...)

(»viel' Stück' von Sommer.«)

ein Anheimgehen: tief in den Saal des Präparators

wenn in einem läszlichen Hang nach Magnetismus und Chloroform er zurückzutrotten scheint in die Einbettung ihrer Elfenbeinaugen und -schwingen nämlich in ein kühnes *Verwüstetsein*, das durch sie, ihren Anblick, ihr Selbstmatt / Fuszkleid, durch die plötzliche Entblöszung ihres Gesichts (: Windbruch und Kahlschlag) in ihm hervorgerufen wird – im heftigen Wind ihre Haare zur Seite und flach nach hinten gepreszt, so daß ihre weisze Stirn und ihre dicht geäderten Schläfen freiliegen : blaues fächerförmiges mehrarmiges Mündungsgebiet und uferwärts ungeschütztes Beobachtungsfeld, »oder«, sage ich, »eine *Zerstirnung* : Kapitäle die unter der Wucht der Gewölbedecke ihres Schädels zu erzittern scheinen während des Lindengezweigs *(temporal!)*«, – nehme ich von neuem das Straucheln seiner Stimme, das Beben seiner Gliedmaszen, die Nickbewegungen seines Kopfes wahr, die plötzliche Schiefstellung seines sich abwärts neigenden Blicks, und mir ahnt seine Absicht, der artistischen Luft-Kondition des Ladens des Präparators sich aussetzen zu wollen – als einer, der in seinem feuchten Hemde schläft
er erwache so, umklammert von der unabweisbaren Zwinge des Gefühls, in dem tiefen Saale des Präparators sich eingefunden zu haben / welche Wände / ihm angefüllt scheinen mit heraldischem Getier Ochsenschädelfriesen Drachengeschlingen riesigen Greifen Chimären Pollen Käuzchen und Schlangen weiszen Ratten Fisch-Initialen Kamelreitern konservierten Grasmücken regelmäszigen Schildern Rattenfängern Raketenwölfen Mauerseglern Blutfröschen Krokodilen

Landverwesern Volks-Pionieren und Flüchtern : das Salz sei hier ein *Über-Flusz* / ein Flosz ein Über-Flusz ein Sprossenwerk der Träume /
»durchs Ö durch diesen Himmelssaal« rufe ich zu ihm und mache, wie absichtslos, ein Zeichen gegen seine Stirn
dies habe beigetragen, murmelt er, dasz er sogleich von rätselvollen ihn in der Tiefe seines Herzens beunruhigenden Erscheinungen sich bedrängt gefühlt habe : der Vorstellung eines Zustandes, in dem das Vermögen des harmonischen Zusammenspiels seiner Augen ihm abhanden gekommen zu sein scheine, nämlich als ob jedes Auge, auf sich selbst bezogen, nur noch seinem Einzelantrieb zu folgen wünsche : während das eine Auge die Wahrnehmungen wie einen Trickfilm *vorüberflimmern* lasse, stülpe das andere in besonderer Gier sich über den Traumgegenstand, ohne davon ablassen zu können, auch scheine es ihm, er fühle sich selbst während des Wachens den geträumten Vorgängen verhaftet, etwa der beklemmenden Vorstellung, im Innern eines Berges vor dem absackenden Rauschen eines in das Felsgestein zurücksinkenden Tunnels auf der Flucht zu sein und, von der Gewalt des Gebirges zermalmt, schlieszlich lebendig darin begraben zu werden –
so sei er von neuem von jenen ihn *tief in seinem Leibe durchschneidenden Einbildungen und Bildern* erwacht und von dem Kampfergeruch, des Salzes (Satzes) : AN MICH IST EIN AUTO ZURÜCK UND EIN ZWECK – welche Schwankung ich ihm abzuwehren suche – »weil es wie Stein klingt« sage ich, : »›AN MICH IST EIN AUTO ZURÜCK UND EIN ZWECK‹ – weil es wie Stein klingt!«
»mykenischer Typ«, murmelt er, »in Wien ist in Österreich / einzige Heimstätte ...«
»Ö«, sage ich, »Beiwacht Heilwacht Faustfeuer!«
»Ö«, sage ich, »Feuerfaust Fauvismus Luft-Kondition!«
»Ö«, sage ich, »wilde Tiere!«
welche Wände /
aber er sei, ohne zu wissen wie, in diesen *Elefantenladen* geraten : der abstoszende Geruch, der durch die Eingangstür nach auszen gedrungen war, habe ihn *abgewiesen*, aber er

habe dann doch mit vorgehaltenem Tuch den Laden betreten / welche Wände /
hier habe sich ihm ein absonderliches widerwärtiges ja schaudererregendes Schauspiel geboten : der Präparator und seine beiden Gehilfen hätten sich die längste Zeit in einer ihm widersinnig anmutenden Weise mit Kadaverteilen beworfen, die sie zuvor mit bloszen Händen stückweise aus dem gehäuteten blutigen augenlosen Haupt des Elefanten herausgerissen hatten (dessen abgetrennter Rüssel wie ein Krummstab in einer Ecke des Saales lehnte) –
sie hätten dabei unverständliche Schreie ausgestoszen, misztönende Laute, hohe Pfiffe
»eine hohe *Zerstirnung*«, sage ich, »als ob Bäume und Dichter gleiche Inschriften trügen – verharztes Haar, und Hanfblüten, der kleinen Verwüsterin« – ein dritter Gehilfe, der plötzlich aus einem Nebenraum aufgetaucht war und über die Vorgänge betroffen schien, habe, nachdem er in der Mitte des Saales sich im *Kamelsitz* niedergelassen und ein auf seine Knie herabreichendes *Schweisz-Tuch* um seine Hüfte gewunden hatte, mit einem Schnitzmesser den schwärzlich gerunzelten Säulenstumpf eines Elefantenfuszes auszuhöhlen begonnen
»welche Wände / angefüllt schienen« sage ich, »Kameltier Schopflerchen, an der Wand« – sie seien ihm beinah gegen das Auge getaumelt, *und ihr ans Kraushaar* : Kopfgewimmel, nämlich ein unterworfenes, entgegengeworfenes, Bild, *Einsatzbild*
er habe hierauf den Präparator gefragt ob er ihm etwas verkaufen wolle – : ein Käuzchen die Augen nachtgelb
es sei vielmehr eine Drossel, habe der Präparator erwidert, jedoch auf *Herzeule* getrimmt, und, was zu seinem Gewerbe gehöre : solche Späsze seien die obligatesten! – : dabei fing er zu lachen an
»meine Wohnung ist in Wien zwei Fastenhalbmonde« sage ich, »eine Korkeiche, Schranne, Naturtrompete, alle Westbäume und Sigmabäume, ein Epsilon, Singlaub, präpariertes Klavier, eine Frühgeschichte, eine Elfenbeinkrücke, ein Lieblingsort ein Fastenort eine Faustregel ein Albanien, ein

Magnetgewitter eine Drehleier ein Jasminwunder ein Schlehenwunder ein Lilienschweif, ein Überspülungsmeer, von Wien, ein glückliches –
in der Reitschulgasse Habsburggasse schlägt es einem entgegen, der Geruch nach Walrössern Königsadlern Wegscheiden Reisealtären Fensterstörchen Zahnradbahnen Klavieristinnen Wasserlinsen Staatsquellen –
trauliche Grotte, Palatum, einer oberen, Mundhöhle!
und des Wasservogts Fuszfall vor *so viel Weihegegenstand!*
Himbeerknötchen, Paradeisäpfel, diese völlige Durchdringung einer Schneedecke« sage ich, »Liebhaberschneedecke / Brustspitze / Mohne Moose Teufelsbeeren Fronleichnamstage Zungenbänder und ähnlich spalierende Stimmungen« –
»AN MICH IST EIN AUTO ZURÜCK UND EIN ZWECK« murmelt er, was ich aber sogleich abzuwehren suche
nämlich, murmelt er, die ihm zugedachten *Erweckungen* hätten bewirkt, daß er sich heftig zurückverwiesen fühle und es von neuem und nachdrücklich empfinde, *wie lange dieses sein Erdenleben nun schon währe* –
es komme ihm vor, er sei am Endpunkt einer anstrengenden Wanderung angelangt und könne nun, von diesem Platz aus, die lange Spur seiner Fuszreise zurückverfolgen, bis an den Anfang, was ihm, der überwundenen Gefahren und enttäuschenden Fehlschläge wegen, noch im nachhinein den kalten Schauer über den Rücken jage / wie die auffällige Beschwörung aller ihn zu verschiedensten Zeiten seines Lebens begleitenden Menschen : indem er sich in solcher Weise zurückverwiesen fühle, habe er gleichzeitig eine neue Erfahrung gewonnen : es sei ihm gänzlich unvermittelt und eindringlich bewuszt geworden, dasz er von nun ab *beinah alles* zu entbehren imstande sei – ein Zustand, nach dem er früher sehnsüchtig gestrebt habe –
als sei nun kaum mehr etwas wichtig für ihn, als empfinde er, sein gefallener Körper, im Grunde keine wirklichen Bedürfnisse mehr auszer dem einen einzigen Wünschen :
ohne Ende bei sich zu bleiben, um jenen Auftrag erfüllen zu können, dessen redliche Ausführung an keine andere Bedingung geknüpft sei als an die einer *langen Augenerfahrung.*

MAIL ART (6)

1967, aufgefordert, über meine Arbeit mich zu äuszern, sagte ich folgendes : Mir geht es mit der Poesie so, wie meinem guten alten Zahnarzt aus Polen mit seinem Auto – lassen Sie mich davon erzählen : Mein Zahnarzt, 72 Jahre alt, stammt aus einem Dorf in Polen und wuchs in sehr bescheidenen Verhältnissen auf. Sein Groszvater, ein Goldschmied, von den Dorfbewohnern hochgeachtet, wurde nur Moses Eljesa Goldschmied genannt. Immer wenn mein Zahnarzt, damals noch in Polen und dreizehnjährig, von sich sprach, sagte er, ich, Jakob, Enkel des Moses Eljesa Goldschmied. Er wurde Arzt, Zahnarzt und Menschenfreund. Er hielt nichts vom Luxus im allgemeinen und vom Autobesitz im besonderen. Bis zu dem Tag, als ihm ein wohlhabender Freund eines seiner Autos schenkte. Als mein alter Zahnarzt vor etwa fünf Jahren zum erstenmal sein eigenes Auto bestieg, sagte er, wie unvorstellbar, ich, Jakob, Enkel des Moses Eljesa Goldschmied, fahre in meinem eigenen Auto. Wie unglaublich, ich, Jakob, Enkel des Moses Eljesa Goldschmied, habe ein eigenes Auto. Dies wurde zur Obsession. Heute noch, wenn er sich ans Steuer setzt, sagt etwas in ihm, wie ungeheuerlich, ich, Jakob, Enkel des Moses Eljesa Goldschmied, fahre in meinem eigenen Auto. –

Sehen Sie, so ergeht es mir mit meiner Poesie. Ich, ahnungslos aus einer hermetischen Kindheit, ohne besondere Vorzeichen oder Vorzüge, entdecke eines Tages, wie unvorstellbar, wie ungeheuerlich, wie unglaublich : ich schreibe meine eigene Poesie.

Voraussetzungen für mein Dichten gab es ebenso wenige wie es bei meinem alten Zahnarzt Voraussetzungen fürs Autolenken gab. Vielleicht aber hat gerade die Abgeschlossenheit meiner Kindheit dazu beigetragen – eine Art Dunkelkammer, in der alles schon voraus entwickelt wurde – und das Netz der Familie, in dem ich mich, geschwisterlos, zugleich gefangen und geborgen fühlte : in einem meiner langen Gedichte schreibe ich davon :

»… netz-geher; standort netz
netz-familie
»bruchlandung«
reinliche-gute-schmalspur brachte
mir in frühen jahren bei / war schön
durchsichtig »katzen-quälereien« –
im mondlicht der terrasse in den frühen
30-er-jahren wo es anfing hier und dort …
auf der terrasse ein verkäufer mit tanzpüppchen /
sie erklärte mir warum ich katzen –
wunderbar : eine nacht 1930 oder nachher;
und ich ein unwissendes kind …«

Oder, an anderer Stelle, bezugnehmend auf die Kriegsjahre 42–45, die ich wie hinter einem Schirm, der alle Wirklichkeit abdeckte, verbrachte, – vertieft in meine englischen Lehrbücher, in melancholische Tagträume, in die Lektüre (Romain Rolland, mein erstes literarisches Erlebnis!), exzerpierend, – schwebend in einem subjektiven Luft-Raum, ohne Kontakte zur Außenwelt :

»… (schauerliche vigilen zwischen 42 und 45 :
eiszeit; frühes traumeis; panzer; auf eis-treten-
geblendet-unwissend-beinah-stumm-beinah-taub
gespeist von irgendwoher mit echo –
auffangen echo; und allmählich sehend/hörend/
greifend/und nun
alles begreifend!
diese äuszerste spitze!)«

Die »äuszerste spitze« meint den Zustand des Dichters, der im Vollbewußtsein seiner Kraft ein Gedicht schreibt – ich selbst also, beim Schreiben dieses langen Gedichtes, oder der anderen langen Gedichte, die das äuszerste an Poesie sind, wozu ich bisher fähig war.
Ich habe diese Gedanken vorausgeschickt, um Ihnen zu erklären, daß es mir schwerfällt, mich zur Idee meiner Poesie

zu äußern, und dieses Bewusztsein ist anderseits ein Stein in meiner Brücke zu Ihrem Verständnis.
Natürlich könnte ich Sie mit ein paar glatten theoretischen Äuszerungen, die jedem, der sich ein wenig in der modernen Literatur umgesehen hat, geläufig sind, abspeisen – und Sie würden vielleicht am Schlusz zur Einsicht gelangen, man müsse, um eine Sache gut zu machen, sie von Grund auf verstehen und sie durchleuchten können. Ich könnte Ihnen etwas von random-Elementen in meinen Texten erzählen, von ästhetischen Verdichtungs- und Verdünnungszonen, und dasz ich mein Wortmaterial auflade, atomisiere, deformiere, dasz ich, indem ich Collage auf Collage stülpe, solches Fremdmaterial meist nur als Vorlage für eigene Bildmotive herstelle, dasz ich Verba substantiviere, Substantiva verbalisiere, dasz ich eine Armee von Satzzeichen einsetze, um sie attackierend, schmetternd, beiseitesprechend, lockend, besänftigend, neutralisierend funktionieren zu lassen, dasz ich Wiederholungen als Leitmotive verwende, dasz eines meiner Hauptanliegen darin besteht, Disparatestes zu harmonisieren, gegensätzliche Verbalelemente zusammenzuknüpfen. Ich könnte Ihnen sagen, wie ich Gedanken, Erfahrungen, Eindrücke und Erlebnisse, Motivisches, Vorgefundenes und Übernommenes einsetze, wie manchmal durch ein zufällig aufgefangenes Wort, durch eine festgehaltene Aufschrift, durch eine »Verhörung«, oder »Verlesung« irgendeines Zusammenhanges sich etwas weiterbewegt in meinem Bewusztsein; dasz solche unscheinbaren punktuellen Verschiebungen und Verfremdungen eine Kettenreaktion von Konstellationen auslösen, die ich sonst nicht nach stundenlangem Nachdenken oder Experimentieren gewonnen hätte. Ich könnte Ihnen also von den minutiösen Imponderabilien eines schreibenden Menschen erzählen, aber – ich frage mich ernsthaft : wird es Ihnen etwas von dem vermitteln können, was seine Auslösung bewirkt hat?
: ich fürchte wir sind wie Leute, die am Morgen nach einer Unzahl von Träumen versuchen, diesen verästelten komplizierten Traumkörper nachzuziehen, bald aber enttäuscht ablassen, weil es unbefriedigend ist, Vages zu fixieren. Die

wenigen Knotenpunkte des Traums konnte man ja reproduzieren, aber das Eigentliche, das Vibrierende, das weit Ausgesponnene, das Intensive, das Faszinierende, die Farbe konnte man nicht wiederherstellen; es ist nicht wiederzugeben, es war da als Traum, man hatte es als Traum produziert, und das war schon das beste was man tun konnte. –

1978 habe ich zum gleichen Thema nämlich dem eigenen Schreiben das folgende angemerkt :

> … ganz so wie der Geist ihn mir in Erinnerung (brüllt) lese ich wieder Artaud neben anderen Dichtern *in einer Vergangenheitsform*, in gleichlaufenden Portionierungen, wenige Zeilen von diesem, wenige Seiten von jenem, jede Nacht vor dem Einschlafen in der Hoffnung ich könnte mit auf den Weg nehmen durch den Traum hindurch und in den erwartungsvollen neuen Morgen hinein was mir *blendende Spuren kratzt* die Gestalt betreffend von Zauber / Magie / schlafend im Schlafe / um die tödlichen Ängste zu scheuchen : NICHTS MEHR BEHALTEN ZU KÖNNEN.
> Das Umgehen mit dem Exzerpieren! das fieberhafte Auslesen Anhäufen Wiederprüfen! und sich eklektisch beatmen lassen, und den magischen Namenszug nachzeichnen : BRETON! MICHAUX! LAUTREAMONT! JEAN PAUL! ARNO SCHMIDT! – und, ebenso, die anderen Künste auf ihre magische Tauglichkeit untersuchen! Was ich erkenne indem es mir *auffällt (einfällt)* : beim Gehen Sehen Stehen Reden Hören, beim Schmecken Riechen Tasten : in schwindelnder Höhe von einer Arbeitshypothese zur nächstbesseren getaumelt / geturnt, im absichtsvollen Scheinverhalten den Blick in den Abgrund vermeidend : die atemlose Wachsamkeit, kalkulierte Jagd nach der furchtbringenden Irritation von außen : DEN IRRTÜMERN DER SINNE – solcherart nämlich geübt im Versammeln von Einsamkeit fange ich jeden Morgen von neuem an, mich mit der *Übersetzbarkeit von Mate-*

rie in Sprache auseinanderzusetzen – – als genügte es schon, den Kanon der Interpunktion ein wenig zu stören um einer neuen magischen Abweichung zu erliegen.

Dazwischen liegen vermutlich die wichtigsten Jahre meines Lebens als schreibender Mensch : die Befreiung vom Zwang der Ausübung einer pädagogischen Tätigkeit, der ich mehr als zwei Jahrzehnte mit halbem Herzen nachgekommen war, um meinen Lebensunterhalt zu bestreiten, und das bewuszte Abstreifen jeglicher Bindungen an Übereinkünfte des äuszeren Lebens; aber auch, – und dies möge hier nicht verschwiegen sein, – eine zunehmende Neigung mich der Welt zu entziehen, um meinem eher elegischen Temperament folgen zu können. Im Rückblick erscheint mir die Schreibbesessenheit von damals durch den ungeliebten Beruf domestiziert worden zu sein, was sich mir in so manchen Produkten jener Zeit in fast anklagender Weise darstellt, als sei ich damals allzu sorglos mit meinem Vorrat an schöpferischer Substanz umgegangen. Gerade hier, in diesem Rahmen, möchte ich gerne etwas aussprechen, was bei schreibenden Kolleginnen Widerspruch hervorrufen könnte, und was mich notwendigerweise als Auszenseiter innerhalb eines neuen soziologisch-emanzipatorischen Denksystems ausweisen muß : mit Ausnahme der wichtigen Rollen, die meiner Mutter und meiner Groszmutter mütterlicherseits zukamen, musz ich gestehen, dasz ich beinahe alles den männlichen Menschen um mich zu verdanken habe, nicht zuletzt meinem langjährigen Vertrauten und Mitstreiter auf dem Gebiet der Literatur, Ernst Jandl.

: Was nun wieder nicht bedeutet, daß ich mich etwa immer besonders weiblich hätte verstehen wollen, eigentlich das Gegenteil, und auch wieder nicht ganz so : ich erinnere mich, schon als Kind jede Betonung des Mädchenhaften gescheut zu haben; andererseits habe ich es nie angestrebt, in irgendeiner Art maskulin zu erscheinen, es war eher eine schon in frühen Jahren ausgebildete *Unbekümmertheit des Bewusztseins des eigenen Geschlechts* – oder, wie die Vorrede zu meinem Hörspiel EIN SCHATTEN AM WEG ZUR ERDE die Hauptperson beschreibt : »... beinah geschlechtslos, wenn auch weiblich geboren, fällt sie, die zentrale Figur, nun nur immer schneller in den von beiden Felsen gebildeten Schacht hinein, und wir meinen den unaufhaltsamen Gang der Jahreszeiten am Fallen dieser Sonne erkennen zu können ...«

Mutters wolkige Haare

von damals an

beim Erwachen
im dunklen Fensterausschnitt
ein riesiger
blanker im Rollen funkelnder
Stern

etwas Atmendes, rufe ich
etwas kaum wahrnehmbar sich Regendes
etwas ungleichmäszig
Zerknittertes!
eine schwarze Schleife am Mantelärmel der Mutter

im Krankenhaus,
am sechsten August,
etwas kaum Atmendes
etwas kaum merkbar Knitterndes,
eine schwarze Seidenblume
        im Ausschnitt des Kleides der Mutter
etwas Atmendes
ganz ungleichmäszig –
der wahre Kunsttrieb
Kunst des Geschlechts

zwischen zwei
Altern, hinter dem Pult, die Frau
mit dem Perlencollier,
Imitation Nachbildung, minder-
wertiges TRAUMSCHNEIDEN, SO
habe er gern
die Bedeutung von Wörtern
nachgeschlagen,
Kanapee, rigoros, Brevier – –

aber das Foto! rufe ich,
er atmet auf diesem Foto!

ganz wenig,
hamsterbackig,
ein Stück Brotrinde zwischen Zähnen und Wange,
mein Spiegelbild an diesem Morgen,
en face
linksseitig
rechts :
aus dem Gebrauch heraus

(für meinen Vater)

sanfte Umnacht

soll es mich tagtäglich zugrunde richten, immer ärger tatsächlich zugrunde richten, wenn ich das weisz!
im Dämmerlicht, -schein der Wirtsstube und einer schrie WIRTSCHAFT! statt BEDIENUNG!
dasz der Junge so im allzu weiten Gewand : übergroszen *Hosenfutteral* sasz welches ihm wie bei alten Männern im Sitzen bis an die Brust hochragte, so dasz das Beinkleid im Sitzen sich hoch hinauf schob also beinahe *hausväterlich* und auf ganz ungewöhnliche Weise eine betroffenmachende WAHRHEITSSEKUNDE vermittelte, welche jedoch unendlich stillstand, im Grunde ganz stillestand, und ich mich plötzlich wesentlich und hinreiszend betroffen fühlte von solcher Ansässigkeit und Beständigkeit und fremdartigen Besonnenheit nämlich geborgen und angezogen und von einer mächtig vibrierenden *Wunderlichkeit* (wie sie nur Greise ausstrahlen) durchwärmt, und stillstehend, ein Wasser dem man auf den Grund sehen könne, und dann erhob sich der Junge plötzlich und zeigte es mir vor wie die Männer dort in dem Ausländerlokal das er Tags zuvor besucht hatte wie die rauhen Männer an den asbestschirmverkleideten niedrigen Kanonenofen traten um sich zu wärmen, sich herunter- und vorstreckend also ihre Arme und Hände und nestelnd, als ob sie an ihren Hosenschlitzen nestelten, oder als wollten sie dort ihre Notdurft verrichten –

die Vorderhand oder Bettelknaben, aber es waren überhaupt keine Frauen da! ein WURST-AUSEINANDER! rufe ich, als würden sämtliche LESEQUELLEN (Quallen Qualen und Quellen) im Auseinanderlaufen begriffen sein : was ich euch schreiben soll, was ich lesen möchte damit es mir zu einer endlichen Flucht verhelfe in eine einzige Gedankenversammlung, und -richtung, und -ruhe, nämlich sobald ich in diesem Buch zu lesen beginne –
die aufgehobenen Zwänge der Syntax, rufe ich, was ich überhaupt schreiben soll, oder was ich lesen soll, lesen und schreiben das Lesen und Schreiben so schreibe ich lieber EINE SCHLITTENFAHRT mit wehendem Atem Gedichte : ATEMGEDICHTE
die Schindmähre, fuhr er fort, stutzte einen Moment an der Böschung, nahe dem Waldrand, und im plötzlichen Aufwind, Sturm oder schwankendem Mond rückte es ihr die Mähne hinweg, rückwärts, die Haare wehend hinweg indes der kleine Hund daneben und unten, Hundeköter mit Maulkorb, kläffend und dessen struppiges Fell im Wirbel um Nase und Ohren stand, sich der untergeordneten Rolle die er dabei zu spielen habe bewuszt sei!
so durchbellte durchbebte es mich auf das allerwesentlichste, zumal da ich nun mit solchem Wissen versehen war, tatsächlich Harmonietheater!
und die gleichzeitige Perfidie und Schönheit aller Weltendinge!
enthimmelt! enthimmelt! es blendete meine Gedanken! mit Geiszblatt, Hörnern, Gänse- und Bockfüszchen, sie behielten ja auch im Lokal ihre Hüte auf – und einer griff in die Tasten, Claves ... ALLEMAGNE ... ALLEMAGNE ... tönte es aus der Tiefe der Stube ...
allerlei Linientöchter –
ich denke SCHLACHTBÄRIN! und schon fliegen wir an den Schlachthäusern, an der Schlachthausgasse vorüber, über die Schlachthausbrücke hinweg dem Hafen zu, krustig-zierlich als ich noch träumte ... ein Lerchenfeld ... sehe ich in deine brennenden Augen, wühle in alten Büchern, besuche alte Hotels WO DAME ZU THEE KLAVIER SPIELT

Mineralien Edelstein ach wie Spinnweb zergeht meine Jacke (Lila) meine Schwester hat einen Mann geheiratet dem jetzt die Achillessehne gerissen ist (gestern, die feinsten Nerven)
ich kann dich bis Neujahr nicht treffen nämlich der viele Staub (Sterne!) unter grauem Schnee Unstern Briefe zum Jahreswechsel unbekleidete Füße in Flügelsandalen, dasz du einkehrst in mich / in Höllen!
wie ein Traum ein schöner schrecklicher Traum, rufe ich, der Junge kaute an einem Streichholz, ich fühlte seine bewundernden verwunderten Blicke auf meinen gerougten Wangen, mein Ausschnitt aus diesem Körper, exzessiv, ungestirnt, aufs neue gewölbt und gewölkt, etwas ging vor zwischen uns ohne dasz ich es zu deuten vermocht hätte, ich blickte ihn fragend an, die Feuerberge zum Beispiel, Intarsien seiner Lende, als die Sonn' über dem Horizont erschien und ihr Licht über die Hügel warf! die Sonnenreflexe, rittlings und ritterlings, Feuer und Feuerrad, inmitten von Rittersporn, Valeriana, und Himmelsleiter, der ständige inständige Koller –
heller Ruf, oder Lispeln, ein weiszer Zorn und stampfendes Herz, es vertiefe die Schatten, er sei am Ende wie selbstvergessen gestanden :
Halb-Kind und wolle er mich denn zugrunde richten, wenn ich das weisz!

Augenfalle / trompe-l'oeil
(nach Motiven von Daniela Rustin)

Ich asz ein Herz und fuhr um 23 Uhr nach Venedig.
Ein erfundener Reiseausschnitt liebe Daniela samt Landpflegern und Lorbeerhainen, ich möchte dir ein poetisches Couvert senden mit Schwanenfedern und Schnee.
Wie auf einem Gemälde von Pollock : als ich die Treppe hochstieg zu Ludwig und durch eines der Flurfenster einen Blick in den beschneiten Innenhof tat, sah ich das Weisz mit einer unregelmäßig und flüchtig verstreuten Zeichnung von

gelbgrünen braunen und weinroten Blättern gesprenkelt, und die über der Hofmauer hochaufragenden Pappeln warfen immerzu weitere Blätter ab und herüber.
Es sprosz aus den dickbeschneiten Autodächern am Straßenrand von Samen, Blättern, Blattstengeln, winzigen Ästen.
Mitten auf der Fahrbahn, wo ich plötzlich innegehalten hatte um meinen Bleistift aufzuheben der mir beim Notieren aus der Hand gefallen war wegen der Kälte, spürte ich dasz ich *beinahe* überfahren worden wäre.
Ich fand dann meine Stimme nicht mehr.
Wenn du zurück bist sende ich dir (hier) einen Halbmond.
Hiss heiszt Fahrstuhl in Schweden, von hinnen und hissen, also fort von hier. In einem chinesischen Brief stand englisch und französisch etwas von einem Garten – Ahorngarten? Lorbeergarten? – doch ich vergasz welcher Garten gemeint war, es war ein friedvoller frischer Garten wo man in der frühesten Jugend gewesen war, Mao war auch dort, es musz ein Winter gewesen sein. Ein Winterhaus, mit chinesisch gekreppten Fenstern, die Freunde, die Wärme im Haus, viel Licht und Ruhe, Geborgenheit, drauszen Stille und Schnee, innen Ruhe und Paradies, vielleicht eine Woche vor Weihnachten. Das Licht hinter den Fenstern fiel auf den Schnee in dem Garten, der Text war sehr schön, schade dasz er verloren ist, meine Erleuchtungen werden nie belohnt.
Die Schränke zu teilen kamen die Handwerker ins Haus. Auszerdem ist mein Vetter gestorben, und ich ging an zwei Spätnachmittagen zum Sterberosenkranz wie dies hier so tröstlich üblich ist, die Grabhölzer beginnen allmählich zu faulen, auch die Nüsse verfaulen schon in der Erde.
Die *Reisebegleiter* fand ich im Laufe des Sommers in meinem Zimmer, leblos unter Lampen und zwischen Gardinen, ich sammelte sie ein und legte sie in die Schachtel, die ich dir heute sende, erst zuletzt merkte ich, daß *Reisebegleiter* auf dem Deckel stand.
Heute kam Ludwig und erzählte mir, man habe ihn dreimal am Tag zuvor mit falschem Namen angesprochen, nämlich mit den verschiedenen Familiennamen von drei ihm nahestehenden Frauen.

Es war sehr zwielichtig.
Wir aszen mit Ludwigs neuer Freundin Henriette nach der Ausstellung, sie ist wie ein junges Pferd mit fliegender Mähne. Schwarzes Cape, Samtbarett, auf Reisen die funkensprühenden Hufe.
Der Mond ist noch sehr hell, auch gibt es Raubvögel.
Ich hörte schnelle Schritte auf den Steinplatten der Wege zwischen den Reihen der Gräber, es war wie der Wind ich sah die Asphaltsteinchen blitzen, oder Funken sprühen, als wären die feurigen Hufe eines schwarzen Pferdes darüberhin gestoben, ich sah viele alte Häuser mit verfallenen Kapellen, Bildstöcke mit rotgepolsterten Betschemeln, alles voll Seidenblumen, Rosenlorbeer, Franzosenkraut.
Petrus Neumond.
Am 29. flog Ludwig fort zur Elfenbeinküste.
Am 31. war ich um 12 Uhr mittags auf dem Markusplatz. Am 1. besuchte ich die Toteninsel, die Gräber von griechischen und russischen Prinzessinnen, von Ezra Pound und Igor Strawinsky. Am Lido fand ich ein rosa Telephon, zahlreiche verschieden geformte Muscheln, und einzelne Frauenschuhe. Mit den Händen von seltenen Pflanzen.
Doch man hört auch nachts das Meer rauschen, die Menschen gingen alle sehr rasch über die Toteninsel, wie rasch die Menschen dort gingen!
Es ist ein Rauschen und Rascheln, ein Galoppieren der Luft …
so ein Rauschen und Rascheln und Galoppieren, ein Mohnkapsel-Schütteln, in meinem Kopf, ich fand auf dem Weg ein kleines grünes genarbtes Blatt, aber es war zu spröd es brach auseinander als ich es anfaszte.
Ein Blatt von einem Fieberbaum.
Die Begradigung war weit fortgeschritten, man sah vom Hotelfenster aus auf einen freigefegten groszen Platz mit seitlich aufgehäuften Ziegelsteinen, und in der Mitte stand ein riesiger Kastanienbaum dessen Blätter grau wie von Staub schienen.
Walrosen, nach Stunden von Seerosen, und Walrosen : Meeresstille, vor Abgrund. Der große Hund (Rottweiler?),

schwarz : statt Schnauze schöner schmaler Menschenmund. Der wollte mich ununterbrochen küssen, ich hatte am Vortag in der Ausstellung DUBUFFET'S DER HAARE FRESSENDE HUND gesehen, meine Haare bedeckten wirr mein Gesicht meinen Mund, aber er legte dort seine Zunge sanft hinein. Durch meine Haarsträhnen hindurch die dunkel meinen Mund verschlossen hatten, dabei konnte und wollte ich eine starke Rührung nicht unterdrücken. Einmal faszte er auch meine Hand zwischen seine prächtigen weiszen Menschenzähne, bisz aber nicht zu. Ich hiesz ihn meinen Kopf festhalten er solle ihn nur ganz zärtlich an sich pressen, den *ergriffenen* Schädel, diesen von Fluten *ergriffenen* Schädel, in dem irgendetwas sich losgemacht hatte gelockert hatte und jetzt unaufhörlich darin klapperte und rasselte und raschelte wie getrocknete Samenkügelchen in einer Mohnkapsel : vielleicht hörte es dann auf zu klappern und rasseln und rascheln, flüsterte ich ihm zu. Ein winziges braunes Hündchen lag mir im Schosz, es hatte seinen Kopf hinter meinen abgewinkelten linken Arm gesteckt, ein junger Spaniel, dachte ich und strich mit meiner rechten Hand über sein glattes Fell. Er hielt vollkommen still, aber ich sah erschrocken, dasz viele glänzende braune Flöhe von seinem Rücken hoch und nach allen Seiten sprangen, oder langsam durch seine Fellhaare krochen so dasz mich ein Ekelgefühl ergriff. Aber eine Stimme hinter mir murmelte : keine Menschenflöhe, keine Menschenflöhe ... Mundschleife, kurzgeschoren ...
Kurzgeschoren, kurzgeschlossen.
Ein kurzgeschlossener Gedanke, ein kurzgeschlossenes Gefühl machen ja das Zustandekommen eines Gedichtes erst möglich, oder ein Wahrheits-Festival, eine Disziplin, ist nötig.
Ich züchte mir mein Gedicht.
Beim Erwachen fand ich eine Fülle neuer verbaler Ansätze vor, ich muszte wohl alles in der Nacht halbschlafend notiert haben, ich konnte manche Wörter kaum mehr entziffern, die Aufzeichnungen schienen linkshändig gekritzelt, zum Teil mit Groszbuchstaben und quer über das Blatt hinweg.
Jetzt schieszen die Fäden ans dichterwerdende Gewebe.

Das musz endlich aufhören, auf das seufzende Staunen des Publikums zu warten, nach dem Beifall des Lesers zu gieren!

Ich knipste die Nachtlampe gar nicht an, sondern bemasz im Dunkel das neben mir liegende Schreibblatt mit meinen Fingerspitzen, führte behutsam den Stift, tastete nach dem Blattrand bis dorthin wo er in die Bettdecke überging.

Ich hatte Pfannkuchen gemacht für Ludwig und mich, und er hatte sich dafür ein weiszes Tischtuch erbeten : zu Pfannkuchen passe nur weisz, und womöglich ein solches das geräumig über die Tischkante hänge, bis tief hinab zum Sokkel des Tisches, so dasz man dahinter die Knie verstecken könne während des Essens.

Passions-Flüszchen, leuchtender Rauch.

Im Himmel, über den Wolken, die Glorien des Flugzeugs gesehen.

Wie in einem Flugzeug, ich habe durch den Nebel meine greisen Eltern zu einem Gasthaus im Wald gefahren, zwei abgezehrte Maultiere die dort in der vergilbten Wiese standen und die Köpfe hängen lieszen mit Zweigen von einer Pappel gefüttert. Die Luftfrankreich (»air france«), gerade in den Wartesälen der großen Flughäfen wo sich Erwartung und Verwirrung, Verlorenheit und Flugangst so innig verflechten, und wo aus allen Poren des Hauses leise Musik sickert, überfällt es mich immer von neuem : eine beseligende Vibration nämlich eines Gefühls wie süsz und köstlich dieses mein Leben mir plötzlich wieder erscheint, das sonst meist unscheinbar oder rauh.

Ich höre dann die seidene Schlange durch meine Gehörgänge gleiten, ich kann kaum noch an irgendwen schreiben auszer an dich Daniela. Ich mag auch gar nicht sprechen, sprechen eigentlich am allerwenigsten, manchesmal musz ich mich überwinden. Zwei Fasane flogen hoch.

Viele Frauen schmückten die Gräber auf einem Friedhof im Burgenland. Einige schwarzgekleidete ältere Frauen standen noch umher wie nach einem Begräbnis. Eine hob die Röcke unter den Bäumen am Karner und verrichtete stehend ihre Notdurft.

Vorher sammelte ich viele Nüsse im Schloszpark von Draszburg. Wir tranken vorher Kaffee in der alten Sommerterrasse des Schlosses die ungeheizt war. Ein Knabe braute vorher Kaffee in einer kleinen Küche, alles schlief. Nur der Schloszgärtner sagte wir dürften die Nüsse nicht sammeln die hier schon in der Erde verfaulten.
Welk ist noch nicht alles, sagte Ludwig und drückte sekundenlang die Augen zu, ich wünschte mir dasz er sie wieder öffne. Er behielt sie aber geschlossen als ob er nichts mehr sehen wolle. Er flüsterte nur, er wisse nicht ob er noch ein Mensch sei, aber was sei er denn dann – ein Ast ein Blatt eine Bergkuppe ein Vogel?
Ich empfand Unbehagen, wollte mich aus der Umklammerung seines unbewegten Gesichts mit den geschlossenen Lidern befreien. Er sank aber vor meinen Augen immer tiefer ein, bewegte die Augäpfel hinter den Lidern.
Es war vom Fenster aus zu erkennen : die beiden verkrüppelten alten Bäume, ihre knorrigen alten Äste, verschlangen sich in einander, umschlangen einander : DIE UMARMUNG DER RINGER!, flüsterte ich, DER LEBENSLÄNGLICHE WÜRGEGRIFF! Ist es ein Gleichnis?, fragte Ludwig und blickte spähend, mit schräg gestelltem Kopf zu mir, ist es schon so weit gekommen mit uns? – Im Wald entsteht dann eine kreiselnde Bewegung, antwortete ich, wenn der Wind hindurch schreitet : die Risse heilen, im Herzen im nächsten Jahr, durch Überwallung.
Hat die Form einer Träne, sagte Ludwig, im Taghimmel der gelb verschwommene Mond.
Geschweifte Stirnlinie, Schnuppe auf Lauer!
Ich liesz mich vor ihm im Schneidersitz auf den Boden nieder, wie in Ergebung.
Ein Pastell im südlichen Fleisch des Himmels : Sternbild des Hundes, rief Ludwig, Syntax als Sphinx.
Er betrat das Badezimmer, fuhr mit dem Zeigefinger durch die Staubschicht auf dem Spiegel über dem Waschbecken und lächelte nachsichtig seinem Spiegelbild zu.
Ich asz ein Herz und fuhr um 23 Uhr nach Venedig.

Depression

meine Mutter
erzählt mir sie habe
beim Einkaufen eine Freundin
aus der Schulzeit getroffen
diese, vierundsiebzig wie sie selbst,
habe, auf die Frage wie es ihr gehe, gerufen :
am Morgen die Decke
über den Kopf gestülpt nichts hören nichts sehen!

Ich sasz dann da und starrte auf dieses Bild, die Erinnerung

1 Ich sasz dann da und starrte aufs Wasser. Ich sasz dann da und verfolgte mit meinen Augen den Flug der Schwalben, so niedrig sie streiften beinahe die Dorfstrasze. Ich sasz dann da und gegenüber wogte der Küchengarten. Ich sasz dann da und ein Fenster öffnete sich an der Frontseite des Hauses, die grünen Gardinen flogen in den Garten hinaus, meine Mutter rief mich zum Essen. Ich sasz dann da und starrte auf den Salamander in meiner Hand, und mir kamen die Tränen vor Freude. Vor dem Haus auf dem Kühlerdach des alten Talbot lag die Nachbildung eines Salamanders und reckte den Hals. Ich sasz dann da und schob die Mundharmonika an meinen Lippen vor und zurück. Ich sasz dann da und die Mittagsonne brannte auf die Steinstufen zum Ziehbrunnen. Ich sasz dann da und im groszen Garten an der Längsseite des Hauses glühten die Feuerlilien, und Zitronenfalter gaukelten darüber hin, das birkenweisze Lusthäuschen glänzte zwischen Büschen und Beeten und Zwergbirnbäumen. Ich sasz dann da und vor meinen Füßen lag mein Weggefährte aus Weidenzweigen. Den zog ich als treuen Hund nach, wo immer ich hinging. Ich sasz dann da und blickte in die untergehende Sonne.

2 Ich wanderte dann umher mit meinem dürren Weidenzweig. Ich wanderte dann umher, ein Stück die Dorfstrasze aufwärts bis zum Wegkreuz und wieder zurück. Selten wagte ich mich weiter weg. Ich streute dann auf dem Hinweg schöne duftende Robinienblätter die ich aus niederhängenden Ästen gekämmt hatte als Spur hinter mich um wieder heimzufinden. Ich kniete vor jedem Käfer, redete zu den Katzen, schlang meine Arme um jedes Hündchen des Dorfes. Ich scheute aber die wilden gröszeren Dorfkinder, fürchtete mich vor der Dunkelheit und vor den Spinnen, welche aus allen Ritzen und Winkeln des feuchten Hauses sich auf mich zuzubewegen schienen. Ich wanderte dann umher da stand mein Vater an der Böschung zum Bach und schnitzte für mich eine Weidenpfeife.

3 Dorli Brill, Susi Dorsch, Margit Schuster, Ruth Uhan, Madeleine Trauttmannsdorff, Erich Zinsler, Erich Poupeé … die anderen Namen vergasz ich – nicht mehr als ein Dutzend Knaben und Mädchen in meiner Klasse, private Volksschule : Institut Liszte : ich kam dorthin, zu den Englischen Fräulein, September 30, Cloth-Kleiderschürze, langer Trenchcoat, Pullmannmütze : ich würde dort vor Infektionskrankheiten eher bewahrt bleiben : meine besorgten liebenden Eltern, ich, ihr einziges Kind, zirpend ein Christvögelein beinah Weihnachtsstern, Hausgeburt im großelterlichen Schlafzimmer, 20. Dezember 1924, vier Uhr nachmittags, die Hebamme hob mich empor und rief : ENGELGOTTESKIND!
Mein Vater : Lehrer und leidenschaftlicher Motorist, intelligent, unternehmend, gesellig, ideenreich, die Motorräder und Automobile kamen und gingen …
Meine Mutter : Modistin, inspiriert, melancholisch, aufopfernd, liebevoll, den Künsten ergeben.
Meine Großmutter mütterlicherseits : verschwenderisch, träumerisch, lebensfern, zärtlich und sanft, eine Göttin in Taft und Seide : mein Liebling.
Da waren wir alle Augenzeugen als sie bald darauf starb, da waren wir alle Augenzeugen als die Familie vor dem Zusammenbruch stand, da waren wir alle Augenzeugen als das

Landhaus versteigert wurde, als der Großvater nachstarb, als in den Hinterhöfen der Häuser Arbeitslose sangen und bettelten.

4 Ich sasz dann da und verglich das heute mit damals. Ich sasz dann da und hüpfte wieder im Kreidetempel im Park, in der Erinnerung : ein Mädchen mit blauen Augen und Ponyhaarschnitt, die Kirschenpärchen baumelten an den Ohren. Ich saß dann da und retuschierte die Tankstelle weg so dasz das alte Schulhaus wieder zum Vorschein kam. Ich sasz dann da und ging wieder an der Hand meiner Mutter die wenigen Schritte vom Wohnhaus zur Schule, sie trug meine Schultasche. Ich sasz dann da und weinte weil ich fürchtete sie würde vergessen haben mich wieder zu holen. Ich sasz dann da und der Schuldirektor, ein spitzbärtiger freundlicher alter Mann, beugte sich zu mir nieder und fragte mich ob ich schon lesen könne. Ich sasz dann da und fing zu lachen an denn er hob mich auf und liesz mich auf seinen Knien reiten. Ich sasz dann da und ging wieder auf Zehenspitzen durch den mit ebenholzschwarzen Tischen und Stühlen ausgestatteten Festsaal des Schulhauses, der in den weitläufigen Schulgarten führte, irgendwo stand eine Gruppe Topfpalmen, auf dem gekräuselten Teich schwammen vier offene Wasserrosen. Ich sasz dann da und spürte wie meine Mutter fror weil sie bei Kältegraden hinter dem Einfriedungsgitter des Eislaufplatzes stand und nachmittagelang meine Schleifen und Kurven verfolgte. Ich sasz dann da und wartete mit ungeduldiger Vorfreude bis meine Mutter auf ihrer alten Nähmaschine das blaue Etaminkleidchen das ich mir gewünscht hatte, fertiggenäht hatte.

Ich sasz dann da und hörte am Weihnachtsabend ein Schellen zum Zeichen dasz die Bescherung beginnt : ich sasz dann da und sah dasz meine Mutter mit ihrem Ehering gegen die Wasserkanne geklirrt hatte.

Ich sasz dann da und es war ein schwarzer Brief. Ich sasz dann da und ich sah meine beiden Großtanten vorübergehen. Beide in langen wallenden grauen Gummimänteln. Ich sasz dann da und schaute aus dem Kabinettfenster in der Wohnung der beiden Großtanten in einen grellgelb besonnten Hof hinunter. Ich sasz dann da und wuszte nicht was geschehen war aber ich fühlte daß es etwas Schreckliches, Schweres war. Ich sasz dann da und war so erschrocken und konnte es nicht verstehen, und alle Familienmitglieder waren besorgt um mich und wollten mir immerzu Limonade und Butterbrot geben. Ich sasz dann da und hielt mir weinend die Hand vors Gesicht denn ich wollte meine Mutter nicht ansehen müssen mit ihren geöffneten Adern.

5 Ich wanderte dann umher und sah viele Fliederbüsche. Ich wanderte dann umher und in der Wandelhalle der Schule standen die Mädchen mit blauen Faltenröcken und weiszen Blusen. Ich wanderte dann umher und mein Vater führte mich auf den Leopoldsberg. Von der Aussichtswarte aus wo es auch sommers stürmte, zeigte er auf die Stadt und den Fluß und erzählte mir Lehrreiches über das Land und die Landschaft aber ich wollte nicht hinhören.
Ich wanderte dann umher und im Hinterhof eines Abbruchhauses sah ich einen kahlen Strauch der plötzlich zu brennen begonnen hatte, es war ein Pfingsttag. Ich wanderte dann umher und kauerte nieder und schrieb im Anblick des brennenden Busches mein erstes Gedicht.

Frühlings Hauch

guten Morgen, ein
schöner Tag, die
Zeit wieder viel zu kurz –
dein Atem
am zeitigen Morgen im Telephon

: die blaue
Sonne ein einziger Veilchentuff!

mit hinreiszender Assonanz

der Blütenzweig
der heiligen
Barbara steht abgeblüht
im Glas

so porenhaft, die eigne
Haut hebt ab

in Lauben Brücken strahlen
barfusz hinweg

arm dann
alles, das Elentier …

Universum

blanko ein
Woll-
beispiel die un-
verhüllte un-
verbrüchliche
Liebe du zeichnest
ein Aschen-
kreuz an meine
Stirn oft habe
ich dieses Reh-
gefühl in meiner
Wohnung das schwarze
Gesicht

Masse des Mondes

es schwirrt
empor und schmilzt
im Baum des Vogels
Lied im frühen
März im kahlen
Auge

Luftspiegelung

die letzte
Farbe im Apfel-
garten, sein Gesicht
ein Dornengestrüpp

alles voll Raucher-
lunge / Milch-
perle Watte-
brust meiner Mutter, oder
die blauen Büsche ..
Zungen-
pforte, ein
Wachtelschlag, eines
sachten Licht-
fuhrwerks
Abweichung jenseits
des Grabens, ohne-
gleichen Grasharfe, *etwas*
Schmatzhaftes
zwischen Vater und Tochter

österliches Telephon

aber es ist
so kalt!
rufst du,
verbrüh dich nicht!
wie viele Löffel
frage ich dich, als
Engländer (Tee), die
Elefanten-
herde, flüstere
ich, mit
Ohren nach hinten geklappt!

(für Ernst Jandl)

Montgolfieren

im Panoramafieber
(jardins)
gleichliegend
vor den Knaben, diese
Erinnerung : über
den weichen
azurblauen
blendenden
Stränden (Caorle?)
auf Stelzen gehend :
die Warmluftballone
unterwärts
von Tausenden
staunend nach oben gereckten
Fingern
gestützt –

(»Drängen des Horizonts«)

kommunizierende Röhren

da
sind die Wangen drin!
Windstille lieblicher
Tag /

ich
habe schon zugeknöpft

(für Max Weiler)

eines Freundes Geburtsstadt

wachsam stand.
.. Die Groszfüchsin, fort-
schreitend sanft, gewalzter
Knöterich, Schein-
ort /
behorchen, durchs braungrüne
Land ..

grüne Kronen / Marxerbrücke

Kaprice-
pölsterchen, halbes
Dunkel,
jemand, ganz slawisch im
buschigen Blut,
durchs Zementvisier
eines Parkhauses lugen
sehen

(für Klaus Ramm)

Zypressen

es windet
weisz, der
Vogel
knarrt im
Wald –
umhalsend
zarte Fremdheit wenn
die Knospe
welkt

diese Sesselrücken wie Stierhäupter

Antibes, Picasso, gestocktes
Blut, die rosa Nüstern : Nesseltücher
des Abends, Oblaten, ausgebreitete
Brust : so sei er in die Arena
gestürmt, eine weiszgraue
Taube umflatterte
seine Stirn

in einer engeren Familie

am Rand der Wiese auf einer kahlen
Pappel ganz oben ein Vogel –
wenn man lang genug hinsieht, ruft sie,
aus umherliegenden wellig verschobenen
dunklen Tüchern : mehrere dunkle glatthaarige weiche
Welpen mit lichten Augen, auf ebenem
Feld, und bei Regen, Rittersporn
in die Blumenpresse getan, regsam
die grauen Zähne, dann

schaukelt die Sonne
Arme und Seelen, jahrelang

Nebelmorgen mit Taubenpaar

ein Morgenhabitus Nasenbalg, Schnabel
und Schenkelchen im Föhnsturm danach
das wehe ächzende Knarren Oktoberkeule :
Knirschen in ihren Flügelgelenken, ehe
sie niederschwingen zu mir ans
Fenster –
im Schnabel Daune und Kiel, nachdem
sie sich abgestoszen von gegenüber
im Schlüsselbein schnepfend
oder Akazie, blaugrau : Perle
im Aug

auf drahtlosem Weg

wie Vogelruf, undicht und lechzen, nicht
wirklich erfahrbar, lechzend leck, Risz,
der Wasser durchläszt, / löse
mich auf zergehe schmelze ..
verhallende Sterne, am Morgen, der schadhafte
Wasserhahn, Gebrauch
der Sprache durchlässig, leck
und rissig, wenn man die Worte nicht mehr
verhalten kann, rissig auch
der Mensch modulierend
allzu vertraulich, vermutlich
mit der Sippe von Lache

solide Nadeln

hinter frierenden
Scheiben, als Meteor in der
Geschichte als verflossenes Meer
oder Blumenfleisch, die aufgescheuerten

Blöszen zur Not bedeckend, halb
abgewandt du auf dem Sessel vor mir mit übergeschlagenen
Beinen, hochgezogenen
Schultern Flügelschlag wenn der Vogel
seine Ankerkette
in die wirbelnden Lüfte senkt
oder fliehendes Firmament, fand ich
Echten Erdrauch klebriges Kreuz- oder Geistkraut Ginster
wenn man sich bückt auf zugefrorenem
See unter kahlen
Gebüschen, niedrigen
Zweigen der Bäume hindurchzufahren : weiszblondes
Gestade jenseits, in dunklen
Bögen der Krähenchor, Berg-Enge, kurze
Ansammlung Hitze rufst du die Welt
zu umfangen am Morgen, zu stapfen die erste
Dämmerung, Stockstimme (erstickt), selbdritt Nachtigallen
im Palmensaal, palmus : die Spanne : die Zeit : ist
nicht für uns : ein Nachtschattentag im Fenster vorüber-
fliegender
Stunden, Brotkügelchen auf dem Tisch den du
verlassen hast das hat
keine Sprache mehr viel
Betrübnis

Ein Gleiches

Der weisze
Seidenspitz auf der
Fensterbank; ich, ihn umhalsend,
mit Vaters Mütze, die fällt
mir tief ins Gesicht; daneben
im violetten und weiszen
Rüschenkleid die schöne
Groszmutter, lächelnd –
beim Magnesiumlicht des Vaters zucken wir alle

zusammen; begraben
alle, ich
lebe

an diesem Morgen

umspucken
den kleinen Gebetsteppich
umlallen umhalsen
als sei ich jetzt ihre Mutter, sie
mein Kind .. so, sagt sie, kehre
sich alles um, von ihrem
Alter habe sie mehr erwartet, die Welt sei nun
nicht mehr schön

indes der Februar sprieszt
im Mimosengefieder

im Garten von Baden

meine Gehirn-
sporen in der Minderheit, Diaspora
Samen mit roten
Herzwellen Rosen, zersplittertes
Ohr fast ohne
Fuszwurzel

MAIL ART (8)

An einem Tag wie heute mag man sich aufgerufen fühlen, Rückschau zu halten auf die vergangenen Jahrzehnte künstlerischer Arbeit und sich die Frage stellen, wodurch man dazu kam und weshalb man immer hartnäckiger, immer unbeirrbarer, ja, immer besessener daran festhielt : an diesem Schreiben, das ja zuerst nur etwas wie eine Annäherung an Vorbilder sein konnte, ein Verkosten, Probieren, Nachah-

men, ein zugleich scheues und hoffnungsvolles Bewundern jener, die da schrieben und geschrieben hatten.
Wenn man zurückblickend feststellen kann, dasz am Anfang die poetische Unschuld, die poetische Arglosigkeit und Absichtslosigkeit, die reine poetische Torheit stand, dasz man im weiteren – etwa durch experimentelle Schreibweisen – über das bisher Erreichte hinauszukommen trachtete, dasz man durch vielerlei Phasenverschiebung zu immer noch radikaleren Resultaten gelangen konnte, in welchen sich – grob gesprochen – Experiment, Erfahrung, Intuition und Konstruktion in wechselnder Gewichtung verquicken lieszen, dasz schlieszlich jede einzelne Phase sich aus jeweils vorangegangenen ableiten und begreifen liesz, ja, dasz es gelang, die einzelnen Phasen einander sich wechselseitig bedingen, durchdringen zu machen, wobei alles sich immer weiter und weiter verjüngen könnte, wie ein in die Unendlichkeit ausfahrbares Periskop – bis heran an das heutige Schreiben : so bedeutet solches zurückblickende Feststellen noch nicht, dasz man im gegenwärtigen Augenblick tatsächlich Resümee ziehen könnte, als stünde man zum eigenen Schreiben, seinen Voraussetzungen und Konsequenzen, mit einem Mal auf Distanz –
vielmehr steht man ein wenig ratlos inmitten seiner eigenen Multiplikation in Form der eigenen jemals verfaszten Texte, steht gleichsam inmitten unzähliger Spiegelungen, und es ist verwirrend und beklemmend, sich in so vielen Spiegeln gleichzeitig zu erblicken, auch in jenen, in denen man sich nicht gerne sieht.
Der *Biographielosigkeit* als Lebenshaltung stehen die Texte gegenüber, denen man als deren Autor einfach nicht entkommt. In ihnen wuchert rücksichtslos die eigene Vergangenheit. –
In dem Masz als Sprache nicht das Weltlich-Gegenständliche meint sondern dessen Komplement, haben unsere *Gesichtswerkzeuge*, wenn sie exakte Beobachtungserfahrungen erbringen, Auszerordentliches zu leisten : Auge und Ohr. Vornehmlich aber das Auge, und zwar *das euphorische Auge* : dieses nur ist imstande, genau und kritisch zu rezipieren.

Dem Zustand des erotisch antizipierenden Auges vergleichbar, bei welchem in einer einzigen Augenberührung das innerste Wesen des Liebesgegenstandes erfaszbar scheint, vermag es der Dichter, sich an der sichtbaren Materie zu entzünden und so sein erst zu schaffendes Werk – nämlich dessen spätere Gestalt – in einer gleichsam stillstehenden Sekunde des Erkennens vorauszuahnen.

»Konrad Bayer geht auf dem Kopf vorbei und hängt aus der Welt«

(Rainer Renée Müller)

überragt von der terminisierenden *Grenzsäule : 18 Uhr 15 : Café Hawelka* – nach Fusz- und Haarbad den ersten September durchmessen.
Von Potz nach Blitz auf dem Fuszweg, bin auf Zucker gegangen, dorthin, habe Wünsche dabei gehegt unbeachtet zu bleiben mit etwa Tarnanzug, schützendem Visier, den bedrohlich wirkenden kleineren und gröszeren Zusammenballungen zu entkommen, auch zurückschreckend, Blicke tunlichst vermeidend, und über die Köpfe hinweg das Auge im Halbkreis rotieren oder im blauen Himmelsausschnitt über den langgezogenen Firsten der Kärntnerstraße (ach! sie wurde entzaubert!) schwimmen zu lassen, über den Graben dann zur Dorotheergasse schwenkend – – was denn? : eine Altenberg-, eine Polgar-, eine Karl Kraus Tradition? : -Institution, -Imitation?
Die meistenteils ruinösen Gespräche : Kaffeehausgespräche als Äuszerungs-, Entäuszerungsrituale, immer sofort wieder abgeschüttelt nach Verlassen des Lokals, jegliches Sprechen, insbesondere *Kaffeehaussprechen*, von Anfang an als kaum zu bewältigende mühsame *Kopfverrichtung* empfunden, andererseits sich des Kaffeehauses ohne Widerstreben bedient, mir zunutze gemacht, wenn Eindringlinge von der Nuszschalenbehausung fernzuhalten waren, oder mehr unge-

bunden die Nuszschale jederzeit zum Wiener Kaffeehaus aufblasbar war (terminus technicus / Kunst der Photographie).

Sasz man dann auf zerschlissenem Polstersessel oder im zirpend-knirschenden atembeklemmenden (weil zu tiefen) Lederfauteuil, war man im Grunde nicht wirklich : nicht ausschlieszlich für sein Gegenüber da und verfügbar : sondern trieb es momentweise-heimlich mit ausgestülptem Ohr und ruhelos schweifendem Auge, um allen nahen und entfernteren Geräuschen, Gesprächen, bewegten Formen und Farben, Gestalten, fortwährend nachspüren zu können : das räumliche Hören übend, die rundherum Plaudernden beobachtend, mehrere Stimmen gleichzeitig einsaugend, das Sprechgewirr der zu beiden Seiten Sitzenden vereinzelnd, ihre Stimmstränge von einander lösend.

Obwohl, es gab auch die mehreren Tränenabschiede in solchen Lokalen, die verhängnisvollen, die finsteren Wendepunkte im eigenen Leben, die illuminiertesten Nachtwachen, die frühen Begegnungen mit längst verstorbenen Freunden, die Schwärmer, die Schreiber …

(das Eiles, das Raimund, die Wunderbar, das Sperl, das Mozart, der Tirolerhof, das Café Ritter, das Windhaag, der Rüdigerhof, das Café Alt-Wien, das Café Museum, das Ozean …)

durchkreuzt scheint mir heute das Café Hawelka, durchkreuzt und durchquirlt, in Rauch gänzlich aufgelöst, vielleicht weil ich so lange nicht da war. Die bleiche Frau in ihrem bleichen Flügelkleid eilt auf mich zu, sucht, eine Spanne über dem Boden schwebend, nach einem freien Platz für mich, wirft dann mit gespielter Resignation die Arme in die Luft, in ihrem Sanktuarium ich habe mir ein Herz gefaszt –

ich fühle mich *exponiert* (terminus technicus / Kunst der Photographie), will auf der Stelle wieder weg : von meinen verstörten Blicken angerufen, schwebt sie herzu, mit bleichen Wangen, bleicher Stirn : bitte zahlen!, flüstere ich. (SIE IST JA KEIN ZAHLKELLNER!) : Verzeihung, flüstere ich. Ach wir haben ja immer bis zwei, wir haben immer bis zwei Uhr früh offen, flüstert zu mir die Frau, hab auch oft Schmerzen gehabt, und ruinös, flüstert zu mir die Frau, wenn man hinter die Berge schaut, könnte man denken, Konrad Bayer geht auf dem Kopf vorbei und hängt aus der Welt ... auch Lotusblume taumelnder Nachtschmetterling : sie winkt mir, eine Grenzlinie ziehend zwischen dem beleuchteten und dem im Schatten liegenden Teil des Mondes, sobald ich ins Freie.

Glück und Regenbogen

... befinde mich schon wochenlang in der unfreiwilligen Klausur eines winzigen Turmzimmers, schaffe geschwind den Unrat weg, wenn ich dich kommen höre, einziger Besucher, am Nachmittag bringst du die Poststücke und das Essen zu mir herauf, fällst erschöpft in den Sessel, die Sonne blendet, ich stütze mich auf einen dreibeinigen Hocker ab, wir sprechen nicht viel, aber unsere Blicke berühren sich oft, ich warte immer bis du beginnst, denn nicht ich soll erleichtert sein sondern du, ich solle mich nicht allzusehr freuen, rätst du, bis zum Sommer ist es noch weit und wer weisz schon, was da noch alles dazwischenkommt, aber ich freue mich trotzdem, rufe ich, wenn dann unser freies Umherschweifen wieder anfängt ... du nimmst den Rafael Alberti und blätterst darin, legst ihn zurück auf die Pritsche, neben die Maximale Entblöszung von Martin Walser, ein Brief von Klaus Reichert, sagst du, einer von Kröll, einer von Lioba, nicht viel Neues also, sage ich, richte Kaffee, du rauchst heute nicht, prüfst die Tabletten die ich verschrieben bekommen habe, gegen das Fieber, sage ich, wir blicken einander lange an, ganz tief bis auf den Grund der Augen dasz es mir wehtut, ich fasse nach deiner Hand und umschliesze sie mit meinen beiden Händen, ich gehe vor deinen Füszen auf und ab so eng ist es hier, ich habe Angst, sage ich, in der Nacht wenn ich allein hier liege habe ich Angst, auch vor dem Fieber, daß es wieder steigt, wenn das Fieber steigt, bekomme ich grosze Angst, ich fürchte mich dann davor, dasz das Herz aussetzt, oder sonst ein lebenswichtiges Organ versagt, und dasz ich nicht mehr erwache am folgenden Morgen, und dasz sie mich dann so finden, auf meinem Lager, die rechte Wange gegen das kleine Kissen gepreszt, Bauchlage, Arme über den Kopf verschränkt, und daß sie dann alle schamlos hereindrängen um mich anschauen zu können, und dasz sie dann alle beginnen würden, hier, in meinen Habseligkeiten, und in meinen Manuskripten, und meinen Büchern herumzuwühlen, und dasz sie mich dann alle gaffend umstehen würden ... denn gegafft haben sie immer schon, immer haben sie alle gegafft, ich brauchte nur einen Schritt auf die Strasze zu tun, einen Laden, ein Foyer, einen Warteraum zu betreten, schon hefteten sich sämtliche Blicke auf mich, manchmal hatte ich schon den Verdacht, sie würden an meinem Kopf etwas entdeckt haben, das mir selber bislang verborgen geblieben war, etwas wie ein Geweih, ein Stigma, ein schreckliches Feuermal ... ich habe da mehrere Hypothesen ... *vielleicht auch chauffieren*, hatte ich nachts aufnotiert, er hatte ja früher auch einmal chauffiert ... musz übrigens ein auszerordentlich gewandter Fahrer gewesen sein ... dann bin ich eben dort oft getaumelt, träumte mir, ich meine auf ebener Strecke ... also moosgrüne Wände ... dem HUNDEKOMPLEX ausgesetzt, wenn ich nachts Anfälle von Atemnot (Hecheln) zu unterdrücken suche ... die gucken mich ja immer – grosze wie kleine – auf der Strasze an, als wäre ich tatsächlich ihresgleichen, wollte mich gern einmal näher in ihre Welt einlassen, mit ihrem Denksystem auseinandersetzen, mit ihrem Gefühlsleben beschäftigen, da dürfte es merkwürdige Parallelen geben zur eigenen Struktur, die würden mich vermutlich sofort assimilieren, rufe ich, dann wäre ich total vereinnahmt, jedenfalls für längere Zeit ... überschwengliche Rohrpost, so grüne Wände, in der Erinnerung, so ein grüner Regen, rufe ich, jegliche Wahrnehmungserfahrungen scheinen in mir AUFZUGS- und AUFTRITTS-Erfahrungen anzeigen zu wollen, ich erinnere mich zum Beispiel an eine Jahrzehnte zurückliegende erste Begegnung mit dem Germanisten und Autor R. E. und seiner Freundin an unserem Ferienort S., es regnete stark, wir holten sie vom Bahnhof ab, ich habe dieses Bild, REGENBILD, so tief in mir – – ich weisz nicht mehr worüber wir sprachen, nur dasz etwas wie eine beglückte beglückende Aura die beiden umgab, wir fuhren dann zusammen den Berg hinauf, quartierten sie bei uns ein ... einmal gingen wir Pilze suchen und er entpuppte sich als leidenschaftlicher, kundiger Sammler, im vergangenen Spätsommer, ehe wir ihm nach so vielen Jahren wiederbegegnen sollten, hatten wir keine Vorstellung mehr, wie er ausgesehen haben mochte, wir wuszten nicht, wie wir ihn inmitten der Festgäste erkennen sollten, ich erkannte ihn aber augenblicklich wieder (merkwürdigerweise entgegen meiner Annahme, er müsse so aussehen wie mein Freund F. W.!) ... ihr gemeinsamer Aufzug und Auftritt jedoch schien endgültig vorbei und vergangen, sie verschwanden nämlich plötzlich wie in einem Forst in einer grünen Kulisse, auch Regenkulisse, mit weiszen und rosa Heckenrosen betupft ... ich sehe manchmal Menschenengel, die nur für diese kurze Zeit, da ich sie ansehe, existieren, es ist ihr Auftrag, genaugenommen ihr Aufzug und Auftritt, vielleicht nur dieser einzige, und sie besitzen vermutlich keine weiteren (selbständigen) Existenzen (Glück und Regenbogen), auch hat es mir geleuchtet heute (geschienen!), so ein paar Leuchtheiten gehabt, Leuchtungen, Erleuchtungen, hängt auch mit leicht zusammen, also geht alles leicht heute, so leicht, auch eine Neigung in mir, vorgestellte Bewegungsvorgänge während unseres Aufenthaltes in S., im letzten Sommer, zu verwirklichen also nachzuahmen, so dasz ich spüren kann wie meine Füsze über die Wiese laufen, wie eine Angst sich zusammenballt in der Brust vor dem aufziehenden Berggewitter, also das lebhafteste Empfinden, Nachempfinden jeden Schrittes, jeden Blickes ... da gehen die Füsze plötzlich allein, in den Kniegelenken ein Schlottern, die Lider schmerzen, die Sonne brennt auf dem Scheitel, die wilden Rosen haben die Wange gekratzt : da setzt sich was an, graviert sich was ein, wurzelt sich was in die Tiefe ... moosgrüne Wände die Wege dort, sage ich, scheinen nachvollziehbar, in der Erinnerung wie es war, ebenso in der Vorstellung wie es vielleicht wieder wird, also ist es nicht nur ein Zurückdenken in der Zeit sondern auch wie ein Vorvollzug einer möglichen Zukunft, eines na-

henden Sommers, mit Augen, mit Nasenflügeln im zitternden Jasmin …
nicht mit Erinnerung, korrigierst du mich, es hat nicht mit Erinnerung zu tun, vielmehr ist es *eine Wiedererweckung von Körpergefühlen und Reaktionsketten* – also frische und freie Luft, Frauengefieder und -tracht, Windes Eile … ich vollziehe im Laufen alles nach, vollziehe jetzt alles nach, in Gedanken vollziehe ich jetzt alles nach, in irgendeinem Bergdörfchen, im letzten Sommer, mein Laufen, Trippeln, Tänzeln und Fliegen, mein seliges Hüpfen von Stein zu Stein, mein mühsames Aufwärtssteigen, beglückendes rasches Ausschreiten auf ebener Fläche, mein Kopf, im Schatten, kennt jeden Tritt, dies LUFTERLEBEN, LUFT-TRINKEN, im warmen Juni, die kleinen Edelsteine im Gras, sägenden Blattkäfer, topasfarben zwischen graugrüner Minze, die flechtendurchwachsenen, flechtenumwundenen grünen Bärte der Riesentannen am Weg, auch Steine, Geröll, oder Schaf-Klumpen zusammengerottet?, sie stecken die Köpfe zusammen, darüber die Wolkenflut, und der Schäferhund, samt den Hühnern, mir nach … während der Hochzeitsgesang der Gelbbauchunken im verschilften Waldteich hinter dem Haus begleitet wird vom Summen Tausender Bienen in blütenübersäten Lindenbäumen … auf den Gipfeln Spuren von Schnee, und der Gegensatz zu den blaugrünen Wäldern ist einer dumpfen Dramatik angepaszt, die noch vor der Aktion zu sein scheint, im Wettschuh, Wetterschuh, Vesperbild, vor einem ansteigenden Wiesenweg hobst du die Hand und verschwandest, kehrtest erst lang nach der Dämmerung heim … bemoostes Dach, die Vogelköpfe sprießen – wie leicht die Welt mir da fällt!

Stigmatisierung eines Dichters

die zahllosen Vorstellungsbilder meiner selbst, flüstert er mir zu, die ich in weiblichen Gehirnen hervorgerufen habe also die zahllosen Vorstellungsbilder meiner selbst wuchern in diesen Gehirnen über entfernteste Pausen und Plätze hinweg ohne dasz ich etwas dagegen tun kann oder dazu tun musz, diese Vorstellungsbilder meiner selbst haben sich in den zahllosen Gehirnen von Frauen welchen ich jemals Berührungen beigebracht habe festgesetzt, diese zahllosen Vorstellungsbilder haben sich dort, in den zahllosen weiblichen Gehirnen in jeweils verschiedener Gestalt festgesetzt, in diesen zahllosen weiblichen Gehirnen nämlich über meine Abwesenheiten oder sporadischen Wiederkünfte hinweg, also gleicherweise in einer ständigen peinigenden Nähe und Entferntheit der Betroffenen, während ich alle immer endgültiger vergessen will und tatsächlich auch vergessen kann welchen ich jemals Berührungen beigebracht habe, und indem ich alle immer endgültiger vergessen will und auch tatsächlich vergessen habe welchen ich jemals Berührungen beigebracht habe, beleben sich deren Erinnerungen an mich fortwährend in einem unwillkürlichen System affektiver Wucherungen, so nach Abzug einer Landschaft, auf Storchenbeinen, und bei wechselvollen Lichtverhältnissen – eine Mischung vermutlich aus heftigster Hoffart und erregtester Einbildung, was bei den Betroffenen immer von neuem die ausführlichsten Tränenströme hervorruft ... bin wie der Mond und auserwählt, ein Vogel der sich an den Rand setzt und wartet, Totenvogel, und weisz nie ob es mich selbst meint oder nur meinen Schatten, musz sehr auf der Hut sein / und im rohen Schein ... *wie ein Geweih gehe ich jetzt schlafen.*

Briefe eines Prometheus

.. das Gespräch mit dem Komponisten Beethoven dauerte lange, und als es geendet hatte, kam's mir daß ich einen Brief schreiben möchte den zu schreiben ich Lust habe statt eines den ich schreiben müszte – diese lange Präambel! Er, Beethoven, möchte oft gar nicht angeredet sein, nimmt kaum mehr an etwas innerlich Anteil und findet sich jederzeit in der Disposition eines, der nach einem Blick in den Spiegel nach dem Aufstehen am Morgen, sich zu fragen beginnt, ob irgendjemand noch im Stande sei ihn anzusehen und auszustehen, so wie er selbst immer von neuem sich wundert, irgendetwas noch ertragen, irgendjemand noch ansehen zu können, eine Ausnahme machten einzig die Tiere, Berge und Steine, die Himmelsnähe, Bäume und Blumen, die Herde von Büchern, Lieblingsdichtern, ankommenden Briefe. Im Nervengewitter, so Beethoven, mit den Aposteln und Flugzeugen, die Hand wie ein Salamander, die Hand einer Eidechse, vor dem Vollmond sehr spontan Überraschungsküche! .. dein Brief ist heute vierzehn Tage alt, Parlandoprosa, Birne eines Satie, das ist dann so wie wenn jemand sagt DER KÖRPER WEISZ DAS DANN VON SICH AUS AM BESTEN – mein Gesichtsfeld vollkommen ausgerollt, ich sehe auch besser was ich höre, ich höre auch besser was ich sehe undsofort, die Gefühle recht ausführlich verschränkt. Ich bin fest aus dem Bett : verwitterter Felsblock, Staubzucht, Wolkengestöber, blutbefleckt vom blassen zum dunklen abstufend : alles woran ich denke, erfüllt sich auch gleich. Wenn ich es denke, wird es gleich eintreten, wird es erscheinen, wirst du gleich eintreten und erscheinen, schon kann ich das Einrasten der Wagenräder vernehmen, ich denke an dich und deine Arbeit, du erhellst was immer da ist, so dasz wir alle vom Licht nicht mehr verlassen sind.

Und wenn du schreibst : eine Fortuna bin ich schon sobald der Anlasz nur gegeben ist in der wahllosen Glückstüte, streunenden Gabentrommel : bist du ein Fels ohnegleichen für mich tatsächlich mein Rosenfinger, und die Alpenreise im Flug des Adlers ein unendlich vielfältiges GNADENJUNGES, ein Stück MANIA / heiliger Wahn, nämlich auf blanken Drähten zum blendenden verblendenden Göttersegen : getreppte Bodenwelle mit Blumen in allen Abstufungen des blauen und roten, zwielichtiges Wolkengestöber, die vier Grade des Feuers, und Teppichkeit.

Ohnedies haben wir das Wasser : das Meer in uns, unaufhörlich strömt es in uns und aus uns heraus und über die Erde – aber das Feuer? Blitze, Feuerstein, Donner, Flämmer, Schweiszer und Fackelträger, Hochöfen, Raketen, furiose Orgien der Erkenntnis, Schafgarbe so blendend weisz. Die

weisze Sonne : zornige Getreidemagd, ist die erste blonde Frau, das erste blonde Kind vieläugig (Ratte), das zweite Löwe (Daniel), es hat so geflammt im Schlachtfenster : ein Winzermesser als Himmel, denkende Träne, feuchte Schwalbe rudert durch Regenluft – genast und gespiegelt, oder in dem Maße als die Medizin Fortschrittchen macht. Jetzt kommen die Fliegen von weit her, finden ihr Ziel mühelos auch über grosze Entfernungen weg.
.. so sitze ich beim offenen Fenster, den bloszen Leib mit bekritzelten Zettelchen bedeckt, dies Lämmchen (Läutwerk) hinter der Stirn während mein Leibesser aufholzt und kröpft und sich den Schnabel zinnoberrot malt .. mein Thorax, meine übrigen Leibeshöhlen schon ganz zernagt von solcher Schelmentraurigkeit. Und von der Beschwerlichkeit des Alters festgewundert die Zwirnswölkchen meiner Stirn .. im zerknitterten Schreibhimmel (Florpapier) heute die ersten drei Mai-Schwalben gesichtet, auch andere (helmtragende) Tiere mit barmherzigen Pfeifen, Nasenflöten .. sogenannte Schmetterlinge und Seelen, geflügelte Erscheinungen mit Metallfäden durchwirkt, quicke Johanneskäfer.
Doppelbilder und sonstwie. Du installierst jetzt alles aus der Ferne : welch neue Erfahrung dasz alle Erscheinungen deutlicher, ja, in ihrem allergröszten Glanze gesehen werden. Wenngleich der Balken im Auge (Holunderbaumholz) – kürzlich haben (neben Beethoven) Bach und Satie mich von neuem verzaubert, und einige Minuten lang hatte ich die Empfindung, zum innersten Punkt einer Welt geworden zu sein, die mich liebevoll tröstlich umfangen hält, danach traten in meinem Nachthaus von allen Seiten veilchenrot untermischt die blauen Tinten wieder ein, eine Poesie oder leichte Hand, deine Gedichte und Luftwerkzeuge : sie führen weit weg zu mir hin und zur Sprache die ich nicht habe, die du mir abnimmst auf dich, es ist wie ein Liebesdienst.
Habe ich bei vielen Menschen den Eindruck, jeweils nur einen bestimmten Ausschnitt ihres Charakters erkennen zu können, ergeht es mir bei dir als ob jederzeit deine gesamte Person sich zu offenbaren bereit sei, was dich mir immer von neuem begehrenswert macht, und obgleich es ein kompli-

zierteres Verhältnis ist, einen Menschen auf Nähe zu besuchen als mit diesem auf Abstand zu verkehren, hat es mich immer in eine glückliche Aufregung versetzt, in deinen Zügen zu lesen, aus deinen Handlungen Lehren zu ziehen.
Hier gehen Frühling und Sommer leichter ins Land, auf dieser Insel fühle ich mich den Elementen vertrauter als sonst, sie ermöglicht dasz ich mich ihnen nähere und sie verhindert dasz sie mich nicht mehr loslassen, es windet jetzt stark, der Himmel ist weisz überzogen, die Sonne schimmert hindurch wie ein Vollmond, von den Kletterpflanzen die sich über die Steinmauern ziehen, manchmal bis in den Wipfel eines vor üppigem Wachstum auseinanderbrechenden Brotfruchtbaumes, schwimmt ab und zu etwas Blütenwolle an meiner Tür an meinem Fenster vorüber, gestern las ich die Windankündigung aus Wolken, die sich in groszer Höhe zu Schriftmalen verschlungen hatten, und muszte dabei an dich denken. Eine ergab dein Initial, das war am Nachmittag danach wurdest du immer gröszer ..
Vogelversteinerungen die eine neue Akaziensprosse erklimmen und ohne Unterlasz zwitschern und eine Palmensäule, durch meine Mitte getrieben ..
in rosa mein Kopf will vergessen, will sich vergessen, auf dem Tisch liegt ein Heft darauf steht LOUISA, darin bin ich begraben.

wienumschlungen

ich hänge an dieser Stadt, wie ich hänge an dieser Stadt, warum hänge ich an dieser Stadt, ist es weil ich da geboren bin, immer da gelebt habe, weil ich da alle Lichter angezündet habe, weil ich unergründlichen Ratschlüssen gefolgt bin oder folgen habe müssen, ich hänge an dieser Stadt aber ich liebe sie nicht, ich bin sie gewohnt, sie ist mir vertraut, ich bin in ihr vertraut, ich vertraue mich ihr an, ich ruhe in mir wenn ich da bin, ich bin auszer mir und verliere mich selbst wenn ich nicht da bin, ich ruhe in ihr, ich vertraue ihr und ich vertraue darauf, daß sie mich hält wie sie mich schon immer ge-

halten hat, also will ich auch ruhen da, später wenn ich nicht mehr leben kann, darf. Ich lebe gerne in dieser Stadt, aber ich liebe diese Stadt nicht, sie ist mir meist gleichgültig. Ich liebe auch nicht ihre Bewohner, aber ich bin sie gewohnt, sie sind mir im Grunde gleichgültig solange sie mich nur in Frieden lassen, solange sie nicht über mich herfallen und mich zerfleischen. Manchmal ekelt es mir vor ihnen, so wie es mir manchmal vor mir selber ekelt, manchmal ekelt es mir vor dieser Stadt, Nausea, Übelkeit, Brechreiz befallen mich, Hydrant als Zebra! Aber im nächsten Moment bin ich wieder versöhnt, mit mir, mit der Stadt, mit den Bewohnern. Manchmal taucht etwas auf, etwas Lichtes, ich weiß nicht, das sind die glitzernden Momente, bei Sonnenuntergang, in der Dämmerung, ein milder Schatten über den Dächern, eine gleiszende Kirchturmspitze, das auf einen sehr fernen Punkt zulaufende Ende einer alten schönen langen Strasze, ich blicke zur Spitze der Stefanskirche und wieder hinunter zu ihren Grundfesten, immer hinauf und hinunter, ich werde schwindlig dabei, ich möchte am Leben bleiben. Oder mein Blick folgt den Umrissen der Türme, Kuppeln und Hügel am Westhorizont, ich stehe am Fenster meiner Behausung, hier bin ich im Lichtkostüm. Wenn jemand mich fragt, was mich hier hält, antworte ich, alles hält mich da, auch das Häszliche. Auch die spärlich gewordenen Erinnerungen. An meine Kindheit, an meine Eltern, an das Leben und Sterben meines Vaters, meiner Großeltern, meiner Freunde und Gefährten, jetzt blüht das Hirnauge. Ich habe um jeden Baum gekämpft, im weiten Hof gegenüber standen früher drei Kastanienbäume und zwei Ahornbäume, die glänzten im Frühling, den letzten will ich besser behüten, aber die schönsten Straßen sind jetzt in die Verkleidung gegangen ich meine sie sind ganz heruntergekommen, sie sind verwahrloste Schrei- und Unratstätten geworden und haben alles an Reiz eingebüszt, also verstehe ich gar nichts mehr, der Kalender zerfranst sich, ich wünsche mir von Herzen.
Wien ist etwas für mich, darüber denke ich nicht mehr nach, an einem Wintertag geht mir mein Schatten lange voran, und ich frage meinen Schatten wohin er geht, wohin gehst du,

frage ich meinen Schatten, wohin treibt es dich, ich gehe in Wien in Angst, sagt der Schatten, ich lasse die Sonne in meinem Rücken, ich habe Angst aber ich laufe in Wien davon, ich laufe immer davon aber ich bleibe in Wien, hier allein kann ich sein, auch mit der Angst. Die Angst wird dann meine Gedankenschrift, je mehr Angst desto mehr Gedankenschrift, manchmal hebe ich ab, der Himmel ist hier am schönsten.

Ernst Jandl und seine Götterpflicht

ach herzzerreiszende Welt ich weisz es ist alles ganz anders – es ist alles ganz anders, telephoniert er mir, und springt in meiner Vorstellung als Kind durch blendend weisze Narzissenwiesen, Halbmonde auf der Stirn, es geht uns alles ab, telephoniert er mir, und wir wollen eine volle Kompensation im literarischen Bereich, aber man sollte sich dessen bewuszt sein, dasz man sich auf ein sehr riskantes Spiel eingelassen hat, das einem nicht immer Gewinne anzubieten hat, und es gibt Stunden, in welchen man sich tatsächlich fragt WAS HABE ICH DA BEGONNEN, WORAUF HABE ICH MICH DA EINGELASSEN, und das sind nicht immer die besten, und man hat sein ganzes Leben für die Literatur eingesetzt, und es kommt noch immer nichts heraus dabei – seine Vorzüge sind im ganzen so glänzende dasz man ihm keine Fehler nachweisen könnte, seine Geistigkeit flöszt mir Liebe und Hochachtung ein, er ist eine angenehme Gesellschaft, ein Meteor in einer Dunkelheit, er ist ein freier Geist, ein Meister der Konzisheit, der Sorgfalt, der Ordnungsliebe, er ist cholerisch (wie es sein Vater war), er ist melancholisch gelassen, zuweilen wird er von einer Besessenheit emsiger Akkuratheit, von einer ängstlichen Penibilität erfaßt, niemand kann ihn da erlösen, er klebt eine Briefmarke auf und es ist eine heilige Handlung, mit zwei blaszblauen Falterflügeln, Halbmonde auf der Stirn, sehe ich ihn als Kind, auf vergilbten Photos, das sind die Flügel seiner Kindheit, er sieht darauf seiner früh verstorbenen Mutter ähnlich die hätte ich immer gerne kennen-

gelernt, wahrscheinlich hätte ich mich gut verstanden mit ihr, was für ein Stammbaum, ruft er, und meint die Teerose, ich habe ihm eine einzelne gelbe Rose auf den Tisch gestellt, er hütet sein Medikamentenarsenal, hält es vor mir versteckt, und im Wiener Arsenal haben ja auch seine Großeltern von Mutterseite gelebt, sein Profil zeigt jetzt noch manchmal den Kopf jenes Kindes auf dem Photo, die weit geöffneten Augen, der weit geöffnete Mund und während er seine hinreiszenden Verse hinausschmettert; seine Augen können aber auch traurig blicken, blaugraue Blumenbälle. Blumen im Zimmer liebt er so sehr, dasz er sie bis zu ihrem äuszersten Verwesungszustand im Glase beläszt, die wenigsten kennt er mit Namen, und was die Liebe zu den Tieren angeht, ist es ein Anliegen von ihm seit es ein Anliegen von mir ist, er ist auch ein Pflichtmensch. Seine blaugrauen Augen können ängstlich blicken, aber meist ist er unangreifbar solide in seinem Geist und Gesicht, ein streitbarer : ein friedenstiftender Geist, ein spontaner : ein zurückhaltender Geist, mit seiner Stimme kann er fast alles, er ist für alles kompetent, oder scheint es zu sein, er ist voll Vielfalt, er ist voll Bedächtigkeit, er ist voll Bescheidenheit, er ist voll Würde, er ist voll unbestechlicher Radikalität, er hat Löwenkräfte, er ist furchtlos, ausdauernd, beherzt; seine Gedanken so feingliedrig dennoch festgefügt und facettenreich so dasz sein Facettenauge – ich meine, keine Philosophie darüber!, ach ganz gemein und gewöhnlich bin ich in meinen Gedanken wenn ich sie an den seinen messe, ich schneide schlecht ab, ich stehe mit leeren Händen da, bin unbeständig und unentschlossen, meiner nicht sicher, er hingegen so eine Existenz – du bist so eine Existenz, rufe ich, worüber er Tränen lacht. Mit seinen Facettenaugen sieht er die Welt jeden Augenblick neu, von einem Augenblick zum anderen verändert sich seine Welt, verändern sich seine Menschen, die Nachtstunden sind seine inspiriertesten, das sind Kostbarkeiten die er von sich gibt, man müszte immer gleich alles aufschreiben.
Es musz wohl so sein dasz man einander zuweilen Schmerz zufügt, also der fortschreitende Altersprozesz macht auch ungerecht oder gleichgültig für einander, zwei weisze Hunde

dabei, two beagles, Englisch schreibt er wie Deutsch, aber nicht von daher ist der Mops gekommen, nicht von daher der Mops im Gedicht, sondern aus seiner Liebe zu den Vokalen. Du machst ein Gesicht, sagt er zu mir über den Gasthaustisch wo wir nachtmahlen, als würdest du wieder irgend einen Hund sehen, in den du dich verliebt hast ... wie stehe ich da, ein Gefühl allgemeiner Erniedrigung hat mich erfaszt, eine Subordination auf allen Linien, als literarischer Underdog grüsze ich aus meiner Versteinerung, usw. Ich habe es ja immer schon mit den Hunden gehabt, usw., nosing the path ... aber das ist alles ganz anders, auch spielt die Zeit keine Rolle, wir kennen einander schon seit ewigen Zeiten, Elefantenmusik, ich meine seine große Liebe gehört der Musik, namentlich der Jazzmusik, als ich in den Sechzigerjahren anfing, für Rockmusik zu schwärmen, belächelte er meine Begeisterung, wurde aber bald darauf selbst davon angesteckt, inzwischen bin ich wieder zu Chopin, Brahms, Schubert, Schumann und Bach zurückgekehrt, neuerdings habe ich Satie für mich entdeckt, er aber auch, so kreuzen sich unsere Vorlieben ein wenig vordergründig nicht wahr, oder dem Herzen Beine gemacht, denn die Wirklichkeit ist immer ganz anders. Ein Wort vor ihm zur unrechten Zeit kann die beste Stimmung über den Haufen werfen, ein unpassendes Wort kann einen ganzen Abend zerstören, die Unterhaltung einer Freundschaft ist wie so vieles andere ein Balanceakt, im letzten Paradox seiner Wachzustände bis in die frühen Morgenstunden, Phönix vermutlich eine quälende Morgenröte, ich meine durch die Belehrung in der Musik. Immer schon ist er gegen BELEHRUNG gewesen, er hat immer alles gegen BELEHRUNG gehabt, aber alles für UNTERHALTUNG, AMUSEMENT, ANIMATION wie er sagt, er ist selbst ein groszartiger Animator also EINHAUCHER, Atemmensch. Die Esche vor seinem Fenster, die wir beide nicht aufhören können zu bewundern weil sie einst dem spärlichen Erdreich einer Mauerritze entsprungen ist, wächst ihm ins Zimmer, wie sehr Schreiben etwas Waghalsiges und ein gar nicht immer befriedigendes Unterfangen ich meine UNTERGANG ist, weisz er selbst am besten und man oft davon fortgetragen ist auch manchmal in Krankheit und Erschöpfung. In jüngster Zeit lacht er selten, früher hatten wir das Lachen erfunden, Halbmond oder -bruder, einen halbkreisförmigen Horizont auf dem Grunde seines Aschenbechers zeichnend, er zeichnet gerne und gut, sitzt er vor mir, unsere Übereinstimmung im Fühlen und Denken scheint vollkommen, aber auch unser Auseinanderdenken in manchen Bereichen, er FÜR, ich GEGEN die Trivialkünste, ich GEGEN, er FÜR die puristischen Formen der Konkreten Poesie, er FÜR, ich GEGEN den Free Jazz, etc., also alles Verstehen zugleich ein Nichtverstehen, Fragment eines Schattenarms, vielleicht habe ich mir etwas zuschulden kommen lassen, vielleicht scheitere ich jeden Morgen an mir selbst, aber ich habe wieder in seinen Gedanken gelesen, ich schaue in meinen Wahrheitsspiegel: SEIN AUGENPAAR.

kleines Öl

»…. jetzt ergriff mich meine Mutter, der heilige Geist, bei den Haaren und trug mich auf den hohen Berg Tabor.«

Selbstbezeichnungen Jesu, Absatz 14

mit je einem Fusz in verschiedenen Nachtwallfahrten : das war ich, als kleiner Körper als kleiner Geist mit dem spitzen Hut was weisz ich, wie Goyas Todgeweihte im Jupiterkarren (von zwei Pfauen gezogen), das war ich, als kleiner Körper als kleiner Geist, mit dem hin- und herbaumelnden Spitzhut, mit dem Schandzeichen auf der Stirn, diesem Kainszeichen AFRIKA, immer hatte man mich an den Haaren, immer zog man mich, zog mich dahin und dorthin, einmal bei frischem Schnee aus dem Bett, halbangekleidet auf den großen Schlitten nach unten, Nacktschimmer blanke Winterzeit. Man zog mich, da war die Kapuze als hätte ich damals schon etwas gewuszt von Goyas todgeweihten Flagellanten nicht wahr, immer an den Haaren zog man mich meine liebe Mutter alles war ein Gezogenwerden also zog man mich hin und hinaus und hinauf, ich wollte aber lieber bei mir bleiben, vor mich

hinstarren, aus meiner warmen Nische die Welt, die mäandernden Flüsse von oben betrachten … meine Selbsteinschätzung war immer gering, und das Leben, in das ich mit meinem kleinen Körper mit meinem kleinen Geist eingetreten war, schien mir gleicherweise trivial *und* wunderbar, vieles schien wunderbar, und es kam mir vor, dasz es mehr Wunderbares als Triviales gab, das Triviale war bedrohlich und schrecklich vermischt mit Gewaltsamkeit und Angst, mit Hohn und Gefahr, mit Unsicherheit und Scham, mit Bestrafung, Bestürzung und Ohnmacht, ich kann nicht anders als einen Traum beschwören …
von gering geschätzter Natur Nasenflöte das weibliche Kind, mit dem hin- und herbaumelnden Spitzhut, das Schandzeichen auf der Stirn : ganz unbeteiligt danebengestanden danebenstehen wenn Erwachsene redeten reden, von einem Fuß auf den andern, gelangweilt, gepeinigt, in die Länge gezogen, und wie folgsam sich meine Blicke im Zaum hielten, wie abgezirkelt ich alles bedenke nicht wahr, standhafte Phantasien, oder das aufschauende Erwarten Unverstand eines Kindes (Katzenphysiognomie) … der Topos des Tollkühnen hingegen blieb ausgespart. Es ging jederzeit um die Sicherung dieses Daseins, *die linde Heikelzeit*, das gefiel mir bald also zappelte ich über dem Wasser, immer zappelte ich über dem Wasser, mit der weiszen Stirnmaske, im Drachenkopfteppich festgekrallt, also den Handstand gemacht, dasz die Beine in den weiszbraunen Pantoffeln über dem Kopf baumelten, bei durchgebogenem Rücken. Androgynisch mit Schnurrbart und Fischschwanz, *oder die Blitzesstiefel*, ich hatte zwei Herzen in meinem Gesicht.
Meinen Körper habe ich ja schon lange : Opium von innen, das ist eine Leibeserfindung, ich habe alles mit meinem Körper gemacht und zuwege gebracht auch meinen Schreibzwang, das war dann ein Kintopp, Strumpfhalter, fast Zigeuner. Ach wie Holz die Gesichtszüge einfältig, wunderbare Gottesgabe, also ist alles gelb mein Körper mit seiner Natur, mit seinem gelben Mimosenorchester, jetzt springen mich wieder die Knospen an, ich habe keine Universität ich meine Universalität, das okkulte Blut oder das Fensterverbluten im

Westen, das ist für mich dieser Körper ist für mich ein echter Kopfsturz, auch Nervenschnee, blindlings ins heisze Bad, Blutsteinherz Ende. Das ist mein Körper ein Vogel mit einer Glocke um den Hals, und noch vieles andere. So fest und unzerreiszbar sind unsere Bindungen, ich meine zwischen mir und meinem Körper dasz er einmal, wenn es so weit ist, mich nicht einfach stehenlassen oder im Stich lassen kann; entweder er kommt mit ins Loch oder er zeigt mir irgendeinen unvorstellbaren Ausweg, ich habe lange danach geseufzt. Herausgewachsen aus meinen alten Schuhen, und alten Verhältnissen, zwängt man mich manchmal noch in etwas hinein, und ich selbst versuche manchmal, mich wieder ganz klein zu machen wie früher, mich zusammenzufalten und niederzuducken, aber es gelingt mir nicht mehr.
Nie hätte ich gedacht, so ein spätes Jahrhundert erleben zu dürfen, wie meine düsteren Vorfahren, etwas von mir ist ja schon seit Generationen vorhanden, etwas von mir war immer schon da, zum Beispiel meine Großmutter mütterlicherseits zum Beispiel in meiner Großmutter mütterlicherseits, Lachgrübchen in einem Kindergesicht, Abbild und Lerchenfeld, Insignien meines Körpers.
Aber ich bin jetzt mundlos geworden, aber ich bin in mir gespalten, mein Körper, mein Merzbau. Ich spreche kaum mehr, jedes Wort fällt mir schwer, auf direkte Fragen weisz ich nicht zu antworten, wenn jemand mich anspricht, rede ich manchmal als hätte mich ein Sprechzwang erfaszt, es ist kein wirkliches Sprechen, ich bewege nur automatisch die Lippen, Winterbalg, Fehlgesicht, Kopffleisch am Telephon, alles im scheinbaren Zungengebrauch, Katarakt meiner Augen. Manchmal spüre ich das Firmament so über mir wie Schinkel die Sternenhalle gemalt hat, aber manchmal ist auch kein einziger Stern zu sehen; die Sonne niedergeharkt zwischen Steinen, blumengesäumte Abgründe. Ich lerne aus jedem Satz, den ich lese, Ästhetik und Humanität decken sich nie.
Ich habe einen leeren Lehnstuhl als sitzenden Menschen erkannt.

zweimal dein Gesicht auf einem Sofa

ja es ist Zephir, ein
Himmelsgeviert, zweimal dein
Gesicht auf einem Sofa, ja es ist
so ein tauber Tag, die Schatten und
schrägen Sterne wechseln im
zornigen Rasen : Windräder
aus Pappe, ein
Artefakt

Bad Elster, Erinnerung und Vorblick

ja in einem hohen
Buchenwald und vorn-
übergebeugt, auf einem
Baumkissen
sasz ich einst und die Sonne
brach grün durch die Stämme, das
war vor beinah einem halben
Jahrhundert ich war
eine Riesin ich bin
ein Zwerg –
und werde kleiner und kleiner bis ich
verschwinde dorthin wo
man auf Säcken voller
Geschichten schläft, wegen
der Stimme, wegen des Lächelns, wegen
der Tränen und
Zöpfe

so jammern mich die verkehrten Herzen (Bach) das linke
das Ohr : HERZOHR da bist du
mitten im Sehen im Hören ein Bernstein, der Geist
ist natürlich nicht zerschossen aber irgendwie an-
gegriffen ich weiß nicht, also ein Lese-, ein Liebes-, ein
Lebensverschlusz, wirklich : der Jesusknabe bewegte die
    Lider später
Hände, da ist ein Fremdhelfer Traum, so
drauszen war ich schon lange in meiner Kindheit und
immer, auch Weltfrühstücksbörse aus
Luft, was neu ist weil es schon einmal war, da
sind die Zahlen da ist das Himmelreich : genügend
Hund und Kunst, zum Beispiel ein leeres
Zimmer als voll mit Tieren erleben, und Berg-
spiegel, Seelenabrisse, deine Haare und
Wünsche, spannende
Folter Natur, ungefähr neun Uhr schlief ich ein, Mutter
und Schwester sagten sie hätten mich trotz Schüttelns nicht
wachkriegen können so dasz sie
erschrocken waren –   mein Herr, Öde an
mir, an die Bretterwand genadelt der Rosenhütte fühlte
ich mich als leeres oder beschriebenes Blatt, ach mein Herr,
ich leugne schon jede Ähnlichkeit mit mir selbst, hocke am
    liebsten am kleinen
lockeren See : sein Name entfiel mir, Narbenspuren am
Firmament, Gottliebinnen alles, so dasz sie in einem Zuge
durch jene lächeln, durch welche sie lächeln wollen und
weinen durch jene, durch welche sie weinen wollen, im Schlick
jovialen Leistens ein alter Kaiser verrückt geträumt,
    scharfrosa
Himmel, im verblassenden Sinne pedantisch, die rötliche
Heckenschrift bei untergehender Sonne verschüttete
Gärten, das Meer in den Farben des Himmels : Tiger-
kostüm, die Disteln am Flusz ach die scheuernden
Knochen, scheuenden Schattenmünder : Knebel und
    Schaum, die

unterwürfige (flennende) Haut, ein wenig staubig laut-
hals die goldenen
Knospen die dich umgürten ein flammendes
Lendentuch ..
zigeunerst
herum,

in diesem Asyl ganz dünn heute am Himmel

gegriffelt die Heide ach gelbes
Jahr oder Ja, wie es undsoweiter in die ganzen
Bäume hinein schallt – Pingpong der Standuhr, und in den
Wald, vom Sofakissen zurück, gegriffeltes Ja das
Geburtsjahr mit Kreide gegen die Stirn-
front des Hauses des Häuslers gekritzelt, beschriftet
die Stirn des Häuslers (des Hauses) was weisz ich, mein
Jahr, in der Senke das Häuschen so wild-
umschlungen : sie umstehen das Haus : Hase Damhirsch und
Reh, unter dem schrägen Dach mein
Geburtsjahr, unter dem Dach mein
Jahr die Inschrift immer noch in der Senke, umsponnen
von Büschen die alte
Dame scheint Sonne, offensichtlich es läszt
sich sagen, in der Stube die
Unterhaltung, lieben Besuchs und wie es
schallt, ich gehe vorüber, das Hirsch-
geweih und ins Knie, kann ich
genieszen, das Plundergebäck in der Stube, wie
geräuchert wehen die Kinder (: Kleinzeug) hervor, wie
räumt ihr die schönen Männer ein, frage ich, in
den Bergen schon Kapuziner wie liebe
Milch wie Annette wie dürre Wand, das
Liegen in ihren Gedichten dasz die Masse Kalb
sei, die Lymphen
Seife plus Rot, wir haben alles schon *lieb-*
verloren –

komplementär

so gleich Rot so gleich
Rot ja so geschieht es mir so gleich
Rot ist die Farbe Grün in
der Welt, also Grün zugleich Rot, aber
Grieszkörner, Sand, aber
wie Griesz und Sand zusammen, wie
Griesz oder Sand im Turnier in Toledo, so
geschieht es mir, also geschieht es mir meinen
Augen also geschieht es mir
auffallend –
Leimrute Zopf

es regnet ein Wunder

das Ohr des böhmischen
Porzellans : Rosentasse mit
Henkel ich sah sie
heute zum ersten Mal, besasz sie
heute zum ersten Mal nach
so vielen Jahren – sie
trug keinen
Ohrring, aber die Kappe, der Skalp schien
verschneit ach der Zucker-
berg in dem Menschen will unterrichtet sein

lieber Bräutigam, Nervenschnee

da liegt
der Kopf auf dem Boden
rosa lila und gelb Stiefmütterchen-
kopf plattgedrückt welchen ich
hüten wollte – ein Brief-
geschenk, ich weisz nicht bei Nacht ich
sehe den gelben und rosa und lila

Totenkopf : aus einer Bodenritze mit starrem
Auge blickt er mich an,
Pupille Armbrust Manschetten
sogar, Äskulap mit gewundener
Hand,

drei Traumwahrheiten
oder : kein Wort mehr über Träume

1 die Phantasie von splitternackt, verträumen

dasz dort weiter spönne sich Wald als Weide und
Flor – gebratenes Wort in ein und demselben
Schiffsrumpf – also in meinen tatsächlich
Träumen komme ich weit herum : Nizza Venedig Marseille,
was
weisz ich, kleine Flitzer bringen mich von den Hotels zu den
Molen und wieder zurück, in meinem flanierenden
Punk-Kopf (geschorene Grille) hier oder auch
im Verdünnen steckt Wahrheit!, ich lese in alten
Bettüchern, ein hoher
Glücksstern bietet mir seine Wange zum Kusz, seine Wangen-
schläfe – gibt es das? ist es das auf der Wange
schlafen? ich zeige
irgendwelche konfuse Notizen vor, schlafe auf
Bettüberwurf (Spülkabinett, als POSITANO beschrieben), der
Salamander wendet im hohen Gras, plötzlich der scheckige
Zimmerbrand, ich raffe alles zusammen, überall
wehen flammende Palmen, ich fürchte ich komme
überall hin zu spät, aber es ist in Wahrheit so, ich komme
immer
zu früh, drehe mir Lockenwickler ins Haar und sehe mich in
einem Spiegel
um Jahrzehnte verjüngt, ich entsinne mich entschliesze
mich, mir einen Bubikopf
schneiden zu lassen, irgendwelche Ringe ins

Ohr, sagt N., ich weisz nicht, die kommen dann besser zur
Geltung, sagt N.,
ich fühle mich angstüberwältigt, N. sagt, du weiszt diese
Delle in deiner Wange, das Zebrahafte, auch Wangen- und
Wagenschläge, ich sehe sogleich das Zimmermädchen : einen
Zebrabastard : als Zebra ein Mädchen hängt, beugt sich, lugt
aus dem Fenster, dein Gesicht, sagt N., die langen Haare
haben früher
immer alles Unvorteilhafte verdeckt und verborgen und zugedeckt seitwärts vertraulich
wo Schatten *herzt*, ich sehe die triefenden
See-Bären (Notdiener) bei strömendem Regen, Hoteldiener,
in diesen
NATOJACKEN die Wagenschläge öffnen und schlieszen, *alles Bären / zu*
laut!, für die kommenden, die scheidenden Gäste .. eine wiedererstandene
Schiffsmetropole, ich finde mich wieder auf hoher See in
hoher
Gesellschaft wohin soll das führen, in ein oder eineinhalb
Stunden hat sich mein Zimmer fünfmal
verändert. Ein Mädchenkellner, nein – nicht Kellnerin – ein
Mädchenkellner
spricht mich an oder lacht über mich, spottet mich irgendwie
aus, irgend Haustiere (was meinem Zustand entspricht) :
Raubvögel, auch zahme, Hunde und Katzen oder wie soll ich
sagen, Sonne
macht weniger Hügel, mager!, aber ich weisz nicht mehr, das
war
einmal ein Mann von mir, auch auf jeden Fall und als
Händler
heruntergekommen,

sämtlich Krisen- und Greisenstab, die Schneise
breit im Gebirgsstock im Blindenstock, jagen Sie nicht
Ihrem eigenen ewig nörgelnden Astronautenherzen nach,
    ruft R.,
die Nase stürbe mir ab davon, ich lüge zuweilen auch
    während des Traumes, aber
nur ungern, aber nur dann wenn ich verhindern möchte, dasz
    durch meine
Offenheit zerfetzt würde meine Welt, man verliere
Wanderschaft, ruft R., wenn ich die Handtasche mir auf den
    Kopf setzte,
würde alle Welt sagen ich sei verrückt, nicht wahr, eine türkis-
(ich meine Widmungs-)Finsternis – ich werde über die Pfütze
treten, den wüsten Kalendersaft. Spülung
kaputt (Englands verbautes Zylindersystem, typisch
Panier-Geziefer, typisch Hasen-Alarm) : ich überlege obs lebt
obs noch lebt das Flämmchen am Steuerrad, plötzlich
scheint es mir, *es gesellschaftet mich in den Hühnerhof*
    (Talmi), ich weisz nicht, ein rosiger ..
hängt am Himmel oder wir zappeln alle an ihm,
    pathologisches
Geschirr eines Pferdes, sein Lachen!, das Hufeisen auf der
    Schwelle,
immer noch, mit seinen Enden nach oben – ja, wir wissen
    schon, damit
das Glück nicht ausrinnt, etc., in diesem *Verstall* :
Hasen-, Hosenstall, Koben, in diesem verschworenen
Pferdekopf in dem ich wohne; ich drehe
vergeblich den Türkenkopf, Türknopf, verliere Verwandt-
    schaft, Kniestücke, Flöte
von Flucht, das sind die dreizehn
Hühner die ich inzwischen eingekauft habe, ich wollte
sie Ihnen zeigen, Allwetter frömmelnd, *ich gehe etwas
    erfinden*, R. sagt
SIE LESEN IN SICH HINEIN!, als wollte er sagen
SIE SPRECHEN ALS SPRÄCHEN SIE WÄHREND DES ESSENS, oder

Sie sprechen als äszen Sie, undsoweiter, die
mahlenden Kiefer, bemalten Kiefer, das ist beinahe das
gleiche, überall
fingert der Überfall –
fleischfarben diese Welt, Brause des
Fleischers, ach
wie die Sonne flieht in den Rosensand,

3 oder Süsze erfundener Träume

Flügel, Gefirmtes : Fokus
der Strände, Horizonte, Verheiszungen lila Milch, Sonnen-
koronen, die feuchten unaufhörlichen Linsen, im Dunst
Glockendunst des Oktober, mit Blumengerank zur
Böschung, zum Flusz (Honig im Flusz) sinkt der Herbst
schon, was
soll ich tun das Herz die Kehle rotieren!, auch
Häher im Himmel, an den Rändern
des Asphalts wildwechselt, stutzt, verhält, verhofft, bricht
auf, läszt
ihn bersten : das Rispengras!, wilder
Hopfen zwischen den Bohlen der Schienenwege,
Performance :
Breakdance auf bräunlicher Kunststoffplane des
schwitzenden
Paares in der Mitte der Wiese des dörflichen
Fests, der Laubtunnel schläfert, wie weht und wach solch
Dörfliches!, die Crew ist die gleiche nur zuweilen dieses
saisonable Tanz-Bier oder zum Tanz
das zum Tanz ausgeschenkte Bier mit der Schaum-
perlenkrone, in
der Vitrine Schaukasten Ortskern bieten sich drei männliche
Dessous an, verrückter Anblick, genarrtes Gras, erschrocken
geschoren wie Hahnenfusz, fidele Bluffs (auch Hasenkot),
unbequeme
Erkenntnisse, meine : Exkremente meine Geistesabfälle – wo
ist dieses

Zeugs, meine Niederschrift meine Niederlage, ich meine :
Handschrift,
ein sich selbst überschwemmendes mäanderndes Ungetüm,
ich kann mich nicht mehr
besinnen nicht mehr anspannen, ich kann mich meiner Hand
nicht mehr
anvertrauen, die wie es scheint etwas verbirgt, nicht zur
Kenntnis
nimmt was weisz ich, zu viel verlangt von mir, auszer
jeglicher
Gegenbesinnung, wie : ich habe das Gefühl meine Hand ist
in meinem
Kopf undsoweiter .. nur keine Blösze geben!, denke ich, mir,
meiner rechten
Hand keine Blösze geben, also schreibe ich gleich einem
Schulkind, wie ich als Schulkind schrieb, eile mir selber vor-
aus, kürze
ab, kürze den Weg ab, private Kurzschrift, es fehlt mir das
Handkorsett, schleuniger Grabstichel oder was, schon ein
ahnungsloses Lamm könnte mich führen, entführen,
bewachen, meinen
Ausfall und Schlaf, gleichzeitig meine
Drüsen sind angeregt, ich könnte
die Welt umarmen!, würde der Blödigkeit (meiner) gern *zu-
lauern*
nein, nicht *auf-*, Sie lesen schon recht, – überhaupt alles
richtig hier wenngleich teilweise unverständlich, auf Kosten
von
Querverbindungen .. er sagt, bevor ich gehe, da ist
ein Lavanttaler Bananenapfel, den mußt du heute abend
noch
essen, eine Köstlichkeit!, undsoweiter, unbeirrbares
Selbst, Beschirmung von irgendwoher, überallher : man sagt
ja, hilfreich
seien gute Gedanken und Wünsche
von Freunden .. im Rasen der lange gewundene
Stab : schwärzliche Schlange, gnadenlos fitticht
die Vorstadt, später aus Morgendunst taucht

allmählich der Nadelwald auf, wie auf alten japanischen
Holzschnitten, ein
winziges Wölkchen (Flause?) beinah taubenblau diesem
frühen
Oktobermorgen entstiegen, das zeigt
Schönwetter an, sagt B., er musz es wissen, so feucht die
Erde,
das Gras. Ein Bruder : ein
Feuersalamander rudert, hechelt durchs
Gras, wir blicken einander an, nehmen Sekunden-
kontakt auf, ich spreche ihm einen zärtlichen
Ton, er scheint mir einen Augenblick lauschen zu wollen,
dann
davon ..   es schiefergraut dieser
Morgen, in seinen Gärten die Farben : zylindrische
Farben, nein – nicht Formen, ich spreche
von Farben, die gnadenlosen die zylindrischen
Farben : Endzeitfarben, ich meine ich stolpere eine Treppe
hinunter, der Mittagsschlummer! inmitten
von Seufzern Efeu und Ahorn. Er sucht mit den Zähnen
(spitz, klein) *der Racker!* : er sucht mich tatsächlich
ab und über : mit seinen Zähnen : Hund im Traum, so
orange, kongenial aber ich weisz nicht, über dem
Asternbeet schwenkt wer den Kehrbesen, flexibles
Verhirschen, es fiel mir oben nicht ein dieses Wort, treu-
händig einhändig Harakiri, nur in Gedanken, nein –
niemals!,
Verbissenheit von Stangengehölz, Holzstrasze, der Pfeifen-
strauch
neigt sich, streift meine Stirn, berührt mit einigen Ästen
beinah die Erde,
schält meine Stimme (das Rotwild) .. Trophäenschlaf, der
Prozesz
hat nur wenige Minuten gedauert aus freier Büchse und
weisz
deklariert : vielleicht irgendwelche neoklassische
Anwandlungen (Komponenten) : in Form dieses
Käfers zum Beispiel, in Form dieses

zärtlichen Verführers von mir, blendendes
Kerbtier, Fabelwesen vermutlich, sein Turban, seine Pelze
und anderen Augen,

Wolf / wie ein Wolf / sagt er

Wolf wie ein Wolf du siehst
darauf aus wie ein Wolf nach-
denklich mit gesenktem Kopf, Kopf-
tier, das Bild hat dich in einen
Wolf verwandelt auch aufgelöst, nicht
so sehr Wölfin, Wolf! auch Bruder Bruder Wolfs-
hund, mit dem Kopf auf die Brust
gesenkt sitzend, ein Wolf ich weisz
nicht gepaart mit struppig-nachdenklicher
Korpulenz (nachsichtig?) Kopf : behaartes
Gewicht nach unten, wolfs-
mäszig du siehst du sitzt ein wenig
zusammengesunken wölfisch die Schärfe!, und
umflort, *das hat mich auch ganz*
verstorben,

Mannesalter : plötzliches Stoppelfeld

zerborsten kleiner stacheliger ich
meine blitzender zarter Kinnbart, zum
erstenmal sah ich den blonden
Ursprung von Flaum so auch glänzte
darüber Herbstlicht in dieser
Gewecktheit, in einer Wirbelsäule
grundierter versteckter Kraft-
knoten ..   die gebündelten
Mandelgärten : das Geäugte deines aus deinen
Augen geäugte
Gebirge des Schlafes

des Märtyrers direkte Denkstimme : »am reinsten sind Aussagen wie : ich stehe – ich warte – ich habe Durst – ich bin eine Oblate – ich bin ein Pfirsichkern – ich bin ein Malvensame – ich bin ein Wespennest – ich bin eine Feder ... meine Namensbücher sind aufgeschlagen, meine Namensbrüder rufen eine Unzahl von gegenläufigen Zuständen und Handlungen hervor, oder sie luchsen darauf dasz ich sie beim Namen nenne, diese meine Muschel- und Minderbrüder, der Erzmärtyrer zum Beispiel, die schreckliche Beschützerin, die Dreihändige, Philippus, der Junge mit keimendem Bart, der heilige Sebastian, weiblich die Haare mit einer Viper zusammengeknotet, zeigt auf einen Stein an seinem Hals, in seiner Brust (die Pfeile, die man auf ihn hat abschieszen lassen, erreichen ihn nicht, bleiben in der Luft stehen), ist jetzt von der Bildfläche verschwunden, durch Kusz oder Blumentracht vom Erdboden verschluckt. Viele meiner Brüder läszt man mit eisernen Ruten schlagen, läszt ihnen glühende Helme aufsetzen, aber am Ende fliegen sie alle mit der Feder des großen Vogels davon...
also bekenne ich, daß sie alle meine Verwandten geworden sind, also bekenne ich mich zu den Ketten, aus Wüstenvätern, plauderhaft in Briefen und Gesprächen, trotz der Flöhe, Poltergeister, Reisebeschwerden, denn Tausende haben inzwischen ihr Schicksal mit dem meinen verflochten. Ich Landstreicher, unruhiger Geist, ein Greis mit einem Eselskopf, die Wolfsmilch flieszt aus meinem Hundekopf, eine Legion Dämonen das sind 6666 lagert zu meinen Füszen, ich wollte das Hemd nie herausgeben, d.h. ich wollte das Hemd nie ablegen weil es warm (schmutzig auf der Haut) war. Früher besasz ich einen Hundekopf, also früher war ich hundsköpfig : wünschte mir eine Häszlichkeit, weil alle Welt mich bedrängte, weil die Frauen mich durch Berühren und Umarmen in eine Versuchung führen wollten, die ich im nächsten Augenblick schmerzlich bereuen hätte müssen, aber sie verstanden es immer wieder diese meine abgewiesenen Wonnen diese meine ausgerissenen Legendenzungen

aufs neue zusammenzuschnüren, aufs neue zu schüren. Der Mohn der tief hing über das Land…

da wippten sie das Kleid sich über die Elle, nämlich entledigten sich ihrer Kleider um mich zu verführen, ich zog meine Schuhe an, kaum zog ich die Schuhe an, war es Nikolaus, Andreas, Hieronymus. Ihre Arme sind Barbara, Dorothea, Christina. Ihre Puffärmel Christophorus, Apollonia.

Das Böse das ich getan hatte, hielten sie aufgeschlagen in ihren Händen, da bat ich, auf den Boden in die Asche gelegt zu werden und erblickte um mich in einem Traum die trockenen Wüstenpflanzen, *Rosen von Jericho*, und eine Stimme sagte, sie würden, da meine Eingebung sie mit meinem Blut begösse, sich auftun und wieder zu blühen beginnen, ich ging über die Gasse und schon umgaben mich die Hunde, Schafböcke, Ziegen und Wildschweine wie eine Leibwache und dürsteten danach, mit mir zusammen zur Palme des Martyriums zu gelangen, wir lieszen uns freiwillig Backenstreiche geben, in der Backstube, eigentlich *Weltprovinz.* Ich hatte tatsächlich mancherlei auf dem Gewissen, ich hatte etliches an Schuld auf mich geladen während meines langen Erdenlebens, ich (als Junge) spannte ein Mädchen mit zusammengebrochenem Fuszgerüst, bettete es aufs Lager, tröstete es mit Erzählkunst später auch Liebeskunst.

Jetzt ist die Schleimspur meiner Rede versickert, trockenen Fuszes kann ich über das Wasser gehen, über die Wolken, auf dem Meer, jetzt tragen mir wilde Tiere die Nahrung zu, bei ihrem ständigen Rufen ES RIECHT NACH OZON, frage ich mich, was sie meinen … ich ging lange in die Engellehre, wurde von einer Tortur in die nächste verschlagen, die früher im Kiefer verankerten Knochen lösten sich alsbald los, in den Bädern des Christentums, leistete ich mir einen einzigen Luxus : täglich ein frisches Mundtuch. Während blutgetränkte Vogelbälge zu meinen Füszen lagen, wenn ich am Morgen erwachte. Dabei sangen Geigen in meinem Kopf, aus allen Kammern meines Herzens klang Saitenspiel, bis die NACHRICHTER kamen. Nämlich die Nachricht dasz mein Leben preisgegeben war – ich hatte es lange vorausgesehen, vorausgeahnt : ein schwarzer Ort weil es schwarze Wälder da gab,

da bestrichen sie meinen Körper mit Honig damit er von Fliegen zerfressen werde, während meine von mir selbst aufgesammelten Knochen wie Glühwürmchen zu schimmern begannen im Gras, in meinem Haar nisteten Vögel, auf dem Fuszboden meiner Kammer flohen die Ratten – und dennoch, die Verwesung war noch einmal rückgängig zu machen gewesen. Jetzt gehe ich über die Wolken und auf dem Meer, durch die Berge, ich kann mich in eine Frau, in einen Tiger, in eine Ameise verwandeln, in ein Kamel (das sich ins Ohr blasen läszt, es solle sich rascher bewegen, es solle den Heimweg ins Gestüt allein finden), ich trug einen Zimmermannsanzug, mit roten Kordeln und Spitzhut, zum Zeichen der Verdammung, ich trug die unheimlichste Überspanntheit von Posituren, als Gaukelbild meiner Sündhaftigkeit … wenn man wie ich durch die Wüste wandert, kann man auf die absonderlichsten Tiergestalten stoszen, auf meiner Schädeldecke reckt sich ein riesiger aufgebäumter Wurm, eigentlich Skorpion, so dasz es mich rücklings zu Boden zieht, so dasz ich in die Luft greife um nicht das Gleichgewicht zu verlieren, so dasz mich endlich die *Luftschneide* auffängt, in der ich gevierteilt werde und meine Augen zu sprossen beginnen wie Triebe von Kellergewächsen … mein dreilappiger Kopf, halb Esel, halb Hund, halb Mensch, mit der struppigen Mähne, glaubt eine unbeschreibliche Musik zu hören, die aus der Fäulnis meiner fellbewachsenen Lenden dringt, ein Wüstenvogel spricht über meinen Schädel hinweg, auf einer Palme sitzend, mit menschlicher Stimme, vermutlich slawischer Dialekt, gelegentlich ruft er Namen wie STEFAN!, SEBASTIAN!, VALENTIN! –
die Blutschüler warten gespannt auf ein Wort von mir, aber ich bin zu schwach, um sprechen zu können, meine Gedanken können nur noch in meinem Kopf existieren, lassen sich nicht mehr nach drauszen befördern … *bin ganz zerritsch!* ruft der Beo über mir in der Palme (die ursprünglich mein Pilgerstab war : neben die Hütte, in den Boden gesteckt, begann sie sogleich Laub und Datteln zu tragen). Ich bin nicht befugt, ich bin zu nichts mehr befugt, sage ich zu dem Wüstenvogel, der in der Palme sitzt, das solltest du einsehen. Er

lacht gepreszt. Meine Stirn ist leer, sage ich zu ihm, aber darin ist ein Gurgeln und Dröhnen und Brüllen und Wasserfallrauschen ... wer treibt die Wolken ... Federn aus Wolken, jetzt bin ich aus Federn und Fellen, aus Tangzotteln zusammengestückt. *Jeder Traum ein Äther*, spricht jetzt der Vogel, ich lege den Leibrock an, bin in mein Inneres versunken, die Finger im Schweigegestus an die Lippen gelegt, Kontemplation als Selbstreflexion?

Mein Felsengürtel : die Schlangenschaft : herrscht die Lüfte an, die Wolken öffnen sich, der Beo verläßt mich. Ich bin jetzt ein Wesen mit drei Gesichtern, ich schwenke sechs häszliche dürre Arme, die Wolken von Wimpern nicht mehr zu unterscheiden. Eine Elefantenlenkerin redet mich an, aber ich verstehe sie nicht. Ich bin in Träumen unter vielen Menschen in einer Zypressenallee, die herbstliche Tag- und Nachtgleiche tritt zu beiden Seiten des Horizontes hervor, sie betäubt mich. Wie nach einer Reise, auch Katharina, die heilige Katharina Katharsis, eine Reise durch die Wüste eine Katharsis, man sieht die Umrisse schärfer, hört die Geräusche dichter, von Luchsen weich, barhäuptig, blutend, meine psalmodierende Zunge, von einem Abgrund verschlungen, des Stammelns. An meiner Seite die hochfrisierten Schakale, aus deren Augen die roten Aasfliegen stechen, ich krieche auf allen Vieren wie ein Tier, mein Fell noch scheckig vom Sommer, noch nicht Winterpelz, obwohl die Nächte eiskalt sind. Weil mir die Welt so nachstellte, weil mich alle begehrten, verlangte ich einst, häszlich zu werden, verlangte nach einem zottigen Hundekopf, Eselskopf dasz alle erbleichen sollten bei meinem Anblick. Ich erregte bald Ärgernis, redete aus den Büschen zu ihnen, bis sie die Flucht ergriffen vor mir, manche muszten den Kopf zurückbeugen, wenn sie mir nahe kamen, um mich, meinen Gestank ertragen zu können, unten flammt mir ein Blitz, verzerrt mir den Augenspiegel, die Beine sind stelzendürr, ich bin räudig geworden.

Die Poren der Wüste haben sich wieder geöffnet, es ist wieder Tag, die Papageien verlassen die Schlafbäume, drei Schützen (Buszjäger, Brüder) haben mich heute nacht angerufen jetzt luchsen sie darauf, mich zu besuchen, mich heimzusuchen, sie wundern sich meine Stimme zu hören, diese alte gebrochene Stimme – es sind junge Männer, ich bin ein Greis. Zum ersten, dem heiligen Clemens, sagte ich wie zur Warnung ICH BIN NIEMAND, er wunderte sich, Positionslichter an den Wangen, ich träume schon wieder, mein verrutschtes Gesicht wenn ich es am Morgen betaste. Ich ziehe die Schneeschuhe wieder an, meine Wüstenschuhe, auf den Hügeln die Grillenlöcher, weisz von Wüste die unterdrückten Leidenschaften auf gleicher Höhe mit den verstiegenen Lerchen … hoch über der bernsteinfarbenen Welt gab es früher manchmal Lichtblicke, der Anblick eines Riesenbovists zum Beispiel, dieser weiszen Riesenkugel auf weiszen Niederungswiesen, ein Monument aus Carraramarmor : Wintervorrat an Bovistpulver für den Maler (Daniel), er liebt es, Bergspitzen wie nach oben gerichtete menschliche Fersen zu malen, oder den hohen Stein, auf den man sich bettet, um visionäre Träume zu haben … er zeigte mir einmal so viele Bilder, und ich entschlüsselte sie, und dann spielten er und der dritte (Thomas) Instrumente für mich, und ich lauschte, und sah zu wie sie die komplizierten Instrumente zum Klingen brachten vor meinen Augen und Ohren, das war Gnade das war Ungnade, ich weisz nicht was mir damals geschah, aber dann die Verbrennungen. Bald gehe ich in der Wüste unter, von überall hcr aus der Luft diese Strumpfmasken des Todes (mit Badekappe). Kaum mehr Bewegungsfreiheit, wegen des Einschweiszens der Seele so musz es wohl gewesen sein. Ich bin gefangen, gefangen in mir selbst, diese meine verschweiszte Askese in der ich mich (ganz verstreut) selbst gefangen habe, in der ich mich verirrt habe, in der ich in die Irre gegangen bin, ein Delirium jenseits des Horizonts das Gefunkel der Städte, eine Luke als Fenster in meiner Hütte, ein Bretterverschlag vor dem Fenster gegen die Kälte bei Nacht Theater der Luft … Szenerien wie Apfelbaum, mannshohe Vogelscheuchen im wilden Schilf, Szenerien wie Paradies, aber ich träume schon wieder, das ist nicht die Wirklichkeit. Ich stapfe in diese Wüste hinein das ist die Wirklichkeit, und meine Glieder ermatten. Der mit dem groszen gespaltenen Bart bringt ein Herztelegramm, aus den verheiszenden

Schlünden der Nacht schlug Dampf, auf der Anhöhe die beiden Zypressen wehten wie dunkle Fahnen im *Sturm*, Herztelegramm kann man eigentlich nicht sagen denn es war *Sturm*, gestern läutete nachts die Klingel zur Pforte *Sturm* (das Anhalten von Vokalen?), jemand wollte zu mir, ÖFFNE DAS PFÖRTCHEN, VITUS! forderte das Glockenschellen von mir – als mein herzlichster Bruder erkrankte, damals, als das Mädchen, die Schwester, acht Jahre alt, aussah wie eine Greisin nach der Folter, da sagte der Jüngste (Thomas), es wäre ihm ein schrecklicher Gedanke, dasz er es noch werde erleben müssen, dasz alles zu Ende gehe mit mir, er sei in einem Alter, so sagte er, dasz er es noch werde ertragen müssen, dasz es eintreten würde, dasz es mich nicht mehr geben würde, es sei eine Folter für ihn, dies denken zu müssen.
Kibitze, menschliche Kinder, die nackten Hinterbacken mit Eierschalen verklebt, ausschlüpfenden Vögeln gleich …
jeder der drei jungen Brüder trat zu einer anderen Tageszeit auf, oft slawische Männer oft Asiaten, der Mantel fliegt als Drache am Himmel, mit fliegenden Mänteln, mit blauen fliegenden Mantelschöszen, das gleiche Modell, der gleiche Galopp, verkrusteter Lidschlag, und Sturmgedanken, ich konnte hören wie ein Lamm von diesen Mauern ihre Stimmen. Vor meinem Fenster, diese Bruderstimmen, wie jene von Christiane, Lucia, Vöcklabruck. Beim Nachtflug plötzlich sah ich die Sternbilder auf dem Boden liegen, die Sicht auf die zur Erde gefallenen Sternbilder : strahlenden Städte, funkelnder Fall, es war aber Abfall mit Augen am Boden (abseits), und über Meer, alles tobte in mir wie im Fieber, den panischen Flug hindurch bis zum Abendmond, -brot.
Längst sind meine ehemaligen Brüder, Schwestern entflogen, und in den Tod, nur ich Verworfener bin noch da, da ist kein Schilf und kein Storch mehr, in dieser Landöde, da brütet die Hitze, starrt die Kälte, der Vollmond rot, wenn ich als roter Vollmond wenn ich als roter Vogel über die Dorföde ziehe, mein erster Bruder und ich hatten die Sklaven hochzubinden, abzuschneiden (Spyräenspalier), meinen Namen habe ich angezündet, Maria Lanzendorf, sehnsüchtiges Wasser in meinen Augen weil alles leer ist. Ich sah und siehe, das Punk-

tum. Fühle mich wie ein Sonnenflieger mit pfeilender Sonnenstimme, ein Blattgestöber im Herbst, es gibt keine Schatten es gibt nur den Widerschein, verlängert ins Unsichtbare, die hörbaren, die farbigen Ereignisse lösen zunächst körperliche Gefühle aus, aber die dreidimensionale Form muß als solche erkannt werden und kann erst im nachhinein Empfindungen erschlieszen.
Der Boden schwankt unter meinen Füßen, es pocht an meiner Holztür, ich stehe auf plötzlich denke ich hart mit meinen Knochen *(biszchen bellen)*, schwarz verbrannt in der Mauer die Klingeln, ein Feuer der schwarzen Haustiere, das sind Bewegungsmuster die sich durchkreuzen. Besser herauswinden (das Herz) als heraustrocknen, tut weh!, wir laufen auf Händen, mir träumten die Worte : was zu sein scheint und doch nicht ist, was nicht zu sein scheint und doch in Wirklichkeit ist – und : Dezember, der zwölfte, der heilige Spiridon, Wundertäter, mit großem gespaltenem Bart trägt eine Mütze und sagt: *schon bringen wir dir diese vernünftigen …*«

Befreiung durch Lesen, ein Weihnachtsbrief

»da ist eine Knotenschrift alter magischer
Text komplizierte Thematik –, Sie können ihn in der Pappschachtel
lassen, ihn mit den Händen halten ihn mit den Augen
lesen, oder Sie können das Heftgarn mit dem Messer
durchtrennen (da wird die Schrift
lebhaft), oder Sie können es andersherum machen, mit Augen
halten mit Händen lesen, aber das sagt in jedem
Fall Befreiung durch lesen . . «

also, wem die Flamme aus der Leinwand schieszt
(zu Arbeiten von Andreas Campostellato)

alles im Abrollen hier, im Abschüssigen, wer kann sich das ausmalen : abschüssiger Steg durch den Hochwald, feuchtglatter Wohnschlauch, riesiger Gletscherblick. Die Visitanten zu Fusz, aber mit Felsharken, Ruten, und, wie man sagt auf Schneckenschuhen (Pantinen). Ziehen bald wieder ab, nach Rundblick vom Gipfel : monströser Papierhaufen grau über grau, alles auf schiefer Bahn fliederwimmelnd, Vogelgesellschaften ebenso Käfer und Mücken Spinnen alles vertrocknet im Kehrbesen, ich bitte um Nachsicht. Der Ausblick atemberaubend, nachmittags grelle Sonne. Ach die kleine Häresie ist auf die Hinterbacken gefallen. Er ist ein groszer Erfinder. Nein nicht Perfektionist Gottseidank. Meine Seelenkrawatte beschwert ihn, zielt auf Gottvater, zielt auf das Auge Gottes : ein Pfeil. So dringen wir besser ein in sein Werk, diese Erfindung. Was für Naturpatronen, Patronenfrühlinge – ach wie es überall hervorschieszt!
Mit einem Wasserzeichen am oberen Rand viel geweint, schwanengleich in ihrer Wahrheitsgestalt : meine Töchter. Schwärmer der freien Natur, trägt man sie auf starken Armen herzu, aus solchem Sirenenland kann ich berichten. Mit leichtem Gewölk unter tags, irdisches Hochland, eine gekrümmte Weiderute auf meinem Blatt – so mehr die Glanzseite, als verstünde ich was von Rutengängerei, krakelierte Frisuren. Ich möchte aber in Ruhe gelassen werden. Nein, nicht so sehr um ununterbrochen schreiben zu können vielmehr brüten. Zu lesen zu Fleisz. Damit ich endlich imstande bin, die Titel jener Bücher im Gedächtnis zu behalten, mit welchen ich mich gerade beschäftige. Um nicht zu wiederholten Malen in die unangenehme Situation zu kommen, auf die Frage was ich gerade lese, keine Antwort geben zu können, etc. Nämlich das Brüten ist eine Kunst, frei von Gewichten : Ängsten : Ägypten : Hypochondrien, das zieht zu Gottvater hinauf, dorthin wo die Sonne fällt, wo die Vögel fallen auf den zugefrorenen Wintersee, dasz ich nicht von meinem Gesicht verliere wenn ich mich über die spiegelnde

Eisfläche beuge!, wenn es fällt wenn es hinfällt und niederfällt vor dem heiligen Geist an welchen ich schon immer glaube, ja wie die Augen, die jetzt vor dem Hirtenfeuer in meinem Zimmer gaukeln. Die Nacht war kalt, ich sasz ich verbrachte sie frierend auf der Bettkante. Wie ein Garten geflochten mit Blumen ihr Angesicht : so warte ich so stelle ich mir immer die Eingebung vor, aber sie kommt selten erscheint selten, ich falle sogleich aufs Knie, Amaryllis an ihrem Scheitel, die Sonne ehe sie fällt ehe die Eingebung fällt und vor mich hinfällt und einfällt, meine Sonne, sitze ich als Greis in schwalbenähnlicher Gestalt auf der Bettkante, frierend.
Der Nabel wirft seinen Schatten : ein zartes Kreuz, aber wen geht das an. Auf sandbestreuten Wegen, bei trockenem Winterboden, der Schnee längst hin, sehe ich es, der Sonne entgegenschreitend : winzige Schattenheere geworfen von jenen unregelmäszig verstreuten Sandheeren, solche Körner und plötzlich. Als ginge ich sorglos über Menschengeviert, als flöge ich riesenhaft über Spielzeugstädte hinweg, wie klein und unscheinbar alles!, und alles unter meinen Sohlen zermalmend, alles überschattend mit meinem Riesengeschwing –
ein leeres zu Boden flatterndes Plastiksäckchen aus dem offenen Bücherbord – ohne Glas, Bücher wollen atmen! – brachte mir ein so heftiges Erschrecken bei (es war spät in der Nacht, ich dachte an Fledermaus, Gabelweihe im Zimmer), dasz mir darüber von neuem die Hypochondrie ausbrechen wollte ... sie beschäftigt mich vorzüglich, ich bin gefangen in ihr, indem sie, sich *aufbäumend bäumend* in mir, in meinem Ober- und Unterbau, sich niederläszt, ausbreitet, festsetzt, in heilloser Art.
Während ich seinen Namen schreibe in einem Brief in der Nacht, fällt mir plötzlich etwas ein, an das ich jahrzehntelang nicht mehr gedacht hatte, nämlich daß ich als Kind auch manchmal *Friedolin* gerufen wurde. Ich war *ein sanfter halber Bube oder Bub*, ich bin ein Beugel geworden. Ja Beugel, Mohn oder Nuß ist mir gleich, ich beugte, ich beuge mich allzu oft. Wenngleich ungern. Aber ich musz, irgendetwas

zwingt mich dazu mich immer zu beugen, vor mir selbst, vor anderen, vor allem das Knie ich beuge das Knie, ich falle aufs Knie, schon wächst mir die hornige Haut, Air in den Bäumen auch Mann. Auch vor Männern beuge ich mich, ich helfe ihnen sogar in den Mantel, wenn sie weggehen von mir, ob Vers oder Prosa darauf kommt es nicht an – es kommt nur darauf an, wie sie angezogen sind, ich meine die Worte : die mir meine Eingebung eingibt, welche Art Knochenwerk sich da herausbilden will, darauf kommt es an, in Böen wechselt mein Sinn. Meine Erleibung ist meine Erleidung bis ich nicht mehr weiter kann. Der Berg ist steil, auch das kleine Stoszgebet hilft nicht weiter, Herzwiderstand kalbt. Habe mir eine dicke Hornhaut auf Zehen, Sohlen und Knien angeschafft, bewege mich oft auf Knien vorwärts, in Paris einmal ein Mann, der sich auf Beinstummeln vorwärtsbewegte, der Schmerz fuhr mir ins Mark, ich muszte die Augen abwenden. Wenn ich mich niederwerfe, aufs Knie, oder vornüber die ganze Gestalt, auf den kalten Steinboden Zimmer, im Hochland mit leichtem Gewölk unterm Arm, überhaupt ist mein Zimmer mein Hochland, ich stochere da den ganzen Tag herum mit Wurzelfingern, zähneklappernd, hocke auf der Bettkante die halbe Nacht, das Feuerchen niedergebrannt. Lapislazuli Gewölk im Geäst meiner Wohnung, auch sepiafarbene Wunder, Rauchfahnen, Farngetümmel, das Heidekraut, das Adlerprofil in der Form der Berggrate wiederentdeckt (Magritte), die Sättel der Berge : schon sitze ich auf wo ihre blutige Taille ist. Und weitere Kongruenzen ich weisz nicht, ein Arm der mich nichts mehr lehrt, segmentierte Verletzlichkeit.

Meine Kometenschaft ich meine Verwandtenschaft regelte immer mein Geistesleben, meine Erinnerungen : man stiesz sonst einander an in den dunklen Straßen, damals VERDUNKELUNG, ich erinnere mich dunkel, die Leuchtplaketten im Krieg bei Nacht in den Straßen, am Rockaufschlag, am Mantelkragen, im Haar, so tummelten sie sich alle mit ihren kleinen gelbgrünen Scheinwerfern in den Kleidern, was mir Einbildung eintrug, etc. Unter Büschen ein Schatten, Wind- und Hundslöcher von struppigen Stürmen gerüt-

telt. Damals die lautlosen Sensationen : Gedankenlawinen losgetreten.
Das ist mir ein Vaterblick! : ein vages Gefühl, als sei ich schon wieder ertappt, als sei ich schon wieder bei einer Schandtat ertappt worden, als hätte ich die Strafe verdient, ja als hätte ich es verdient, bestraft worden zu sein, usw., und dabei habe ich die Predigt davon immer sehr ernst genommen, die Kerze ist abgebrannt hinter den amorphen Geistesgegenden. Von kapitaler Bedeutung scheint mir, ich fühle mich nicht mehr bei mir zu Hause, oder wie man es sonst bezeichnen will, manchmal möchte ich fort von hier, von dieser Erde, vermutlich unter die Erde, ins Moränenreich, wenngleich es mich schaudert davor, doch wohin sonst, die Erde ist ja zuguterletzt für uns alle bereit. Gestochen scharf, eingepflanzt was wurde mir alles eingepflanzt von Kindesbeinen an, auf das Schreibritual bin ich von selber verfallen –
jetzt tragen sie überall Oversize-Gilets, Steghosen, riesige Kufenbekleidung an Füßen und Händen, besonders wenn sie aufsteigen, zu mir, in meine Gipfelregion. In den Händen die ausgeblasenen Kerzenstümpfe, es windet hier oben, die Fenster zerborsten, Wildwuchs der Maultaschen, wenn die Herzen entgleisen.
Ich suchte die Unschuld in der Landschaft zurückzugewinnen, im Moosgrund die Menschenschatten, die mir während meines langen Lebens begegnet sind, deren Spuren ich aber verloren habe, durch irgend Fehlgriff oder -wort, oft mit gröszter Behutsamkeit bemühte ich mich, das Amusement der anderen nicht zu zerstören, flüchtete in die Dunkelheit. Ich habe an der Unsterblichkeit zeitweise gezweifelt, bin immer noch unsicher. So wie man sagt, so wie man den Hasen nimmt am Abend aus dem Regen und in den Stuhl in den Stall ins Zimmer : so das Telefon am schockfarbenen Kragen : orangefarbenen Balg um es, im Zimmer herumgehend, benutzen zu können, etc., die Welpen am Rückenfell, die Hühner an ihren Zehen – – alles Roheit.
Von Rotwild geschälte Stimme und Stämme, treuhändig weisz deklariert : zärtlicher Neuschnee, Böschung mit Rauhreifgerank. An einer Felswand viele Verhältnisse beim Ma-

len. Verwirrung beim Sprechen immer schon, eine Art von Amsel.
Nun ist das Jahr wieder jung, schreibe ich zum Schlusz in meinem Brief, alles nimmt seinen alten Lauf. Im Grunde verändert sich nichts oder doch sehr viel. Es ist wie mit dem Altwerden, erst spürt man nichts, dann ist plötzlich alles aus, viele Wunder …
Sacktuch, gegengepuffert. Wenn die Flamme aus der Leinwand schieszt : Vereinigungen des Disparaten – das Innerste aller Kunst.

Rainer und A'gnes

Rosenmontags getupftes
Fenster in weisz
A'gnes das Lamm so weisz
im Weiszen auch die Türen
sind eingeschneit –
ich höre sie schweigen
unratbar beide
das doppelte weisze Herz
möge es sprieszen

für Rainer und A'gnes Pretzell

»wir setzen uns mit Tränen nieder«

auf dem Schnee, angeweht gegen das Fenster,
weiszgraues Federchenknäuel beinahe-weisz auf weisz,
im Zwangstuhl sitzend / stehend im Nachbarzimmer
eingefrorener Gletscherhut meine verschwommenen
    Trachten
und lahmer Winter-   Zirpendes
darüber darunter Wasserfluten : was
unser Zustand ist

für Ernst Jandl

(»weinen, klagen«)

die Dorotheenstädtische die Dreifüsze Stadt P., Zeit flieszt dahin, ganz spurlos habe ich in P. einen Menschen gerettet der sich gerade aufgeben wollte, eine Wolke rosa Wahnsinnsgefühl ist geblieben sonst nichts, vielleicht am meisten zogen mich die Referenzen an, Fusznoten dieser Stadt, was sich da alles auftut, groszer Blutstropfen (handgenäht). Die Knospen platzen immer noch auf beim leichtesten Wind, ein langes Erschrecken, das Ohr geschärft durch die Stille, wie Wiesel die Wiese blieb übrig, die singende Säge aus einem Baum *von irgend Vogelgesinde*, bin vor allem mit einer Art Selbsterfindung beschäftigt, zwei weiche blonde Halbmonde über dem veilchenblauen Augenpaar, des Kindes hochgezogene Brauenmonde, abnehmend-zunehmend : es flog dann in den purpurnen Himmel davon, kann ich dem Unheil noch entgehen? meine Hände wie Zündholz, auf Draht diese Männer (so ein wunderschöner geschminkter junger Mann, voll Fransen), gelegentlich kämpfen Faktoren miteinander in P., das Kind und ich wir haben das Sterben versucht, der Versuch war schrecklicher als es die Wirklichkeit je wird sein können.
Bis dahin war Kindheit : als man den vorkommenden Tod noch nicht auf sich selbst beziehen konnte.

in den Höhlen in den Augenhöhlen

das wäszrige Blau, im wilden Abbruchgarten der Dornbusch damals Pfingsten 39, dasz er brannte sah ich vom Fenster.
Aus aller Welt, aus allen Himmeln stammend, eine grimmige Kopulation nämlich mit Worten, und die reine Absichtslosigkeit läszt die Potenz immer höher emporschnellen.
Sehr ähnliche Verläufe ganz ähnliche Verläufe : also ergriffenes (Liebes)Werk. Schmetternd Gewiszheit, an kaum ein einziges Ohr dringen zu können –

Raptus

weisz oder Winterzähnchen, die
Zeitlosigkeit ist entlaufen, ein
Blutstropfen im Schnee –
weisz getupft gegen die Scheiben
Flockenwatte, ein schneeweiszer
Christblumenstrausz dasz die Pupillen
verschwimmen in Entführung verschwimmen
auf der Theke des Teesalons, plötzlich
Besessenheit sehe ich einen
Kusz,
schneeweiszen Kusz, gereicht
durchs Gestöber : sie neigt sich ihm zu
er neigt sich ihr zu, hält dabei Lenkstange seines Rads,
einer mit rotem Schirm, mantellos, springt
durch das Bild, Schlangenchaos nimmt zu, Murmeleien im
Rabenwald

für Wendelin Schmidt-Dengler

am Gram eines Engels wird sich unsere Poesie entzünden (Gogol)

da stand mein Engel in der Menge, und als er mich erblickte, leuchtete sein Auge auf, ich sah meinen Engel und er schien traurig und seine fahlen leicht gewellten Haare fielen ihm in die Stirn – *mein schöner kaputter Engel mein schöner Engel.* Als ich ihn so traurig vor mir sah mit hängendem Kopf, ging ich zu ihm und berührte seine Wange, ich streichelte seine Wange mit meinem Atem und ich begann zu weinen, er stand inmitten der fremden Menschen und niemand beachtete ihn, unter den Faulbeerbäumen, und ich wunderte mich, denn es ging ein flammendes Licht von ihm aus, das voll Traurigkeit war, und er schlosz mich behutsam in seine Arme. Später, in seinem Wagen, als er geradeaus auf den Weg blickte, schaute ich ihn an und sah, es wölkten in seinem blaugrauen Auge so

tiefe Traurigkeit und Schwermut, dasz mir von neuem die Tränen kamen. Die Seele verbürgt den Atem, das Gedicht den Gedichtatem, die Seele dirigiert den Atem, der Atem verbürgt das Ghettogedicht.
Von der Anhöhe aus die Stadt plötzlich im sickernden Schein der Wintersonne, TALKESSEL, sagt mein Engel, KAPUTTER TALKESSEL. Dann sehe ich in einem Ladenfenster ein Paar gläserne Stiefel in Kindergröße mit Bleikügelchen gefüllt, der Himmel beichtete die wahnsinnigsten Farben, da war auch das Meer sehr dünn. Gnädig ist, wenn die Poesie beim richtigen Ärmel herausfährt, sage ich, voll Augen vorne und hinten, mein Engel ist wie die Faulbeerbäume in meiner Kindheit, *voll Augen vorne und hinten*, klug wie mit HONIGSLETTERN, und Versuch einer Anschmiegung.
Ich trat, zusammen mit meinem Engel an den Strand und er sagte, unsere Tage sind wie ein Schlaf und ein Sprosz, und er sagte, ich sah und siehe, eine berühmte Purpurstadt, und die auf dem Meer hantieren, und die auf der Erde hantieren, sind alle verloren, die Wellen verschlingen sie, die Zeitlosigkeit ist ihnen angebrochen, es ist ein obskures Buch, das jetzt wirklich wird. Aber es kommt noch schlimmer, sagt mein Engel und er nimmt meine Hand, und er hält meine Hand fest. Wir sind noch nicht ganz zerstört, wir sind noch nicht am tiefsten Punkt angelangt, das Vernichtungswerk ist noch nicht vollbracht, es kommen noch schrecklichere Abgründe, die sich auftun werden vor uns, sei gefaszt auf das schlimmste, wie bei Hiob die VOGEL VERFINSTERUNG, sagt mein Engel, es kommt noch viel schlimmer, erst wenn du ganz unten am Boden bist, erst wenn du ganz vernichtet bist, erst wenn du zusammengekrümmt in Schmerzen dich wälzt und nach Luft ringst, wirst du das Licht erkennen, das schmerzliche Glänzen, ich gehe dann zufusz, am Horizont, wir gehen dann zufusz, am Horizont, wir gehen zusammen. Die Sünde ist, wir haben alle das Nehmen verlernt, diese Flamme, in unseren Tränen getränkt. Eine hündische Sonne schleppt sich den Winterhimmel empor, ich weisz nicht mehr welcher Tag, ich weisz nicht mehr welcher Fusz.
Das ist alles ich schwöre es poetischer Wahnsinn. Die Vogel-

riesinnen hinterlassen überall ihre Fuszspuren im tiefen Schnee, sage ich, in den Schneewächten, es ist Winter und es geht um das nackte Leben. Die Sünde ist, auf durchaus flüchtige Weise durchkreuzen wir unser Überleben, sage ich, die Sünde ist, auf durchaus flüchtige Weise führen wir Gespräche mit jedermann, die Sünde ist, auf durchaus flüchtige Weise versuchen wir, uns gegen unreine Töne zu verschlieszen, gegen das Strichgewitter zu wehren, den Ausstosz gröblicher Rede. *Wie süsz sind verständliche Worte*, sage ich, andere anders. Und alle Inseln entfliehen, und keine Berge sind wiedergefunden. Und der Zorn des Lamms ist uns gewisz.
Von der Bettkante aus, wo ich sasz, sah ich schreckliche Mondbewegungen, ruckweise am Himmel, bis zur Gliedererstarrung, die Pole die Pole das Eis an den Polen schmilzt, träufelt, der Atlas läszt seine Bürde fallen, *die Arme sind clean* ja, reinlich und leer, wie die Augen und Ohren, leer nämlich leer getropft. Die Ozonlöcher wirken wie ein schrecklicher Sog auf die Körperhaut, das tropft sich schon los, jetzt steigt bald der Christus nieder, durch diese zwei Pol-Löcher steigt dann der doppelte Christus nieder, durch diese scheinbare Spiegelung ANTIPODEN.
Da setzte mein schöner Engel seinen rechten Fusz auf das Meer und seinen linken Fusz auf die Erde und sagte, die Vorstellung, oder die Angst der Vorstellung, wir seien bereits mitten in der Apokalypse, ist möglicherweise nichts anderes als ein Gedanke des Frevels.
Und da die sieben Donner geredet hatten, wollte ich schreiben.

im Gedenken an Hans Ulrich Minke

Herzaktionen im Merzbereich

Fingerabdrücke auf Korkeichengrund, Korkeichenadler mit Eisenzopf bewohnt unter dem Vorwand der Vergeszlichkeit eine mit Balken verstemmte verschweiszte Hemisphäre, oder ich sende dir Holz eucalyptus globulus, Blaugummibaum (Vanessa), dessen Rauch als ein Air von Wandelwelt aufsteigt, und den bläulich entrückten Adlerkopf, angekettet an diesen Eisenzopf, eulenhaft blickend, Ausschau haltend, in eine unheilkündende Ferne, während die Fluren ich meine die gelben Parkette DREIEINS durch den rosigen Schein der Frühe, während wir uns trollen über die Fluren trollen, der eulenäugige Vogel und ich, dieser ernsthaft blickende Vogel mit rosig-bläulichem Nackenschatten, einflügelig, Blut im Genick von der Morgenröte, wie er mich anschaut, durchschaut, und ich stehe vor dieser maszlosen Balkenwelt und kann nicht aus, komme nicht aus, komme ihm und der Welt nicht mehr aus, kann nicht entkommen, diese Erkenntnis aus einem Adlerblick, Wunder in einem Wunder, so etwa wird der Arm wieder fliegen, ja, der einarmige Adler wird wieder fliegen, wird mir entkommen, oder ich ihm, je nachdem, während ich mich zu jeder nur möglichen romantischen Sucht bekenne, ich trete auf die honiggelben Parkette, ich trete mit meinen Händen auf, sie hinterlassen schwärzliche Spuren, auf die Erde fiel die rasende Schönheit DREIEINS, der Träne der Erde entfiel die rasende Schönheit DREIEINS, der flammenden Träne der Sonne entfiel die rasende Schönheit DREIEINS, oft fliegt er ins Fenster ins Feuer, oft fliegt er ins Wasser des Ozeans, mit seinem einzigen Flügel, oft wird er mich wieder verlassen, jetzt hockt er global ich kann es nicht fassen, aber verspurt in die Hemisphäre, geritzt und gefasert, gestochen schwärenbedeckt, schwärzlich verzeichnet, verkratzt, darunter der Schluszpunkt in Kubusform, ich meine angekettet ist er an diesem Eisenzopf, mein Geliebter : eulenblickender Vogel, Einarm und -fittich, mondsüchtiger Knabenschatten was weisz ich, Quaste seines Gewandes : Rindengewächs (bräunlich geborsten) küsse ich ihn, Adler mit Zopf, Adlereule mit wissendem Blick, jetzt Sonnenuntergangsfarbe in seinem Genick, UNSCHULDUNG, zwischen den Balken der Welt, ich schreibe dir das mit dem Saft der Sepia, Sienabaumfarbe, Farbe der braunen Flecken aus Bovistpulver, Farbe der Löszwände an den Uferböschungen hier, welch rasendes welch berauschendes Doppelleben : ich habe mich in meinen Geliebten verwandelt, im Wäldchen hinter dem Haus ruft manchmal der Waldkauz, im Schatten des Abends.

für Franz Baumgartner

wie kommunizierende Gefäsze sagst du

das ist die Hölle sage ich, das ist
das Fegefeuer sagst du, spiegelst orange wie die Sonne
das ist die Hölle sagst du, das ist
das Fegefeuer sage ich, Hunde- und Autofriedhöfe entlang
wirkliches Blattmuster neu (Escher-Intarsien) an den Weg-
rändern in den Alleen, je nachdem sage ich, fortwährend
diese Signale aufleuchtend und verlöschend, Schmieröllache
auf dem Asphalt macht mich straucheln zerrt mein Gebein
    Stiefmütterchenauge
blaszviolettes Menschenauge im Rasenbeet : unbestechlich
    prüfend :
tiefes Blicken nickend und neigend den Kopf darüber die
erste Kirschbaumblüte des Jahres am Straszenrand, tief
in der Künette stehend, die Unterarme am Künettenrand ab-
    gestützt
mit blicklosen Augen den grünlich verstaubten Filz in die
    Stirn gerückt
stehen sie reglos
in der Perspektive der Amsel sage ich, reglos wartend am
    Grunde der Erde
sehe ich sie zwischen den Rädern des Lasters hindurch eben
    nur ihre Köpfe und Arme
in der Künette reglos in der Künette die Amsel
in der Künette die Amsel tot
auf einer Wange liegend, rechtsseitig
wie ich selbst liege beim Schlafen
gebleichte Eierschalen : Gloriole um Vogelkopf
vollkommene Destruktion sagst du, alte zwergwüchsige
    Frau mit Lodenmantel

und Stock humpelt vorüber, dann, Rücken gegen Hauswand
hockt sie sich nieder
kniet auf dem Gehsteig vor einem unsichtbaren
Altar was den besagten Kopf betrifft, Farbe
Stühle Wasser ein Hund ich sitze am Fenster mein dunkler
zerschlissener
Rock während die starrenden
Sterne während der starrende
Vollmond während alle Gestirne auf einmal in deiner Person –

in Küssen schwelgend schwelgend in Küssen

déjà-vu

ein déjà-vu gehabt sagst du, die Taube zur Amsel
gemacht sage ich, ja sie lagen in der Künette
eng umschlungen ein Liebespaar und spiegelten
den Himmel in ihren Augen in ihren toten aufgerissenen
Augen spiegelten sie den Himmel undsoweiter, ja sagst du,
sie
sollen mir sagen die Mediziner sollen mir endlich sagen
was ich jetzt tun soll mich erhängen oder was und wie lange
wird
dieser Zustand noch dauern etcetera, die schrägen Ebenen
sage ich, das
Jagen nach Publikumsgunst muß aufhören, die blutige
Japansonne
Kaftan darüber schwarz, das mit Tränen gewaschene
Antlitz
dein tachistisches Zimmer sagst du, zur Zeit, oder könnte
man da vielleicht
doch *etwas Gegenständliches* im Verputz der Wände
entdecken z. B. Pferdekopf
wiehernd Pferdemaul Trense Don Quichotte zum Skelett
gemagert oder
Picassogesicht : OP Schwester : die mit wenigen Strichen
hingeworfenen Züge, darüber das grünliche Häubchen

der wasserhell schwimmende Blick die göttliche Lidfalte, keine
Trennung mehr zwischen Eigenschaften, Geschlechtern –
und der staubverkrustete Fuszboden wird nicht mehr gewaschen sondern
beiläufig mit Milch begossen und Mehl bestreut das ganze dann
in der Zimmerecke verscharrt
eine kleine Weinbergschnecke vom Stuhlbein gelöst der Würgeengel
im rechten Fenster, das artet ja gleich aus zur Hagiographie sagst du,
du bist mir ein Wunder

»wir fressen einander aus der Hand« (Marcel Beyer)

in meinem Asyl der Schifferboden russisches Licht
eine Matrone unbeweglich im Rollstuhl
die Kontinuität dieser Erscheinungsform ist aufgehoben sage ich
Verwahrlosung nimmt zu Sehkraft Gedächtniskraft sind im Versiegen
nur nicht zu affirmativ sage ich der Zimmermann mit dem zahnlosen Kiefer
lächelt mich an Lockenkringel Werg Hanfperücke und Flachs
zwischen Schwelle und Eingangstür geklemmt die Perücke
flachsfarben zermalmt und zersaust sage ich Bitterkraut
die heisze Unterseite des Teekessels plättet ein kreisrundes Siegel
auf die bräunliche Bettdecke am Fußende des Bettes das mir
als Anrichte dient mongolische Ahnenreihe dein bewegliches Alter
der Wurzel des Ölbaumes ähnlich sagt er immer schon gewuszt
dasz es etwas wie eine seelische Ausdehnung gibt sagt er

am Wandhaken baumelnd drei alte Badeschwämme ihre
Formen erinnern
an Dalígemälde Hut- und Kopfweide mein Gesicht
desolates Spiegelbild sage ich eine weite Wasserlache
zeichnet dunkel
eine Amphore nach auf dem Pflaster die Wege wachsen jetzt
zu sage ich
mit vergifteter Iris mit dem weiszen und violetten Baldachin
des
vergifteten Flieders der pflaumenblauen Herrlichkeit des
Gewitterhimmels
: mein Schulterblatt mein desolates Gesicht wagt den Blick in
den Spiegel nicht mehr
Haut- und Kopfweide sage ich wir fressen einander aus der
Hand er
stülpt mir diese Beeren in den Mund stopft mir den Mund
mit diesen
vergifteten Beeren wie ein Tier ich nehme mit meiner Zunge
die Beeren von seiner rosigen Handfläche auf die dunklen
Beeren von seiner rosigen Handfläche die er
ausgestreckt mir entgegenhält wie man Futter reicht die
dampfenden Nüstern das gebleichte Pferdegebisz undso-
weiter
ganz ausgestreckt Haut- und Kopfweide *Heils-
einflüsterungen*
sage ich in abgeblaszter Bedeutung Glissandoeffekte
schlage die Tasten schlage die Finger wund
im Regen verknotet sich wieder alles mit allem
auch *provisorisch gedacht* in dieser Stube an diesem Ort mein
Hirnwelken mein Parlieren in einer solchen Betäubung
weggezogen der Boden unter den Füßen versinke
in Schlüsselblumen

ohne Miszhellung mit unbegreiflicher Strange (Geflecht): (Oswald von Wolkenstein)

ohne Miszhellung mit unbegreiflicher Strange (Geflecht) geht der beständige Fusz den Wäldern und Triften nach, den Feldern, selbst Meeren, welche im sanften Widerspiel des Purpurs dem Auge sich darbieten. Pulse, Fibern und Adern dieser Blumen im Erdstrich, Estrich, Erdboden der Natur zu lesen wie in einem Buche, Luft, Welt und Himmel und alle natürlichen Zweige, also das Weltall und dessen Teile, zu lesen also in einem Buch der Natur, zu lesen in solcher Naturanstalt, im Strömen der Stämme (die Schäfte rot), zu lesen als ihr ergriffener Naturdenker, -diener, mit der Natur des Gesichts, zu lesen in dieser Naturkunst, in dieser Naturgestalt, in dieser Naturmaschine, in dieser Naturwirklichkeit, in dieser Naturwerkstatt – und was aus solchem Naturlicht von oben schwelgend und schwingend schwebt, was da von oben im Halboval des Baldachins schwebt und schwingt, was da von oben schwingt wie ein Vogel, ganz oben im Baldachin, im Halboval der Kuppellaterne, nämlich vollkommen reglos : die aufgefaltete Taube, vom Aufgang der Sonne bis zum Untergang, in ihrem heiligen Schmuck : also schwebte die Taube, blauer Vogel, und grüner Vogel, und purpurfarbener Vogel, zu unseren Häupten, über unseren Scheitel, im Halboval der Kuppellaterne, im Baldachin der Natur, grün, purpurrot, blau. Dann erschien das deutliche Nachbild, der rote Hintergrund erschien im Nachbild grün, während der grüne Vorgrund in Rosatönen erglühte : was grün war, ist rot jetzt, in dieser Welt unter Brennesseln, aber die Taube schwebt nicht herab, nein, sie *kniet* da oben im Zenit ihres Halbovals, welches sich weder in grüner noch in roter noch in blauer Farbe darbietet, reglos kreist der Vogel jetzt in der Kuppellaterne, aber kommt nicht hernieder, schwebt nicht herab, läszt sich nicht nieder, kreist reglos, Geschenk der Sonne, Spiegel des Augs : Lilien, Oleander, von goldenen Fäden durchwirkt, abermals zwischen gebündelten Schatten. Da hängen Tücher von verblichenem Blau ins krumme Fleckengebirge, ein Lindengarten so wild besänftigt : traurig wie eine Äolsharfe, Nähe, Wald, *von Naturen.*

für Max Weiler

dolce vita

Trost fand sie dann keinen mehr, sie konnte das Wasser nicht halten. Trost fand sie dann keinen mehr, bis der Arzt ihr die Spritze gab. Trost fand sie dann keinen mehr, sie lehnte gegen die Ladentür. Die blauen Augen handgemalt, das Fieberbild ständig vor Augen, visierte die gegenüberliegende Straszenseite an, (»Milieu war auch Handarbeit«) : Handarbeitengeschäft, mit vorgedruckten Stickereideckchen im Schaufenster. Visierte den Himmel an, irgendetwas war da immer zu sehen. Aber sie war in ihrer Lebenslust dann gebrochen, ihre Augen ein Bettel-, ein Myrrhenfeld. Die in einen Traum hineinblickenden Augen, halboffenen blaszrosa Lippen. Dann ist die blaue Schatulle das Herz auf dem Tisch, sie hält die Arme auf, ich fliege in ihre Arme, in eine Vertrautheit von ihr, die Erinnerung unter dem Fusz, das ganze getroste Spektrum : *etwas von drüben*, nicht zu ergründen. Mit der Rettung mit tausend Küssen, tausend Küsse und Firmament. Trost fand sie dann keinen mehr, sie konnte das Wasser nicht halten. Das Kino, die Konditorei, sie lehnte gegen die Ladentür, blinzelte in die Sonne. Trost fand sie dann keinen mehr, die Kissen ohne Bezüge, das Federbett ohne Laken, Trost fand sie dann keinen mehr. Sie schrie dann nicht, sie schrie dann nicht mehr, stöhnte nur noch, wälzte sich in Schmerzen, blickte zur Pendeluhr an der Wand gegenüber, wartete sie noch auf etwas, auf jemand? Trost fand sie dann keinen mehr, sie hatte so gerne gelebt, Kino und Konditorei, Grammophonkunst, Jade und wildes Glück. Sie hatte das Enkelkind so geliebt, mich, das Enkelkind ist ihr ein Trost, sie liebt das Enkelkind, mich, stellt es im Februarwinter 27 auf eine Parkbank, Rubenspark, läßt

sich mit ihm fotografieren : offener Pelzkragen, heiszblütig, fülliges Dekolleté usw., hält die weisze Kinderhand in der ihren, behutsam, die weisze Kinderhand (Porzellan), auf einer vergröszerten Photographie, die weisze Kinderhand (Porzellan) ein wenig hochgezogen, an sich gezogen, an ihre linke Brust. Diese ergreifende Herzbewegung : Haltung : Still-Haltung, auf das Photo gebannt, für immer, der ausgeschlagene Fellkragen, das füllige Dekolleté, die schöne Großmutter, lächelnd. Weisze Wallfahrten, grünendes Alphabet. Ich war nicht dabei als sie starb, ich habe keine Erinnerung bewahrt an das Begräbnis, vielleicht war ich ausgespart. An der Hand der Mutter wenige Tage danach, in der Strasze eine Frau kommt auf uns zu und fragt wie es ihr gehe. Jetzt geht es ihr gut, sagt meine Mutter, jetzt ist sie getröstet. Fand keinen Sinn darin, damals, prägte mir alles ein, über die Jahrzehnte hinweg. Sie verfaulte dann bei lebendigem Leib, auf der Pritsche, das Wasser war wirklich abgestiegen. Wir haben kein Geld mehr, Existenzminimum. Wir haben kein Geld mehr für das Begräbnis, wir müssen Geld leihen für das Begräbnis. Die Familie ging dann zu Bruch, Laden und Landhaus, die Wahrheitssekunde, nächtliche Reise im Tragsessel, schrecklich starrend zur Seite, Mondverklärung, ich komme aus den Ruinen. Ich folge ihr nach, ich gehe schon lange in ihrer Spur, ich gehe in ihrer Spur, *die zarte Strasze von Biscaya*. Ich erinnere nicht, ob sie fromm war, aber Trost fand sie keinen mehr, bis der Arzt ihr die Spritze gab, sie sollte nicht länger leiden, darüber war die Familie einig, endlich, zuletzt. Ich war nicht bei ihr als sie starb, ich weisz nicht, ob ich weinte, als ich erfuhr, dasz sie starb, ihre dünne Hand auf der schmutzigen Decke, sie verweste bei lebendigem Fleisch, das stank und faulte, sickerte in den Boden, *lassen wir das*.
Des Himmels Wollust nämlich die Hand, ihre Hand, auf der Bettdecke, jederzeit auf der Lesbarkeit, ich weisz nicht mehr, wie lange das schon so geht in meiner Grundsprache, bis zu den hingehauchten durchsichtigen Himmelslandschaften. *Du erinnerst dich, der Jasmin.*

Figuren einer Belebung

da fliegen die Ohren nach, oder nach hinten,
der kleine Terrier isabellenfarben, an seiner
Leine und gegen die stürmische Bö, während
die Greisin des Hündchens Greisin, isabellenfarbenes
Fell (des Hündchens) Fata Morgana –   nämlich
die Leine gezurrt, und hinter dem Fell gezappelt, ihm nach,
leere Beine, sechsmal, *Episodenwetter*, die
Wälder bei Wien Papierflut oder der Wind
im Gefieder der Amsel

wenn ich hinter dem Haus gehe und wühle

nein / ich war damals
Hunger Kälte Bomberschwärme und Fatalismus

ja / ich bin jetzt
erstickte Hybris gemiedene Lüge genährter Zorn
vermeintliche Liebe
(Tiradengebüsch)

für Peter Pessl

Karamelrose

als würde der Wald
widerzuspiegeln wünschen meine Gestalt
zog er den Blick mir ans seitliche
Heckengestrüpp, der Feinsinn
eines Genies oder ziegler
in Lumpen (Vogelkronen)
zu geschwärmtem Ruf
zwischen Stecklingen Streckwänden Eulen

ein ganz kleiner Busz-Engel usw.
beliebiger Mensch
einschlieszlich weiszem Hügelgebiet, -gebet

für Georg Kierdorf-Traut

Ultraschall

einhaken Traum
bei Süszgesundheit
Gemütsverschattung (Genital-)
das Menschenknacken
und zeigt auf Armbanduhr, im Supermarkt, auf
ihre Armbanduhr, wischt dann den Ärmel hoch und zeigt auf
ihrer Armbanduhr die Zeit dem vor ihr Wartenden
so aufgerauht die Seele von der Reise
der unberechenbare Mensch
das alte Paar mit Einkaufswägelchen
so nebeneinander gehend, *luchsend*
und lachend so ganz geschwisterlich
wie einst mit Kinderwagen (Doppelkind)
wie einst mit Kinderwagen
flanierend die Allee hinunter, in
jungen Tagen mit dem Doppelkind dies
Herz- und Eingeweid die blasse
Peristaltik : ich habe alles auf dem Monitor gesehen, ich habe
mein Innerstes gesehen, in meinem
pausenlosen Innenkörper

die windböige Frau, etc.

aus Wiesenfetzchen
die girrenden Pantalons
das Taubenvolk fällt
in die Rosengebüsche ein

Junimorgen am offenen Fenster

von Blumenfeldern umfächelt die Stirn im westlichen Windhauch
ein weiszes Schiff einen Augenblick lang steht still auf der blauen Anhöhe
am Horizont. Es riecht nach Regen Badestrand frischem Brot, *Flora von Deutschland* :
durch ihren Hauch und Anblasen. Dasz in Tränen ich sah den Tiger im Engel
der himmlischen Lüster, bis lahm wurden die Augendeckel
im vergewitterten Gesicht, im gesammelten Weltkreis (des Wirbels Wehen)
das blinde Kükenauge mir aus dem Spiegel entgegenstarrt –
solch anachronistisches Tableau –
es scheint mit Herrlichkeit zu säumen das Jahr.

Mutter, dreiundachtzig, Krankenhaus

der Ginkgobaum im offenen Fenster
des Krankenhauszimmers
breitet die Arme aus
ist das ein Ginkgobaum, sagt sie
da kannst du wieder schreiben darüber
die geistliche Schwester
tritt an ihr Bett und sagt
wollen Sie morgen beichten und kommunizieren
und hält ihre Hand
ich sage sie hat keine Sünde, niemals
die weiszbestrumpften
Finken im Laub

der 1. September 1989

jetzt ich bin aufgewacht, *im Morgengrauen des 1.September*, so als wärest du aufgewacht, sage ich mir. Das geschieht, ich hatte das Gesicht dieses Tages vor fünfzig Jahren aus den Augen verloren. Ich bin nicht imstande, mir diesen Tag vorzustellen, diesen Tag zu rekonstruieren. Ich kann nichts mehr heraufbeschwören von jenem 1. September 1939, an dem ich vierzehn und ein halbes Jahr alt war. Wie hatte ich reagiert, was hatte ich begriffen von dieser Ungeheuerlichkeit, was hatte ich an diesem Morgen getan, bin ich aufgestanden wie sonst, zur Schule gegangen? hatte ich, ehe ich zur Schule ging, mit meinen Eltern über dieses Geschehen gesprochen? wurden wir in der Schule über den Stand der Dinge aufgeklärt? waren meine Eltern, meine Lehrer, meine Klassenkameradinnen, war ich von Gefühlen bewegt?
Ein Vibrieren in den Ohren wie vor dem Einschlafen, der Abdruck der farbbandgeschwärzten Höhenschichtlinien meines rechten Daumens auf einem weiszen Notizblatt, ein Konfettiregen auf dem Küchenboden : ein umgestoszenes Schüsselchen Kandisin.
Jetzt ich taumle durch die Wohnung, stolpere über die am Vorabend aufgerissenen Koffer, aus welchen Schuhzeug, Kleider, Wäsche, Papier quillt.
Eine Fliege auf Rädern, ich schütte Steinchen aus den Tennisschuhen, noch von den ländlichen Wegen in P., ein kleiner Stein fällt aus dem Schuh, ich hebe ihn auf, betrachte seine winzigen Zacken.
In der Phantasie ist nichts unmöglich, sie bringt den gröszten aller Schmerzen zum Schweigen, usw.
Jetzt ich spüre Brandgeruch, Hitze, finde die Tassen auf den Radiatoren ausgetrocknet, zum Teil angebrannt, den Thermostat angeschaltet, rosa und strohgelbes Licht auf der Hausfront von gegenüber, über die Hausfront ausgegossen, was für ein Morgen.
Jetzt ich habe mich wieder ins Bett gelegt, ich notiere, auf meinen linken Arm gestützt. 6 Uhr 50, in sieben Minuten schalte ich die MORGENBETRACHTUNG an. Wenn ich vom

Bett aus umherblicke, schreckt mich das hier herrschende Chaos, diese auf dem Boden verstreuten Wäschestücke, Papierfetzen, Zeitungen, Briefe. Den Urlaub habe ich auch nur deshalb abgebrochen, sage ich mir, damit ich dieses Projekt ausführen kann, ich kann ja nur zuhause arbeiten. (»Das Paradies der Gewitter bricht zusammen«)
8 Uhr 25, ich stütze mich, immer noch liegend, links auf und setze meine Notizen fort. Ich empfinde eine wohltuende Leere und Stille, ich höre die Radiomeldungen, eine Analyse des 1. September 1939, ich erinnere nichts, die Jahre vorher und nachher zum gröszten Teil aus meinem Gedächtnis getilgt. Hatte ich damals noch nicht, oder nicht mehr, existiert? was hatte ich damals im Kopf gehabt, in welche privaten Schutzzonen hatte ich mich zurückgezogen?
Jetzt ich schalte den Plattenspieler an, die aufgelegte Platte, Domenico Scarlatti, Sonaten, staubbedeckt, ich hatte die Platte ungeschützt gelassen, als ich vor drei Wochen wegfuhr, die Nadel schiebt die Staubklümpchen vor sich her, der Ton ist verzerrt.
Wenn man durch den kleinen Kirschbaum blickt, sieht man die Donau.
Jetzt ich habe gefrühstückt, 8 Uhr 40, stehe im Schlafanzug vor dem weiszen ovalen Art-Deco-Tischchen und notiere, fühle mich allein, weisz nicht, ob mit angenehmen oder unangenehmen Empfindungen begleitet, die beiden Koffer immer noch, wie erbrochen, im Vorraum.
Im Hoftrakt sind Gerüste aufgestellt worden, das Nebenhaus wird geputzt, schreiende Männer auf den Gerüsten, die Fenster mit Plastikfolien dichtgemacht. Jetzt ich lasse Gas in der Küche brennen, weil es kalt ist, ich könnte auch die Heizung anschalten, sage ich mir. Ich schlucke eine Tablette Trasicor 40 mg und zerkaue vorsichtig ein Dragee Rovigon, Restzähne locker.
Ich werde voraussichtlich heute nicht aus dem Haus gehen, der Himmel blau und kalt, ich bin erregt, wahrscheinlich Scarlatti. Die Männer auf den Gerüsten winken zu mir herüber, ich fühle mich bedrängt, habe das Bedürfnis, Vorhänge zuzuziehen, besitze keine, schliesze die Verbindungstüren,

das Badezimmerlicht spiegelt grell auf der Türschnalle der Toilettentür, jetzt plätschert die Musik nur noch so dahin, nicht akzeptabel, sage ich mir, sollte mich waschen und anziehen, *Sprechlunge*, Sperlinge sitzen auf einer Hecke.
Ich kann mich an nichts erinnern, aus diesen Wohnungen flieszt Blut, es ist ein Schlachthaus (Wasserquartier).
9 Uhr, es ist plötzlich still auf den Gerüsten, die Männer machen vermutlich Frühstückspause, ich lasse heiszes Wasser über meine Haut laufen. Ich nehme Nachhilfeunterricht in Zeitgeschichte und lese die Leitartikel der Zeitungen, irgendwie nehme ich besonderen Anteil an diesem Tag, möglicherweise nur wegen dieser Auftragsarbeit, auf die ich mich eingelassen habe. Wäre sonst wohl darüber hinweggegangen wie über andere Jahrestage auch.
Frottier- und Fittichgesellschaft.
Jetzt ich öffne das Fenster einen Spalt, Sonne trifft schmerzhaft ins rechte Auge, ich habe noch zwei und eine halbe Flasche Mineralwasser, Brot, Margarine genügend, Käse im Eiskasten, Kaffee, Tubenmilch, ein Rest Kandisin vorhanden, muß also heute nicht unbedingt die Wohnung verlassen. Schütte kochendes Wasser in die Waschmuschel, die verstopft ist. Wasser rinnt nicht ab, Stau auf allen Linien, sage ich mir. Die geöffneten Koffer im Vorraum, kann nur mit einem weiten Sprung über sie hinweg.
Habe Blutdruck gemessen, fühle mich plötzlich in meiner Höhle ganz geborgen und angeregt, musz nach den Aufzeichnungen suchen, die ich in P. gemacht habe als Vorbereitung auf dieses Projekt. Die vergangenen Tage in ständiger Unruhe, beinahe Angst vor diesem Tag, nämlich davor, ein Protokoll dieses Tages schreiben zu sollen. (Da haben in P. so nach 8 in der Senke immer die Fledermäuse über den Kopf hinweggewischt, was mir Angst machte, also Kopftuch fest um den Kopf gebunden und rasch durch die Dunkelheit heim.)
Jetzt zweiter Anruf des heutigen Morgens, meine ganz selige Mutter (sie lebt! sie lebt!) sagt, ich weisz, dasz du zuhause jetzt glücklich bist, glücklicher als hier in P. in diesen drei Wochen.. (wenn ich über die grosze Nähe zu ihr nachdenke, über die Ähnlichkeit zwischen ihr und mir, spüre ich gleich-

zeitig etwas Unverstehbares darin, etwas vom Miszgeschick des wahren Glücks, das jederzeit auch zum wahren Unglück werden kann.)

Dritter Anruf : Lübeck will wissen, aus welchen Büchern ich lesen werde, ein welkes Blatt ist aus einem eben geöffneten Brief gefallen, die Nagelschere ist ausgeleiert, greift nicht mehr, ich sitze gewaschen, angekleidet an meinem Art-Deco-Tischchen, der Lidstrich am rechten Auge mißlungen.

Scarlatti verklungen, ich bin der glücklichste Mensch, ich bin nicht eingekerkert, kann mich überall hin bewegen, bessere Voraussetzungen als heute vor fünfzig Jahren, sage ich mir. Ich frage meine Mutter am Telefon, ob sie sich an diesen Morgen des 1. September 1939 erinnern kann, sie sagt, die Leute sammelten sich in kleinen Gruppen auf der Straße, schweigend, es war wie eine allgemeine Erstarrung und Trauer.

Lauwarme Wellen aus dem Küchenraum, ich lasse Gas brennen, das Auszenthermometer zeigt 17 Grad, ich friere.

Jetzt ich habe Rouge aufgetragen, ich warte auf den Anruf von Ernst Jandl, ich habe in P. etwas abgenommen, jetzt 10 Uhr 20 Fensteröffnen, ein Spritzwagen muß vorübergefahren sein, Fahrbahn nasz-dunkel.

Jetzt ich leere den ersten Koffer, werde später Äpfel und Milch holen. Die Haare wachsen, waschen, die Banknoten lose in der Einkaufstasche verstaut. Ich laufe zum Supermarkt gegenüber. Im Supermarkt *arte povera* : alte weiszhaarige Frau mit schwarzem Piktogramm : drei Blindenpunkte auf gelben Oberarm gemalt. Abstoszende Häszlichkeit einer hochschwangeren Frau, neben ihr Mann in Zwillichanzug.

12 Uhr zweiter Koffer geleert. *Das Gefühl ist aufmerksamer als das Auge*. Gegen 13 Uhr aufkommende Magenschmerzen, Stimmung sinkt, hauche in die hohle Hand, nehme Mundgeruch wahr, fahre mit der Straszenbahn zur Innenstadt, um Ernst Jandl im Fischlokal NORDSEE zu treffen, spüre das Abnehmen der Kräfte. Hinter den Scheiben des Waggons ist die Sonne angenehm warm, eine blinde Frau, der

ich beim Aussteigen behilflich sein will, lehnt meine Hilfe ab. Im Selbstbedienungslokal langes Anstellen, Magenkrämpfe beim Anblick der Speisen. Habe Ilse Aichingers Radiosendung »Der erste September 1939« versäumt, weil unterwegs in der Innenstadt, je älter man wird, desto enger werden die Pfade, das ist doch sozusagen eine Lieblingsbeschäftigung dieses Schreiben, nicht wahr, sage ich zu Ernst Jandl. Gegenseitiges telefonisches Abmelden : bin jetzt für kurze Zeit auszer Haus, usw.
Kleine Wäsche gewaschen, über der Badewanne aufgehängt, ich verstehe das überhaupt nicht, dasz man nicht ewig lebt, sage ich, da gibt es immer diese Gerichte. Vernichtungen. Ich bin schon oft vernichtet, getötet worden.
18 Uhr der Radiosprecher meldet, zahlreiche Flüchtlinge aus der DDR treffen in Österreich ein, die Sonde Voyager fliegt in 4800 km Entfernung am Neptun vorbei und liefert sensationelle Bilder zur Erde.
Jetzt bei offenem Fenster ich sitze in der Sonne, notiere weiter an meinem alten wackligen Art-Deco-Tischchen, das bei jeder Bewegung der schreibenden Hand nachgibt. Der Tischkalender wurde seit dem 13. August, dem Aufbruchsdatum nach P., nicht mehr umgeblättert.
Jetzt die morgendliche Erregung ist einem leichten Müdigkeitsgefühl gewichen, ich blicke aus dem Fenster meiner Wohnung im dritten Stock, eine Frau geht unten vorüber, sie trägt viele Wunden auf dem Kopf, die wilden Felder plötzlich in der Erinnerung an die vergangenen drei Wochen auf dem Land, *eine Fliege auf Rädern.*
19 Uhr 30 Henry Kissinger spricht im Fernsehen über den zweiten Weltkrieg. Jetzt die Chronologie löst sich auf in nächtliche Tränen und Träume, nicht mehr verfolgbar weil gänzlich verhüllt.
Und wie die Jahre nicht zählen, rufe ich, zerrüttete Kopfmaschine.

von Malerei

und ausgesweetet (»verblendet gegen jede
weibliche Luna«, Jean Paul) und tunket ein sein schönes
Wellenhaupt den teueren Mohrenschopf in meinen
Nacken, als die Bartstoppel mich umarmten, wärmste
Bewaldung oder Umhalsung von hinter meinem Rücken her
das aufgeschlagene Buch mir vors Auge haltend, mit rund-
herum
beiden Armen umhüllenden Armen umschlingenden
Armen, dasz
ich verflochten war ganz verschlungen nämlich
ein Bergfried auch überwaschen in den Antlantik, Phantasie
einer Liebe

für Otto Breicha

für Ernst Jandl

ich hänge jetzt an der Flasche sagt er
rufe dich an wenn die Infusion vorüber ist sagt er
Sie werden nur grüne Tücher sehen und vermummte
Gestalten sagt der Chirurg
ich flüchte in die Spitalskapelle die Hostie
der Psychopharmaka unter der Zunge.
Ein Häufchen Blume ein Häufchen Schnee, der Tod sage ich
diese vertrackte Haarnadelkurve eine Frivolität eine
Verdammung sage ich
ich bin schon nicht mehr bei Sinnen, schwimme
in seinen Augen ein angelfüchsischer Traum
vom Himmel auf die gesprenkelte Erde herab sehe ich
die Haare waren Spinnweben plötzlich in seinem
Nacken über welchem das Hemd offenstand lange verblaszte
Haare in seinem Nacken ich schlang eines um meine Finger
zärtliche Wickel des Lichts nämlich auch Niederflur
oder die anderswo weiszen Veilchen.

Sun Dancers / für Peter Pessl

Regen über ihre Gesichter schreibst du
schwarzer Regen Schlammregen vielleicht
über ihre Gesichter gegossen
Schlammsträhnen vielleicht schreibst du
Schlammregen über ihre Gesichter ihre Brust ihre Arme
ihren Rücken gegossen
schwarzer streifiger Regen mit Tüchern
Falten und Fahnen den Unterleib
bedeckt die Fransen
bedecken die bloszen Füsze Gesichtsverfall
das lange Haar das geschwärzte Haar
eingewachsen in ihre Brustmuskel schreibst du
in Kringeln vielleicht
eingehakt in den Schlamm
in den Schlammregen auf ihrer Brust auf ihren Schultern
Maskenhärchen schwarz wie ein Komma
unter dem linken Auge welches
die Sonne verpfändet

mit Lilienblut

wie grausam dies Lampenlicht
bei anhebendem Julimorgen
vier Uhr früh
wenn drauszen der rosa Schein
im Fensterausschnitt
aber rumorend im Unterstand
(Doppellicht) wie das Auge zögert
statt mitgerissen der auffahrenden
zum Himmel aufgefahrenen Schlaflosigkeit
zu widerstehen
ein Balken gegen das Morgenlicht
nämlich das Kissen aufgerichtet
gegen das eindringende Morgenlicht
wohlige Dämmerung zu erzeugen in

leuchtender Julifrühe
oder das Haar vors Gesicht gezogen gestreift
Schirmmütze aus Haaren oder die Hand
wie die Hand das Auge zu schützen sucht
liegend mit weiszen künstlichen Zungen und
ziemlich Unschuld glänzender Tag
ohne dasz mir Hände und Füsze zerrissen waren
vom düstern Gesträuch wenn
der grosze Vogel
mir geradewegs an den Scheitel fliegt undsoweiter
im Kielwasser nämlich der Luft
ein langsames Lilienziehen

Verfielfältigungen eines Gefühls

dieser Morgen vollkommen lautlos
vollkommen stumm nur die schweren rollenden
Wagen von Zeit zu Zeit in der Strasze
unantastbar beinahe Himmelreich
und das ist nur die Wirklichkeit
aber das ist nur die Wirklichkeit
nein das ist nur in Wirklichkeit
nur das Echo vielleicht einer Lektüre
(Andrea Zanzotto)
vielleicht der Widerschein eines roten
Unterhöschens auf dem Fußboden in meiner Schlafkammer usw.
vom düstern Gebrauch einer Sprache geweckt
an einem solchen blauen Julimorgen
eiskalten Julimorgen während
die Scheiben klirren von schweren rollenden
Wagen welche von Zeit zu Zeit durch die Strasze
und mit roter Farbe *Fetzen von Zeit* also
RAGTIME und auf dem Fußboden während
die Angst die Angst vor dem Sterben
sich wieder meldet auf welche
drei Blumengestelle ein Hühnerstall meine ganze Örtlichkeit

sich berufen
blaugewaschen von Morgenhimmel
die Hand meine Hand meine Stirn
dieser Morgenhimmel der unaufhaltsam eindringt
durch die geöffneten kalten Fenster
wie Wasser und Morgenmond *(»und pischend..«)*
habe vielmehr angestarrt noch im Bette liegend
die schwarze Pullmannkappe wie ich sie gestern gestülpt
beim Nachhausekommen über die Schultertasche
wo sie jetzt liegt leicht abgewinkelt
ein lebendiges Stück Schimpansenohr
zu beiden Seiten des Reiszverschlusses
oder wie Pfropfen elektrische Stimmen
habe unwillig dann zur Nadel gegriffen
und mich den Schreckensberichten aus dem Äther
verweigert plötzlich
einfallend die Erinnerung an die Namen der beiden
Mieterinnen im Landhaus –
ich sehe sie noch vor mir und welche vor mehr als fünfzig
    Jahren
gestorben sein müssen
und dasz Vater sagte BUTTER HEILT ALLE WUNDEN
und ich mich schämte wenn fremde Hunde
schnüffelten an meinen Beinen
hochschnüffelten zwischen den Beinen
und die Fleischfliege um den Abfallkorb sauste
in der Küche und ich sie jagte mit einer Fliegenklappe
und ich gänzlich *ohne Zivilcourage* selbst jenen
welche mir Böses wollten
das Wort redete also
schreibender Amor sage ich
seine verschimmelte Denkerstirn

etwas Kinder / oder / mehr ist nicht zu sagen / oder Versuch Inger Christensen und Andrea Zanzotto miteinander verknüpfend

Halbseide von Amsel halbseidene Amsel
und mit LAKOSTE im Arm weiches Bindegewebe
rosafarben der Küchenboden vielleicht
Spiegelung einer Himmelsfarbe
Herzkirschen auf einem Teller
der auf der Anrichte steht oder auf einem der leeren Töpfe
weil die Anrichte vollgeräumt ist
und Knistern Tropfgeräusche Haar-Urwald
einzelne Haare klebend an den Handinnenflächen
im Waschbecken zwischen den Brüsten an den Fuszsohlen
im Innern eines Pantoffels
und wie Stelzen die Beine dürr und nackt
und der linke Daumen mit dem eingezogenen
Dorn oder Schiefer am Morgen schmerzt
das Spucken das Rülpsen das Masturbieren
die Sprüche oder Maximen am Morgen
oder daß man in der Unterführung (in den Verliesen)
wo man vor dem Regen geschützt ist
nicht weisz was man nun mit dem aufgespannten Schirm tun
soll
ob man ihn abspannen soll oder wie ein
Sonnenrad vor sich her drehen soll
(Päderast oder Kampfbonbon)
oder dasz der bläuliche Leib einer Fliege
sich im gleichen Zeitmasz mit den gegen das Heckfenster
des Straszenbahnwagens flieszenden Regentropfen
abwärts bewegt und man ihre durchsichtige Unterseite
erblicken kann ehe sie abhebt
(getrocknete Mutter)
und ein Mädchenlachen im Hintergrund
des Straszenbahnwagens Beethovens Schicksalssymphonie
intoniert
und man die Uhrzeit abzulesen versucht

indem man geistesabwesend auf den Kalender blickt
oder verschiedene Hügelbewegungen / Wandergitarre
oder die blutige Arztmanschette im Fenster

instant theatre / oder Kutscher im Nebellicht im Dämmer verschwindend

die Büsche die Farben hart an einander gesetzt
die Federn im perspektivischen Licht oft übertrieben
jähe Verkürzung
wenn Bangigkeit aufkam zum Beispiel
als ich einen Berghang ins Dorf hinablief den ich nicht
    kannte
von dem ich nicht wuszte würde er tatsächlich ins Dorf
    führen
oder versickern im Dickicht des Waldes (untergehen)
beinah er schien sich im unwegsamen Gelände verlieren zu
    wollen
und ich von heftigsten Ängsten getrieben
drehte um machte kehrt lief den steilen Hang wieder hinauf
    wieder zurück
zur Anhöhe woher ich gekommen war
und die riesigen schillernden Fliegen und blonden Hummeln
umschwirrten mich und der Nacken in einer jähen
    Verkörperung oder Verkürzung
ich erinnere mich nicht mehr genau
nämlich mein Nackenschatten als ich meinen rötlichen
    Nackenschatten
sehen konnte erahnen konnte mein Blut / Glut im Genick
von Morgenröte oder von Qual verbrannt usw.
vom Meer dieser Morgenröte geblendet endlich als ich ankam
auf der Höhe und das Herz klopfte mir heftig als ich sah
nämlich dasz die Gottesmutter sich hingelegt hatte auf mein
    Bett inzwischen
und das Bild von der Heiligen mit dem Lilienstab über dem
    Bett

mich aus einem feinen weiszen Augenspalt anblickte als
wollte sie
mich ermahnen zu irgendwas vielleicht GEH IN DIE KAMMER
UND MACH DIE TÜR ZU
und ich sah dasz die Taube in meinem Zimmer weisze staub-
bedeckte Tragflächen hatte
weiszliche Flügelschuppen und fragte mich was ist das für
ein Säuseln
plötzlich sind das Zikaden oder eine Quelle vielleicht das
Lispeln
eines Uferwaldes in meinem Blut / Blut rauschender
Lippengeranien während das Auge nach links schwenkte
dieser Lebenstag
ist es so gewesen als ob da ein Schatten von mir *vorüber-
rieselte*
etwas eine Erscheinung vielleicht in den mattglänzenden
Fensterscheiben
in einer Indianerfrühe ein Indianerhaar nämlich oder was
war es
während die Teermugeln auf den Gehsteigen über welche ich
strauchelte
diamanten aufblitzten im Sonnenschein mittags in einem
Juli
und mitten in der Stadt eine wilde Kamille zwischen Haus-
wand und Trottoir
sich schaukelte im Wind oder hinweggeweht wurde oder in
südlichen Wirbelstürmen
nörgelnd am Morgen vielleicht nach einer bestimmten
Schallplatte suchend
das Haar beim nervösen Suchen gerafft in die Höhe
gebunden
: schon glätten sich Schläfen und Wange im Spiegel –
im Viereck die Topfpalmen auf den Plätzen der Stadt
zur Schau gestellt je drei in vier Reihen ein hohes Karree
die Karyatide mit geschlossenen Augen und wie sie an der
höchsten Etage
des chinesischen Botschaftsgebäudes sich von der Abend-
sonne bescheinen läßt usw.

lachsfarbene Silhouette eines verlotterten Pärchens beinah in
Rüschen
das Mädchen läßt das T-shirt über die linke Schulter gleiten
entblöszt wie unabsichtlich die Schulter / ohne Lufthauch
der Sommertag
halb hinter Blumen verborgen öffnet die alte Frau
im ersten Stockwerk des gegenüberliegenden Hauses das
Fenster
Strophe verleimte Fragmente / versuche zu fliehen
oder im Heckfenster eines Wagens ein Schirm und ein Tiger-
maskottchen
Erscheinungen Lichtphänomene über den Dächern
sehe den Mann wie er mit dem kleinen Hund heraustritt
aus dem Geschäftslokal tritt den Rolladen herunterläszt
mit einer heftigen raschen Bewegung /
den Blick auf den kleinen schwärzlichen Hund daneben
dieses Aus-dem-Laden-Treten des Mannes
vielleicht wird es sich ins Unendliche wiederholen in meiner
Vorstellung
sage ich wie er den Laden abschlieszt den Rolladen her-
unterläszt
seinen Hund anblickt und immer so fort und in alle Ewigkeit
weiter
o ich habe es in einem inneren Blitzstrahl erkannt
nämlich die Wülste / Schmerz und Vergangenheit trostlose
Landtiefe
und was mich bestürmt was ein Tumult ist und alle Verzagt-
heit in meiner Brust
denke auch oft daran DIE GEHEIMNISSE sage ich
Felix Braun hat oft von DEN GEHEIMNISSEN gesprochen
nicht wahr
ich aber weisz nicht was DIE GEHEIMNISSE sind was sie be-
deuten könnten
auszer der Offenbarung der Todesstunde
aber ich weisz was Fiktion bedeutet ich weisz wie sehr
die Fiktion uns in ihren Bann schlagen kann so dasz daneben
nichts mehr Gewicht hat
so dasz wir einander gegenübersitzen und uns anblicken

nämlich so dasz der Umstand dasz wir einander gegenübersitzen und uns anblicken
ohne Bedeutung ist weil die Eindringlichkeit dieser einen Fiktion
zwischen uns steht und uns eher trennt als verbindet
also war ich kein Meister als ich anfing zu schreiben sage ich
(manche fangen als Meister an)
taktile Empfindungen meiner Frühzeit
beklopfen der Brustwand habe ich grimassiert habe ich meinen Namen gebrüllt
sehe auf der belebten Strasze plötzlich an einem aufgeschwollenen Leib
unter enganliegendem rosafarbenem Jerseygewand
Bauchwölbung und Vertiefung des Nabels /
am Morgen das nasse Trikot
welches ich nachts gegen ein trockenes ausgetauscht hatte
hängt jetzt erschöpft über der Sessellehne neben dem Bett
bis zur Brust heraufgezogen die Hose
ungelöst unerlöst Inseln von Wirrsal
als Kind schon dieser Hang zu Neologismen sage ich
zwei knatternd auffliegende Flügelpaare oder
der Schmerz am Rande der Lust
oder beiläufig oder irgendwie

Herzmagnet, oder Puchberg August September 90

an jedem Morgen frühen Morgen
durchs Gartengeviert ihr fröhlich-kraftvoller Schritt
höre ich diesen Schritt warte erwarte
ich diesen Schritt modulierfähige Stimme aber manchmal
mit buntem Schirm durch den prasselnden Regen oder
was ist Romantik für die beiden dunkelhäutigen
weiszgekleideten kleinen Mädchen welche spätabends im August
über die Schwellen hüpfend die Gleise entlang laufend
den häuslichen Baracken zustrebend nämlich

dieses Erinnerungsbild während fadendünn
aus den Kaminen der Rauch steigt neben einem sein
melonenfarbenes Licht ausgieszenden Spätsommermond
oder
was ist Romantik Holzvöglein gefällter Baumschatten
Rotschwänzchen Zeisig passen zusammen Borke des Holzes
Schweisztropfen des Holzes Harz des Vögleins Kruste
des Rindenbrotes Moos und Flechten Signum und Singvögel
rosa Blütenleiche lederne Krötenleiche plattgedrückt
auf dem Asphalt der Strasze in Staub balsamiert
schwarzer Schmetterling Haut und Auge des Holzes
ausgerissener Arm des Baumes in flache Stämme
zersägt übereinander liegend zum Trocknen
durch Querbalken getrennt darunter Löwenzahn gelb und
nachts
nah vorüber am Kopf an den Haaren in der feuchten Senke
dunkel die Fledermäuse die in ihren Knospen welkenden
wilden Rosen oder in der Vorhalle des Hauses
die Blumenmonstranzen während der moosgrüne Algentisch
im Schatten der Bäume des Gartens und mit
Spinnweben in seinen Ritzen oder übersät
alles mit Föhrennadeln vom vergangenen Jahr usw.

für Edith Resch

Proëm von den Tapisserien, oder Tinte meines Wesens (Kleist)

zu Arbeiten von Ilse Abka Prandstetter

müsse mich erst *kontaminieren*, fanfare in die getüpfelten Heckenkränze. Befällt mich die Schreibwut, läszt sich nichts von der Stelle rühren, rufe ich, erst später blitzt die Winzigkeit auf eines Sphären-, Damast-, Diamantgewitters: Wandteppiche aus Chitin, Gaze, Mull, tupfe sie mit der Fingerspitze an, in meinem Bunker am Stadtrand in dieser Gemütsgegend. Das verhofft dann ein wenig, setzt langsam Kristallschichten an, bis endlich die ersehnte *versuchsweise Einsicht* auftaucht.

Proëme aus Gelb / aus Fransen Quasten Troddeln Kordeln und alten Schärpen, Stickereien auf gitterartigem Grund, rufe ich, vielleicht am ehesten als winterliches Tagebuch anzulegen, morgens vier Uhr beginnen, milchiger Januartag, scharfe Notizen.

Lege mir Tapisserien unter den Kopf, unter den Nacken, an meine Füsze. Knöpfe die Zimmerwände auf, *nagle den Bart der Wände fest, usw.*

Eine innerste Raserei verwüstet mich, ein violetter Lapsus aus Licht und Lidschwere – flügelschlagend jage ich auf und nieder in meinem Bunker, wo, in William-Blake-Manier, Bäume wachsen mit Traubenfrüchten und riesigen Eicheln, am gleichen Ast, habe mich an die Zimmerdecke gehievt, stosze mit meinem Schädel gegen zerfetzte Ornamente, schreie die Vogelköpfe, die hier ohne Leiber vorüberhasten, empfindlich an, will meinen Bunker mit meinen eigenen Händen verkleistern, rufe ich, Bahn um Bahn, Streifen um Streifen, einfach so, alles mit eigenen Händen vollkleistern: tapezieren. Die Vogelköpfe taumeln an meinem Gartenfenster vorüber, sie hören mich schreien, sperren die Schnäbel auf, aus ihren Hälsen hängen die blutigsten Schnüre, der gemolkene Tag, die verritzten Felder, habe hier an die dreiszig Tage / Jahre gehaust ohne dasz etwa frisch ausgeputzt worden wäre, etc., könnt ihr euch das vorstellen, die schaurigen Vogelköpfe drehen die gelben Augen gegen mich, als wollten sie teilhaben am Starrsinn meiner Verzweiflung, alles vollkleistern, alles zudecken, schreie ich, geschwinde Kanevas, könnt ihr mich hören? Einige Stellen sollten freigelassen werden, rufe ich, dasz *abgefeimter Unterzustand / Urzustand* erhalten bleibt, rufe ich, womöglich die Palimpseste! oder diese riesigen pastos gemalten Kriegs- nämlich Kreuzigungsarme: alter Verputz an der Stirnwand, habt ihr kapiert, schreie ich ihnen entgegen, vielleicht übermale ich dann noch die Tapetenverkleisterung –

immer mehr abgetrennte Vogelköpfe wischen an meinem Fenster vorüber, schwarze geballte Fäuste, winzige Totenschädel, Vogelgespenster vermutlich pfeilen an meinem Fenster vorüber, dazwischen auch Schwalbenschwänze, abge-

trennt, ohne Kopf, wehende Schwalbenflügel, also scheine ich mich bereits in einem abseitigen Bereich zu befinden? Immer wieder recken die Totenvögel ihre Perlmuttaugen zu mir, manche Vogelköpfe erscheinen jetzt mit Mullbinden geputzt, später tanzen junge Hechte (Gallerte aus Kiemen und Flossen) in Gaze verpackt in der flüssigen Landschaft vorüber. Wer kann das verstehen, schreie ich, ganze Wasserfälle, blutendes Klaffen vor meinem Fenster.
Zwielichtige Wahrheit, Vogelschwarm ist gleich Mondstrahl: nämlich Pollution winziger gleiszender Fische vor dem geschlossenen Fenster, Tränengüsse was weisz ich, versuche das Fensterglas zu durchdringen und mich auf die Vogel- und Fischgesellschaften einzulassen. Rostige Schoten vom Affenbrotbaum gegenüber schwimmen den blutigen Vogelköpfen, den gallertigen Hechten nach, nämlich in ANEMONENREFLEX meiner entflammten Augen –
ASCHE DES MITTWOCHS, aus meinem abgefeimten Unterstand / Urzustand scheinen meine an Stielen befestigten Augen sich nach auszen bewegt zu haben. *Im Wanderblut die wehrlosen Wolken*, ein aufgefädeltes doppeltes Eden, schreie ich, angemerkt: ein Blitz ist dabei geschehen, ein drangsalierendes ÜBERSCHICKSAL! ein abgefeimter sprich gnadenloser ZERGLIEDERUNGSZUSTAND, ein anachronistisches KRIEGSGESPENST!
Befestige einen der vorüberflitzenden Gallerthechte als weiszen Sichelmond auf meinem Schädel, erwarte, dasz er weggeschwemmt wird, lasse ihn als Speichelfaden mit den Vogel- und Fischherden fortschwimmen, *Aufschub in Büscheln*, wenn das Auge nach links schwenkt, rufe ich, rieselt ein Schatten vorüber etc.
Wozu Wirklichkeit abpausen, sagte X., wenn so viel Fiktion vorhanden.
Ein Lichtphänomen, eine Verbalakrobatik, rufe ich, durch den späten Baumgang ein weiszes Kleid, zwei gelbe Tennisbälle *(Pärchen)* unter einer grünen Parkbank aus Drahtgeflecht, drei deutsche Hotels eine Grotte, eine Kutsche die in der Dämmerung entschwindet, ein blühender Wasserfall, zusammengebettet die schwarzen Köpfe der Sonnenblumen,

fünf rote Wolkenbällchen im blaugrauen Himmel, hagelnd und tosend die tränengesprenkelten Scheiben, rotgeweintes Fensterauge, Horizontblüte von besonderer Rosenschärfe / Schwanengefieder aus Blüten dahinter Akazienbüsche: eingedunkelt und ausgekohlt, Bouquets von Sonne, die Wunderkindschaft, Schreibtisch mit Stroh (Tapiés), ein Quentchen Schnee, das Anschauen der Feiertage schwerfällig tanzend, und ähnelt allzusehr einer *Erzählhaltung*, rufe ich, all dies. Die *Haltung* einer (Mutter) vielmehr einer Nutte: *Traghaltung:* mit dem mutmaszlichen Augenflackern, mit den feierlichen Tagen im Arm, usw.
Sind es Wahnträume, rufe ich, die diese Bilder von Tapisserien in mir herstellen, sind es Ahnungen von bereits erfahrenen Wunden? das Totentuch, der Leichenvorhang über dem Holzsarg, und die Trauernden umstehen die ausgehobene Grube, halten sich Reisigzweige vor die weinenden Gesichter, und jederzeit wird der Sarg in die Grube hinabgekurbelt, du kennst dieses Geräusch diese Geräusche des Hinabkurbelns eines Sarges in eine feuchte Grube, dasz er darin verschwindet also unseren *von Tränen umflorten Blicken* entschwindet auf nimmerwiederkehr usw.
Aber ich wollte von etwas anderem schreiben, ich wollte schreiben, dasz eine Art Unwille, eine peinliche Zerknirschung aufkam unter den Trauergästen, damals, als flüsternd die Runde machte die Aufforderung, dieser oder jener solle am offenen Grab ein paar Worte sprechen zu ihm, dem Verstorbenen, und dasz einer um den anderen kopfschüttelnd dies zurückwies, bis endlich, als der Sarg schon versenkt war, H. zu sprechen begann, stockend, als spreche er ein ungewohntes Gebet, oder als wolle er, was er sprach, sogleich zurücknehmen, und wir, die um ihn versammelt waren, fühlten, wie er zitterte, wie er Scham und Schrecken empfand, wie er sich fortwünschte aus dieser peinigenden Lage, dann schien der halbe Mond über das Grab und wankend. Und ab in die Wirtschaft wo man sprach über den Begrabenen und schlürfte vom Wein.
Es war vielleicht nur eine Vorstellung von mir, dasz die Mistelzweige auf dem Boden verstreut lagen, auf den Kies-

wegen, auf welchen die Trauergemeinde wankte (schlich, usw.) während der heftige Regen strähnte gegen die Haut der Gesichter, der offenen Nacken.
Zerfallende Erde: hatte er nicht einen spitzen Kopf bekommen in diesen letzten Wochen seiner Krankheit, hatte sein bislang runder Schädel nicht eine spitz zulaufende Gestalt angenommen, hatte er sich nicht auf erschreckende Weise *zugespitzt, hatte nicht alles sich zugespitzt*?
Ein klein gewordener / geschrumpfter Kopf, unorientiert, ängstlich verhoffend, aller Zielstrebigkeit (Glaubwürdigkeit) entbunden. Ja, dieser spitze Kopf in den letzten Wochen seines Lebens hatte uns alle erschreckt, und ich glaube, es war mir zu allererst aufgefallen, und ich sagte es den Freunden, und die Freunde sagten, man solle nicht sprechen darüber, man solle ihn in die Arme nehmen und seine Wangen küssen.
Das Bahrtuch, Leichentuch – ich komme wieder auf dieses Bahrtuch auf diese schwarze Decke zu sprechen, auf diesen schwarzen Vorhang –
was hing da in der Luft, womit waren die Wände seines Zimmers ausgeschlagen gewesen, waren es schwarze Tapisserien gewesen, MEHLHUNDE, Fotografien? Es zeugte von einer tiefen Altersstraurigkeit, Schwachheit. Man würde aufgeben müssen, hatte er zu einem der Freunde gesagt, immer wieder, es würde der Tag kommen, an welchem man werde aufgeben müssen, das Leben das Schreiben das Fortbewegen das Wiederholen der Jahresfeste. Es werde der Tag kommen, an welchem man hinkauern würde und nach einer Umhüllung verlangen würde, um nichts mehr sehen, um nichts mehr ansehen zu müssen, um nicht mehr gesehen zu werden, um sich nicht mehr zeigen zu müssen, um sich endgültig verbergen zu können, um bedeckt zu sein, abgeschieden (verborgen).
Pelerine der Sperlinge.
Launen Herzstachel Verwunderungsauge, alles riecht nach Ammoniak hier. Sonntagmorgen, 27. Januar, oder ein Gehen im grünen. Bei wiederkehrenden Handgriffen die nämlichen wiederkehrenden Erinnerungsbilder: *Verstockungen.* Fahre

mit dem Milchwagen auf dem Land, sitze im Milchwägelchen, bin circa fünf, etwas wie feurige Sonnen erscheinen am Horizont, früher Morgen im Sommer, der Milchmann, ich auf dem Karren, unbekleidet, oder so träumt mir. Er tut einen tiefen Blick in mein Inneres, auch leiblichen Blick.
Lichtgemolkener Tag, Vorfrühlings-, Spätwinter-Rede, erstmals wieder den Amselruf vernommen aus dem verwilderten kleinen Parkgelände. Innerste Januarmitte, höre drauszen den Morgensturm, der die Fensterscheiben erklirren läszt. Drauszen ein *Drehen Tanzen Schweben* und *Flattern*, die Bettücher (Tapisserien) vor den Fenstern wehen, verschleiszende verschlissene Zeitläufte nehmen schon überhand, anachronistisches Kriegs-Gespenst, usw., fühle mich niedergerungen, entlaubt, möchte weglaufen, aus dem Fenster blickend. Drücke Kissen und Tapisserien gegen die Zimmerwand, so spürt der Kopf die Kälte der Mauer nicht, während des Lesens, Schreibens. Die Thermoskanne neben dem Bett flötet zwitschert rumort, also den Schädel gegen den Wandteppich gepreszt, eine Hand hält das Buch, die andere, bis zum Oberarm, wärmt sich unter der Decke auf.
Lege mir Tapisserien in Kleinformat auf der Bettdecke auf, mein Auge springt von einer zur anderen, darunter die angewinkelten Beine wie abschüssige Tischplatte (Schreibpult), beim Zusammenpressen der Kiefer ein Schmerz im oberen Eckzahn, alles im Wanken Zerbröckeln Knospe Knochengerüst, im Oberschenkel elementarer Zerfall, Wucherung, krankhafte Sekretion, usw.
Fluchorgien.
Verfolge auf dem Fernsehschirm dieses Bild: hinter dem Politiker am Rednerpult steht eine gestikulierende Frau. Sie hebt die Arme und macht Zeichen mit Händen und Fingern, übersetzt vermutlich in die Taubstummensprache, was vorne gesprochen wird.
Ich sage mir, es wird gerade fünf sein, genau fünf. Ich knipse das Bettlicht an, der Quartzwecker neben dem Bett zeigt auf Punkt fünf. Also schon zwei Stunden gelesen geschrieben, fühle mich mit elektrischen Drähten an alle Menschen, mit welchen ich je in Berührung gekommen bin, angeschlossen.

Man musz sich das vorstellen, rufe ich. Obwohl, von den meisten ist nur eine Körperbewegung, die Stimme, der Blick zurückgeblieben, der dunkle Faltenwurf im Asphalt, verritztes Feld, verwundete Eichen.
27. Januar, Sonntagsmorgen, drauszen die Jahreszeit ballt sich zusammen, rätselhaft (rot) Brusttuch (Bruchstück) über der Sessellehne, etwas wie Schweisztuch Fotografie. Ich sehe auf diesem Foto wie mein eigener Leichnam aus, rufe ich, mit geschlossenen Augen, halboffenem Mund, verschlungene Morgenröte im Fenster, vereinzelt auf regennasser Strasze weich rollende Fahrzeuge, akustische Wahrnehmung, bestehe nur noch aus NIEDERTRACHT, schreie ich.
Stosze überall an, an jeden Gegenstand, jeden Menschen, vermutlich aus purer Verzweiflung, eine einzige NIEDERTRACHT diese Zeitläufte, usw.
Diese NIEDERTRACHT in mir, diese Höhlen, nein Höllenhaftigkeit meines Hirns, nichts vorhanden, NICHTS, nichts gespeichert, völlige Leere, unmöbliert, erdfarben, kriechend auf Händen und Knien. Schlaflos, schamlos, leer und verwüstet, verkrustet, wütend erstarrt.
Nach allen Richtungen nur noch *händeringendes Resignieren*, schreie ich. Alle Register der Verzweiflung gezogen, aufjaulendes Elend, am besten keine Widerstände von auszen wahrhaben, sage ich mir.
Die Tiere haben es besser als wir, sagt X., sie sind vertraut unter einander ohne einander zu kennen, zum Beispiel die Stadtvögel im Winter, *ein Erinnerungshund*, das UNTERSEGELN der Schwalben, *der Frühlingskäfer, Flötist am Seil*, Milchbandagen und Fransenkopf, Honig träufelt von Zimmerdecke, etc.
Im Verhältnis zu den anderen, sage ich, bin ich schon tot, *verwundete Gärten*. Der Essigbaum als beherzter Ort, schlafmütziges Jäten, während das Wasser die Beine hinunterrinnt.
Jemand schüttelt Putztücher, Scheuerlappen im Korridorfenster gegenüber, ein altes Fahrrad stöszt, reitet auf verstaubter Truhe wie hitziger Bock auf bereiter Ziege, *absurde Hose und Horde*.

dohlenloser Dichter, Th. K.

dieses Brustauge SONNE
gegabelt hinter schwarzen Stämmen
(Straszenbäume, zumittag)
im wimpelwärts blendenden Winterhimmel
zu Füszen Zinnenzinnober des chinesischen Restaurants,
Schirmmütze rechte Hand gegen
glänzendes Sonnengefieder
und knorrig entstellt verwüstet
Sträucher mit weiszlichem Taubenflaum
(heillos aufgeputzt) und irgend
altes Erinnerungsbild : taktiles Empfinden :
mit dem Dichter in fremder Stadt unterwegs
bei jedem Schritt, durchaus,
ebenfalls Winter
kalkulierte Knochen-, Vogel- und Fluggeräusche
endlich betäubtes
überschwemmendes Hinhören
bei fest verschlossenem Mund
immerzu nickend (jasagend)
im Schwitzkasten der eisigen Luft.

VERITAS, oder die Geste des Futterstreuens

blick ich in die Kammer des Schnees :
Endlosband eines Hirns auf welchem
punktweise gegen WEISZES gestemmt
blutrote Erregungen einer lustvollen Fingerkunst südlich
sich spreizen
Feile des Blicks –
gefrorenes Brustwerk : Fiederung vorüberrauschender
Wintervögel
ihre Schlafbäume verlassend am frühen Morgen
streifen mir Auge und Stirn
während der Furor des Magnetbandes hörbar ist Rück-
spulgeräusche wie

hauchdünnes Schweigen
zarter Spiegel im Handballen nämlich
Selbstbefreiung durch Selbstbefleckung :
Abdruck der eigenen Schrift am Rande des linken
Handballens, seitenverkehrt, kaum zu entziffern
preuszischblaues Emblem, in die Haut eingegraben
nicht mehr zu tilgen.
Oder im Stehen, damals, das Becken vorgeschoben
während die Hand, meine Hand, kritzelt auf zerknülltes
Papier
die Arme hochgestreckt über den Schädel des Mannes
sobald als *Frauenschicksal*
eingehe in die Zimmerwand ich gegen die er mich drückt.
Also müsse das Weibliche endlich aufhören, Gefäsz sein zu
sollen –
so denke ich Jahrzehnte danach / fetzig
über der Ferse die Socke, der Schuh
die Zähnchen einer abgetrennten Briefmarke scheinen
verletzt :
spoliert wie Vater es immer nannte : zeitweiser Marken-
sammler
(»hab mir den neuen Michel gekauft« usw.)
manikürte Gärten zum Beispiel, ein schäbiger Mond
schiefe, auf den Kopf gestellte Türme, pisanische
Ansichten aus der ländlichen Heimat, dasz des Betrachters
Raumgefühl umschlägt in schwindelerregendes Schnee-
treiben
das von der Katze im Korridorfenster gegenüber
mit wachsamer Miene verfolgt wird
das weisze sitzende Foto, sage ich, die alte Nähmaschine
Marke Veritas
vor der Wohnungstür abgestellt
die Schreiblust ankündigend ausrufend *heroldisierend* :
ein Geschmack exotischer Gewürze auf der Zunge oder
das Verlangen danach, diesen Geschmack auf der Zunge
hervorzurufen
Salz in den Augen : Erlösungstränе
die zerklüfteten Wangen hinab, die zerrissenen Lippen

in die gemagerte Halsgrube sickernd, an den gebeugten
Nacken
dies nie versiegende Wasserströmen
tröstlich salzig wie Meer
UMGANGSSPRACHE VON EDEN wer hat das gesagt
Bruegel-Stiefel im Himmel / von einem gewissen
Zeitpunkt an flammt keine Uhr mehr auf
wenn ich ins Bett sause Tremolo eines Pfauenkamms
(»spielte sich an der Schürze«, Kleist)
im Augenblick und bis auf weiteres finde ich keine Zeit
einen Toten zu beweinen beklagen begraben

LECTION, Hörspiel

1 männliche Stimme, eingeleitet von Schmerzensschreien :

der Bruder dem Bruder
Kain Abel
Lection / sporadischer Fransensessel
Befestigung / Festung : Halskrause aus Metall gegen Hals-
wirbeltrauma
Schädel hinten verknotet / eingezogene Lippe
Beine abgetrennt : bleiben auf Distanz als manikürte Keulen
wenn der unterlegene Bruder nach hinten tappt
greift er sein bloszliegendes Rückgrat
Wasserläufe aus heulenden Wassertrompeten
die Ratten steigen jetzt aus den Kanälen
Luftspiegelung in der Wüste : das Vorgaukeln einer intakten
Welt
im Zimmer das Surren der Fliege / Fliegerhaube
der Körper ein klaffender Pergamentsack
dieser Baum wird keine Blume mehr tragen
der Krieg nimmt Formen an

2 weibliche Stimme, eingeleitet von verzweifeltem Weinen :

der Bruder dem Bruder
Kain Abel
Lection / sporadischer Fransensessel
Befestigung / Festung : Halskrause aus Metall gegen Halswirbeltrauma
Schädel hinten verknotet / eingezogene Lippe
Beine abgetrennt : bleiben auf Distanz als manikürte Keulen
Brandmal statt Schönheit
wenn der unterlegene Bruder nach hinten tappt
greift er sein bloszliegendes Rückgrat
Wasserläufe aus heulenden Wassertrompeten
die Ratten steigen jetzt aus den Kanälen
Luftspiegelung in der Wüste : das Vorgaukeln einer intakten Welt
im Zimmer das Surren der Fliege
der Körper ein klaffender Pergamentsack
dieser Baum wird keine Blume mehr tragen
der Krieg nimmt Formen an

3 dünner gemischter Chor, eingeleitet von Raketendonner, zum Ende einsamer Gesang eines Vogels (Trutznachtigall) :

der Bruder dem Bruder
Kain Abel
Befestigung / Festung : Halskrause aus Metall gegen Halswirbeltrauma
Schädel hinten verknotet / eingezogene Lippe
Beine abgetrennt : bleiben auf Distanz als manikürte Keulen
wenn der unterlegene Bruder nach hinten tappt
greift er sein bloszliegendes Rückgrat
Wasserläufe aus heulenden Wassertrompeten
Luftspiegelung in der Wüste
im Zimmer das Surren der Fliegerhaube

der Körper ein klaffender Pergamentsack
dieser Baum wird keine Blume mehr tragen
Meeresschnee / in extremis

für Erika Tunner / nach Olaf Nicolai

Supplement

diese Theaterlampe / Bühnenlicht / verzehrender Scheintrost / Garben
von Spanienfeuer vis à vis im Gemäuer nämlich herausgetrotzt, herausgefetzt,
gelbe Flamme der Hauswände gegenüber, diese
durch schmutzige Scheiben nur undeutlich erkennbaren Fensterrollos, diese
Augenfuhrwerke, Feuerwerke aus blaszblitzendem Morgenhimmel im März, diese
Stiefelattrappen im Kopf : Tanzmeister ERINNERUNGSKUNST, usw., dieses
Adlerprofil einer Greisin in überfüllter Tram
mit mohnblumenblättrigem Kopftuch, zugewandt mir
ein schräges bäurisches Auge (Revers)
ein Schäkern nämlich ..
die teuere (heisere) Kehle des Hundes auf dem Wendeplateau des Waggons
während ein Schläfer / Schäfer / Bäumchen im Fensterwinkel : Vogel
mit langen Haaren : das Publikum
hat applaudiert, sagt B., aber gedämpften Tones, seltsam genug,
sagt B., weil sämtlich spitzenbehandschuht, ungewöhnlicher Anblick, freilich
auf Umwegen über Faxen : ist gleich Exzentrizitäten, sagt B., ins reine
Zentrum von KUNSTHERRLICHKEIT zu gelangen, ist Mühsal,
lohnend jedoch, etc., ein Gedicht
ist nämlich etwas von DRÜBEN / OBEN

ein Gedicht eine Gnädigkeit ist
eine Prosa hingegen eine Übung in strenger Lust, usw.,
das Plissee / das Röcheln (Röckchen) von herzhaft
Bleistiftgespitztem liegt auf dem Boden, die Ohrensprache,
Jean Paul,
Prädikat Gehirnläuten, sage ich, der Weiher algenäugig,
vibrierende grüne Briefe :
Blätter die sich drehen im Wind, *drehen und körpern*,
Traum –
ach, der ferne kurze Pfiff eines Zuges den man nicht sieht
imaginiert mir
das pfeilschnelle Reisen (Entkommen), mein
ondulierender Puls :

und schustert Blumen

Deinzendorf / grüne Montage oder wo habe ich diese weiszen Augen schon einmal gesehen

bin kuckuckskrank bin knochenkrank
aber damals auf silbernen Schienen der Horizont
damals als da war dieses Birkenfest dieses
welkende Birkenfest über den Fluren Fronleichnam
über den grünenden Fluren wogenden Fluren
und ich ein Kind war unwissend / gesalbt
gesalbtes Kind und mein Auge tauchte ins
Blau des Himmels ins Flamingogewölk in
den Flug der Fasanenschwärme Carree oder Bubenfrisur
und lehnte
gegen das glyzinienbehangene Gartenhaus abermals
Klee und Schleppengehäuse Baldachin eines Morgens
nämlich geköpfte Tümpel und Geigengewitter
Faulwasser Mäusefigur die blassen
Schwertlilien vor den Fenstern ein blaues Konsilium oder
Kaninchen

ums linke Auge die höchsten Wipfel
sind Safran offene Luken
Blume leger und heiterer Puppenarm

die Blutverstecke eigentlich freien Fluren

die Pelargonienblüten blutende Wanderkarte vom Gehsteig
gefegt klebrige Blüten Blätter Reste von Blumenbüschel
der Abenddunst weisze Glocke Haut oder Flüchtigkeit
Spundloch der Nacht wies flieszt in der Kehle in der Sonne
das glänzende Fell des Dorfbachs bannt meinen Blick
Gatter Gevatter Gewitter im Uhrengehäuse Fenstergitter im
Abenddämmer beschnittene Hecken graugrün im
Hexengespann die Blumengondeln
treppauf treppab durchs Hollergeschütz den Bahndamm
entlang dieser
dunkle Mann mit dem breitkrempigen Hut dieser
Mann in den Margaritenfeldern geht dieser Tränenknecht
dieser Mond
oder Ringelblumengespinst geht dieser Mond dieser Mann
durch Nebel ein Schimmer in seinem Blick und ich lehne :
eine
Agave : gegen die Brust seine Brust –
kneippt der Bach?
die Schornsteine dampfen in der Ferne ein weiszes Tuch eine
weisze
Gestalt ein flockiges Grün eine Augennacht der zerfranste
Wipfel der Vorgartenfichte ein Vogelhaus nehme die Sittiche
wahr
die winzigen Fliegen Schwarm der Fliegen ein violetter
Kegel am Horizont meine schräge Laterne nämlich
der Phlox die Anemone im dunklen verlassenen Garten
die Feuerlilie eine triefende Sichel im
Esperanto-Park eines Federlesens

»Patin meines Wahnsinns«,

zu: »Partielle Sinnestäuschung. Sechs Erscheinungen Lenins auf einem Flügel« (1931), Salvador Dalí

(1) »wir haben bis zum 1. X. ein Landhaus gemietet und sind umgezogen, was uns viel Arbeit gemacht hat. Das Dorf ist von russischem Typ, Strohdächer und Armut. Frauen und Kinder barfusz, die Bauern tragen die Tracht der Garalen – weisze Tuchhose und ein ebensolcher Überwurf – halb Umhang halb Jacke, ein Zimmerwald ..«:

Pelerine (Umhang) der Sperlinge nämlich der Winterbüsche mit Sperlingen beflockt: aschgraues Puder / Pulver, feuchte Novemberretusche zum Beispiel, ein Quentchen Schnee, Bouquets von Sonne, die Wunderkindschaft im Wanderblut der wehrlosen Wolken, die Blumenmanschetten über dem Handbürstchen / Handburschen, meine Quastenhaare, mein grimassierendes Spiegelbild: gleich den Kräutern wirren sich die Haare, reichen nach Asien. Berggelb, Ocker, oder »der Schatten des Konzertflügels kommt näher«, lege überall Fütterungen wie Fütteraugen aus für den halbtoten Falter, der sich in meine Behausung geflüchtet hat, mein linkes Auge sieht jetzt sieben Monde, die Flugzeuge nähen das Ozonloch zu, heute zweimal Honig verschüttet, wofür ist das ein Zeichen, die Milchsterne auf dem Pflaster: verschüttete Milch, meine ungeschriebenen Bücher –
eine Windknarre am frühesten Tag. Und wir im Gastgarten hockten, der abwechselnd in Windeseile Rosengardinen, -girlanden und Schneewüsten hervorbrachte, so geschwind verliesz uns damals die Zeit, *weil die Begriffe der Musze und Unmusze ineinanderflossen* und während wir in der Hängematte schwebten, damals, in unseren Kinderjahren als die Abspiegelungen der Schmetterlingskatarakte überhandnahmen –

(2) »ich kenne nichts Schöneres als die Appassionata und könnte sie jeden Tag hören – dasz Menschen solche Wunder schaffen können! aber allzu oft kann ich diese Musik doch nicht hören, sie wirkt auf die Nerven, man möchte Dummheiten reden und Menschen den Kopf streicheln, die in schmutziger Hölle leben ..« :

anrüchiger Augenblick, oder Dalís fanatisches Lachen : Ameisen-Korona auf verschattetem Notenblatt : schwärmendes Wirrwarr der Partitur : aufscheuchende Horde Notenköpfe, während an der Rezeption des Provinzhotels ich das Wort AMEISEN höre, an der Rezeption des Provinzhotels hörte ich die Repetition AMEISEN AUF EINEM NOTENBLATT oder Nymphäum (kleine Schamlippe See- oder Wasserrose Larve des Schmetterlings) –
über den Schultern des weiszblondmähnigen Pianisten eine Gardinenflagge aus Herzkirschen, transparenter Strohsessel, auf dessen Lehne des anämischen Klavierspielers Hand aufliegt, seine Schulter trägt den kleinen Radmantel Umhang Paletot, Flaggenvorhang an Messingstange (Geradhalter) abermals mit vier Sicherheitsnadeln befestigt, während der Abendbasalt in halbaufgeschlagener Tür lehnt. Ockerfarben gekräuselt, sage ich, das Fahnentuch auf seinem Rücken, Schneise / Schleppe der Luft, fühle mich von Morgen bis Abend von einem Taumel erfaszt, Zungenbeschneidung, -bescheidung, eine Verborgenheit unter Steinen.

(3) »für die Milch zum Schreiben knetete ich aus Brot winzige Tintenfäszchen. Wenn ein Aufseher kam, asz ich sie rasch auf, heute habe ich sechs Tintenfäszchen aufgegessen ..« :

ich habe gesehen den anachronistischen *Tintenbrief*, ich lag auf dem Boden ich lag auf einem Weg ich lag auf einer belebten Strasze es war kalt und Nacht

ich habe mich da erkältet ich war in einem Angsttraum, vermutlich ist es der Anfang gewesen von einem Unglück das immer gröszer geworden ist, von da an hat das Unglück seinen Lauf genommen, *unaufhaltsam*, wie gesagt wird. Ich glaube es war dieser Alptraum dasz es so schlimm gekommen ist mit mir und in welchem ich gelegen bin auf dem Weg auf der Strasze im Winter und wo ich erfroren bin schlieszlich, ich habe gesehen die groszen Steinplatten die hohen fächelnden Palmen, da ist ein Friedhof unter meinem Fenster gewesen diese wehenden Büsche Trauerweiden, ich habe gesehen einen Friedhof die Gräber die Kreuze, ich habe alles deutlich gesehen die dunklen Blumen, den Bart des Kindes blaustichig usw. Ich habe gesehen die Stierkämpferin, mit den grünen Lindenblättchen an der Vorderseite ihres groszen weiszen Nachtgewands, ich habe gesehen die wächsernen Herzkirschen, gelbe und rote, auf einem Stuhl, auf dessen Lehne die Hand aufruht des Pianisten, ebenfalls eben diese auf ein Servierbrett gemalten eigentlich schablonisierten Herzkirschen, dieses mit Herzkirschen bemalte Wachstuch auf unserem Küchentisch, damals, auf dem meine Mutter mich jeden Tag wusch –
lege mir Tapisserien, in Kleinformat, unter den Kopf, auf die Bettdecke, namentlich *Fluchorgien*, rätselhaft rotes Brusttuch / Schultertuch auf der Lehne des Stuhles, eine kirschenbehangene Armbinde, VERWESTE ESEL abermals träufeln wie Honig von meiner Zimmerdecke, berggelb und ocker.

(4) »in diesem Sommer hat es mich weit von Paris verschlagen – nach Krakau. Das ist fast schon Ruszland. Die Juden hier ähneln den russischen, die russische Grenze ist acht Werst entfernt .. barfüszige Frauen in bunten Kleidern – ganz wie in Ruszland ..« :

ich sasz neben Dalí er war noch jung und hatte Magenkrämpfe, er wand sich auf seiner Pritsche (Salonfauteuil), im dampfenden Fellmantel. Ich frage

einen neben mir Stehenden, können Sie uns dolmetschen? wozu sagt Dalí auf deutsch, Sie vergessen wohl wie lange ich in Mühlenkamp Deutschland gelebt habe.
Sah von hinten die idealen bläulichen Effekte der bloszfüszigen Zigeunerkinder (WEINSUGGESTION), welche in Straszenständen ihr folkloristisches Zeug anboten, es war auf einem französischen Jahrmarkt, am Horizont die Pyrenäen / Karpaten – was weisz ich, Geographie von jeher im Ungewissen im Unwissen. Seine Freundin schöne Frau, nein, nicht Gala, sagte zu mir TRINKEN SIE? was ich verneinte, wobei ich unwillkürlich ins Englische fiel NO! NEVER! ONLY MINERAL WATER! (makellose Niedertracht!)
Müllverkrampfung : Kampfer des Seelenbruchs, sage ich zu Dalí der sich immer noch auf der Pritsche wand, ich arbeite jetzt über ein Bild von Ihnen, so ungefähr lag er da, quälte sich ab, MEISTERLICH, sagte ich, wie sehr ich Sie verehre, ja, liebe! ich meine ich versuche zur Zeit, mich diesem Bild von Ihnen zu nähern, bedauerlicherweise ist mir der Titel des Gemäldes entfallen, wer kann das verstehen, *drauszen sitzen die Revolutionäre*, fest in ihre Seemannsmützen eingewindelt, -gewindet, -genachtet (Winterpalast).

(5) »am Horizont sieht man das Sajangebirge bzw. seine Ausläufer, einige Berge sind ganz weisz und der Schnee taut wohl kaum jemals weg, gestern bin ich zwölf Werst weit gefahren und habe Enten und Schnepfen geschossen, es gibt sogar Rehe, und in den Bergen und in der Taiga gibt es Eichhörnchen Zobel Bären und Hirsche ..« :

drauszen auf Holzbänken im froststarrenden Park sitzen die Revolutionäre, sage ich, sie haben eben die SPEISEWIRTSCHAFT DER EMIGRANTEN verlassen, in dieser russischen Nacht oder es ist in Frankreich. Wir stelzen dann durch die schlammige unwegsame Gegend,

visieren die Zigeunerkinder in ihren Buden von hinten, von vorne an, usw. Auf Holzbänken im eisigen Nordwind, *schneeprozentig* die Revolutionäre, beraten die nächstbeste Revolution –
ich alterte zum Weichen zum Superweichen, sagt Dalí, vielleicht sind wir Schatten, die einander ohnehin nie wirklich begegnen, sage ich, *oder kann der Schatten des Baumes dem Schatten der Katze begegnen?* – seltsam genug, sage ich, der Titel des Bildes, Ihres Bildes, fällt mir nicht ein. Sie müssen wissen, DALÍ IST MEIN LIEBLINGSMALER – ich sagte nicht, Sie sind mein Lieblingsmaler, o nein, so weit verstieg ich mich nicht, aber vor meinen Augen über den Roten Platz flogen diese VERWESTEN ESEL – Ameisenhorden auf einem Notenblatt, paletottragender Pianist, *eine Meuterei auf den Knien* – köstliche Komposition, sage ich, sein plissierter Radmantel changierte von rostrot nach violett, und vorne aus einem der Gullies krabbelte etwas hervor, es trug die gleichen Farben an sich, ich war nicht sicher ob es ein Kind oder ein Hund war, rot violett ockerfarben, die Oblaten zergingen im finsteren Himmel, ein Pastikkehrbesen von giftgrüner Farbe, einem Reisigbündel täuschend ähnlich, war gegen eine Hauswand gelehnt, ein Lastwagen am Straszenrand, seine Fracht eine liegende Wendeltreppe aus Stein.
Transparenter Felsen : Basaltfigur : mit schwärmender Hand die Chimäre in halbgeöffneter Tür genau das gleiche nur ein wenig so als wären ihre Füsze ein Stück vom Boden entfernt

(6) »gut dasz es nicht kalt ist ich komme ganz ohne Wintermantel aus, aber es ist doch unangenehm, dasz kein Schnee liegt man denkt an echten russischen Winter, an Schlittenbahn, Frostluft ..« :

eine Meuterei auf den Knien natürlich weil der Tisch so klein war, dasz wir schlieszlich alle zusammen unser Essen auf den Knien verzehren muszten, oder, wie gesagt wird, der Tisch (der Flügel) den wir sahen kleiner zu werden schien, wenn wir uns von ihm ent-

fernten, der wirkliche Tisch (der Flügel) hingegen, der unabhängig von uns existierte, keine Veränderung erlitt. Es bestand in der Tat eine verbreitete Meinung, dasz Häuser Haare Tische und Flüsse (Flügel) eine natürliche Existenz besäszen –
der Winter ist in der Luft und man kann hören das Land wie es ausbricht ins Freie und anfängt nordwärts zu fluten, den Wildgänsen gleich, welche von V-Form über unsere Köpfe, über diese sepiabraunen durchflochtenen Landschaften hinwegziehen –

Von Flammen von Sinnen

Richard Gerstl, Brieffragmente an Mathilde S.

»ich sehe eine Eidechse, in der Bibliothek, ich habe keine Übung (Olymp) in meiner Melancholie, ich weisz dasz ich den mehrfarbigen Arabeskenbademantel mit Reiszverschlusz trug, als wir in J. waren, ich weisz dasz mein *gehorniszter* / geharnischter Kopf Teil eines Armaturenbretts im Modell einer Flugmaschine darstellte, usw., Abdruck der Brille auf Nasenrücken, kein Berührungsfauteuil ich meine das Schlafen zu zweien, da stoszen vier ausgespannte Ellenbogen an einander, auf dem Nachtlinnen, im Küchenverschlag (Unterküche) ich habe mir ein Tischchen eingerichtet das vordem Esz und Misthaufen Tischchen war (das Wundmal auf der ovalen Tischplatte, von heiszem Bügeleisen, abgestellt oder vergessen) oder die Bügeleisenattrappe im Schaufenster einer Schneiderei samt Papiermaché Riesenschere, offene Schenkel, eine Art Campingtisch mit Holzplatte vor den Beistellherd balanciert, mit Geschirr darauf bei wegknickendem Aluminiumgestänge, ja so kann ichs von hinten beim Arbeiten warm haben alles auf zwei Quadratmeter: essen waschen Kohlen Papier, meist waren es Füsze von Menschen Pfoten von Hunden, ein glitzernder Punkt an der Nasenwurzel was mir in der Morgendämmerung erschien, die Bruchbricketts gestürzt flegelhaft mit Henkel nach unten, etc., dies Bild von uns beiden, obwohl ich ja nur dich sah, nicht mich, wie du im weiten Ge-

wand standest in der Mitte des leeren Platzes, der noch Minuten vorher mit einer Menschenmenge gefüllt war, die sich in unvorstellbarer Schnelligkeit verlaufen hatte mit wehendem Mantel standest du da, suchtest nach mir, ich flog auf dich zu, im Hintergrund dein Kinderschirmchen ..« ... »Brustbild vor dem Ofen zum Beispiel, mein Kleid von oben bis unten mit einer Doppelreihe von Höckern bestückt, du würdest staunen, Abbild meiner wilden Traurigkeit über deine Abwesenheit, usw., Trauerhabit, während die Kulisse der Erfindungen eine Fotografie offenbarte, die mich abbildet ungefähr 1904 : Kalotte Kopfhaar oberer Teil einer sphärischen Wölbung durch Einschusz womöglich, perforierter (lädierter) Oberteil meines Schädels, teils hantiert ich meine handkoloriert selbst abgezogen nämlich augen-schweifend, *aber in den allerkleinsten Pausen war ich krank*, oberhalb mit den merkwürdigsten weil immer unerwarteten Zeichen von dir, du kommst zum Beispiel herein mit einer Terrine (während ich in ein vollbeschriebenes Briefblatt von dir mit einem Stift zwei Löcher steche!), also es träumt mir du kommst mit einer Terrine und in deiner unteren weiszen Zahnreihe fehlt ein Zahn, und ich denke warum kommt sie mit dieser Terrine Suppenterrine aber dann nimmst du den Deckel ab und ich sehe dasz das Gefäsz mit Backwerk angefüllt ist (Triangel) ..«
... »dasz mir zuweilen beim Einschlafen die Beinmuskel zucken wie bei Hunden, die von der Jagd träumen, diese unsere Beziehung ist ja vor allem durch mich immer wieder also die mehreren Male vor dem Versanden / Vergessen bewahrt geblieben nicht wahr, ich schrieb in den Sand, zeichnete in den Sand mit meinen Fingern oder bückte mich nieder und schrieb mit dem Finger in die Erde, deinen Namen, ROMANAUFENTHALTE, gestern gesellschaftlich gewesen, in einem Tanzstück aus bewegten und gesprochenen Bildern, bin mehr fürs dialogische Denken, kommt vor als Brillanz. Dieses Pulsieren in meiner Brust, eine Hallenpalme fächelt uns zu, *eine Kavatine*, bin ein nervöser Mensch mit imaginiertem Armstumpf links, herübergefirmt oder mit kirschroten Ohren, wir liegen ich liege auf einem ungemachten Bett bis in

die Morgenstunden man sieht Schönbrunn von oben die Gloriette hügelwärts und lugte über die Sommerhügel Bühel talwärts nämlich kontrollierte über die Berge, habe zur Zeit die Stimme fast verloren, meine Mutter hat in Leipzig unter Furtwängler das Lied an die Freude gesungen, ich träume du sitzt auf meiner afrikanischen Kleiderkiste (Blechkiste) du sitzt dadurch viel tiefer als ich, Beistellherd im Rücken, du bist eine halbe Stunde zu früh gekommen mitten ins Chaos, aber die breiige Suppe war schon fertig und mit Salat, es war wunderbar dich zu bewirten (wo Waterhouse las), diese Zeichnungen im Text das behagt mir nicht sonderlich, vor einer Minute habe ich eine Idee gehabt ..«

.. »du siehst ich bin aufgeregt, nehme jetzt auch Herztropfen und Kupfersalbe, damit mir die Zehen und Finger nicht mehr so blau werden (Panik). Die Briefe die ich dir so aufgeregt schreibe sind nicht so schön wie die Briefe die ich langsam schreibe, es ist jetzt diese eilige Zeit, habe mit einem russischen Maler Rum getrunken, Roulette, etwa 1904. ich sehe dich vor mir dasz du starke funkelnde Locken hast über deiner Stirn wie Hörner, Hörner in den vier Himmelsrichtungen, diese Hörner baumeln immer vor deinem Gesicht, dasz ich deine Augen kaum sehen kann. Biszchen knüllend das Vogelblatt Vorsatzblatt des Buches in dem du liest ich meine du sagtest VERPLÜSCHT KÜKENHAFT VERSCHRECKT DIESES BILD DER SCHWESTERN FEY SOLCH GEISTFRAUEN WEN STARREN DIESE ZWEI AUGENPAARE AN IM WEISZEN PLÜSCHFEDERWERK ..«

.. »meine Schneeschuhe ziehe ich gar nicht mehr aus, gehe mit den Schneeschuhen schlafen, es ist kalt hier jetzt schreibe ich dir und es schneit und alles versinkt im Schnee das Haus der Weg das Tal der Berg, ich bin eingeschneit und kann nirgendwo hin, Furore am Abend du bist in einer ununterbrochenen Bewegung, du gehst mit einer ununterbrochenen Bewegung durchs Leben dasz es für mich nicht begreiflich ist, ich bin in allem viel langsamer, habe auf einer Tamburizza auf dem Hauptplatz musiziert einfach so, für die Freunde, bis mir fast die Finger erfroren sind, Schneewächte im Dachwinkel von gegenüber, am Morgen fallen mir ein ich meine deutliche Versuchungen, MORGEN GEGEN ABEND, unser Besuch zum Beispiel Abendessen in der Kaufhauskantine Languste Oliven, oder Verschnitte von Landschaften in welchen wir sommers geweilt hatten, Täler und Föhrenwälder Vulkanäugiges : *Jagdasien zum Beispiel*, Erinnerungsaugenblicke von Situationen in bestimmten Städten, Umgebungen (durchgeflochtene Tage), ich habe zum Beispiel den Gottesknecht in den Weingärten gefunden, elongierter Atem des Wasserspeiers, in den Niederungen hier die Landschaft wird von Wildgänsen und Canadagänsen bevölkert bewölkt .. «

... »ich spucke ein Stück Wange aus du muszt wissen mein Kabinettbild meine Seelen und Körperangst, die alte Verlederung mein kaffeebrauner Speichel Tauflavoir, linkes Auge tränt, Gebet der Medizin usw. Ist das ein Hosenbein ein Ärmel?, hatte Füszchen und Händchen heruntergefetzt von Noten-, Notizblatt, biszchen zerwühlt sah das Stubenbett aus samt und sonders, auf einer Fotografie sah ich mich in verschiedenfarbigen Kaftanen übereinander, das Vorüberziehen der Mäuse hier oben nachts, ist zum Tollwerden, mit einer beinahe PESTILENZ. Was ist denn das für ein Blecken der Schafe in meinen Ohren und Brüllen der Rinder – SCHÜRZE ALS MUFF, deine Schürze als Muff wo hatte ich das gesehen, deine Erscheinung dein Winken deine Zeichen mancherseits, das Kainszeichen auf meiner Stirn seit Kindertagen, Beine wie Bambus schleppender Schritt, bin im Übermasz geräuschempfindlich geworden, anderseits *müssen ja die Schmiede einen unaufhörlichen Lärm machen* – kalauerhafte Erfahrung : als ich entnahm dem Kaufmannsladen (Unterküche) den Milchtopf, *schmierte deutlich* die Kästchenwärme an meine Fingerspitzen, Karoline und Pauline Fey, das präludierende Schwesternpaar (das Geheimnis der vogeläugigen Schwestern), deine zurückhängende Mantille die offenen Kammern meines Pupillenhirns usw. Sofa steht auf einem Zettel, Niedertracht auf einem andern, ziemlich Gedichtkopfkissen, ich frage mich HERRSCHT SCHON DIE INTERNATIONALITÄT DER MUSIK, meine Mantelsäcke von losen Münzen durchwetzt, verehre deine Stöckelschuhe (Kothurn), mit einer Decke umwickelt die halbe Nacht aufrecht

im Bett gesessen, vom nächtlichen Kritzeln mit dem Kopierstift schwarz getüpfelte Bettnische Bettuch, sodann ein Morgen an dem die Dächer mit Buschkleeblüten und Schwertlilien verhüllt scheinen. Das zartgrüne Fleisch der rotbackigen Äpfel, das Fleisch des Apfels von dem ich asz war von der zartgrünen Farbe der Knospen im Frühling. Ein Haufen Granitwürfel vor dem Fenster wie kleine Zuckerstücke, auf dem Fensterbrett glitzernde Schneekristalle, im Fond des Wagens die Nackenstütze trug Stirnband«
... »mir träumte DIE TEEHELDIN (Kreuzotter) hielt sich in unserem Küchenraum auf ohne Auslauf, ich drehte mich im Bett (abermals Kavatine), fühlte erschrocken die kalte Glätte der Schlange auf meinem Handrücken, der Astronautenstift an meiner Haut es war die Geburtstagsnacht wir flüchteten dann in ein leeres Kabinett, dessen Tür nicht fugenlos schlosz wir fürchteten uns vor der Kreuzotter GEISZELIGE NACHFRAGUNG eine schlimme Vorbedeutung so schien es, im Hintergrund hatte jemand in die Hände geklatscht, ich begann dann vor Schmerzen mich auf dem Boden zu winden als würden mir Leber und Eingeweide zerrissen werden, du schreibst : *man weisz nie wohin der Maler denkt, womit er sich züchtigt usw.*, wenn es so palimpsestisch durcheinandergeht. Am durchscheinenden Leib bin adoleszent geblieben bin zertrennlich geworden, unsichtbare Harfe, fein und mittel (Dalí), mein Grusz an dich soll von dieser unausweichlichen Zuversicht sein die von selbst geheim geworden ist weil sie fast kein Mensch versteht, Endbahnhof ist gleich Jagdbahnhof.«

für Sabine Hassinger, für Peter Pessl

passim

ein Schön-, ein Schwörmontag
»die von Haus zu Haus ging als Näherin«, Andrea Zanzotto
dem Pergamentsack mit der ausgebesserten Wäsche entwich
  scharfer Tabakgeruch
diese Fingerkuppen wund mit eingerissenen Nagelecken

die aufgetragenen Farben verwischen dasz die Grenzen verschwinden
oder im Zickzack gegen den Wind also *lavieren*
zwischen TABULA RASA und STATUS QUO
»alles Zufall!« : »alles Berechnung« (Anleitung zu einer Werkanalyse)
funkelnde Steinchen herausgebrochen aus einem kosmischen
Gebäude dessen Geheimnisse ich nicht kenne, aber zu offenbaren wünsche
das Register auf dem Fuszboden, die verschmierten Fliesen
auf dem Einsiedeglas in ungelenker Schrift »Marillen 91«
vermummt verbuckelt im Küchenraum, der Milchtopf *schmierte*
warm an den Fingerspitzen, gehievte Arme, wie Blitze schlitzt es den Scheitel
ich vergleiche meine beiden Gesichtshälften miteinander
der rosa Gummihandschuh über dem Kübelrand
das Motorengeräusch eines Propellerflugzeugs im Wohnzimmer
Graskopfkissen auf dem Korridor noch schwindelte mir
vor dem Spiegel, Tatzen so scheint es, was
wollen diese Augen von mir
abermals in Erfindung
die in den Gärten rund um *die Tempel und Schreie*
voll erblühten Kirschbäume im Frühling in Kyoto
mit roten und grünen Sturmfingern der Abendhimmel im Januar jetzt

Goldberg Variation 29

schön asketisch erscheint das Leben schön zerrissen in
Fetzen zerrissen Schädel und Herz zwei Motorsägen trennen
Schädel Scheitel von Rumpf undsoweiter wo keine
Möbel sind und kein Licht nur Couch und Tisch Kreischen und Stöhnen
in einem Kreiszsaal Menschenfabrik auch wo
die Bäume zu Stümpfen gejagt

werden auf Stümpfen das runde Brot den Laib Brot
auf dem Stumpf eines Baumes ausgestellt Kunst-
objekt im Schaufenster einer Brotfabrik auf dem Bahnsteig
Nymphenfabrik habe unausgesetzt grimassiert in meinen
Taschenspiegel hinein-
grimassiert während ein Regengusz heftige Böen das weisze
Tuch
um den Kopf gewickelt mit seitlich herunterhängend
blutigen Zöpfchen oder
aus weiszer Baumwolle gefertigtes Seil
schärpenartig und blindlings den Hals umschnürend
warten auf den Provinzzug heftiges Auf- und Abschreiten
Laufen Bewegung
nach langem Stillsitzen die Minuten Sekunden
Hornhaut und Aderlasz die Minuten Sekunden zersägen
zerhacken zerhauen
hell erleuchtetes halbes Zifferblatt der Bahnhofsuhr
in der Dämmerung Baumstumpf in meinem Kopf die
weiszlichen Locken Nervenfabrik
fächeln gefiederter Wirt (»aus welcher Richtung der Zug
nach W.?«)
»Tische Zeitungen Frühlicht«, Zanzotto, sehe die Schüssel-
antenne auf einem Hausdach
höre die Jungen kreischen auf dem Perron gegenüber
Zungenrede und Blinzeleien falte den Schirm zusammen
(»Finnsprach' so arios!«)

das Beklopfen einander des Grashüpfers

»abschwitzen!«, »aushungern!« so Vater Mutter
wenn das Kind zu wild
umhergetollt hatte, zu viel gegessen hatte :
plötzlich nach mehr als einem halben
Jahrhundert, heute, scheint es mir ich müsse
erschrecken vor solchen Patent-
lösungen Rezepturen /
verstehe wer kann

mit Baumnotizen

Feuer und Katarakt : aufwärtsfliehende abwärtsstürzende
Augenvögel zwischen Fenster Hof Tür
»die beflügelten Hügel« / sie flügeln mir ins Quartier
das Zigarettenfutter der kleine Zimmerbrand immer wieder
im Bett
an der Bettkante sitzen rauchen, den Hemdknopf Perlmutt-
knopf
im Bett verloren, abgerissen im Schlaf, auf dem Hemdknopf
geschlafen die Pressur
an der rechten Wange und Schläfe, schwarze Vogelspur
Schlange
das Schlangenei ausgebrütet der bösen Träume
die geflügelte Ferse (»Fergie«) und Kohlenstaub
in den Augen so schwarz, das Ofenheizen in Mutters Schlaf-
kabinett, damals,
die Kohlenschaufel, das Anthrazit der Blicke (in Blitze
gezackt)
der Ascheneimer die heisze Asche, an der heiszen Asche
die Hände gewärmt –   das Krematorium, damals
es war Januar und der Freund in den Himmel gefahren
als flüchtige weisze Spur als zarter Schleier aus den
Krematoriumsschloten
so dasz wir noch eine Weile seinen Weg in den Himmel,
noch eine Weile
verfolgen konnten während wir aus der Halle traten und
weinten
und halblaut durchaus dies Lallen, Weihrauchduft über den
Gesangsbüchern
in den Betstühlen der Dorfkapelle und will es noch immer
nicht wahrhaben
dasz ich erfahren muszte von ihrem Tod durch den Post-
boten (»Adressat verstorben«)
dasz ich dann Wochen Monate Jahre nicht gewagt hatte die
alte Nummer zu wählen
um mir nicht bestätigen lassen zu müssen dasz sie
gestorben sei

oder zum Beispiel meine Groszmutter die war ein Vogel Strausz
eine Musik wie himmlische Peitschen, genialischer Gestus, ROMANAUFENTHALT
diese Liebe dieses Brennende und zieht die Hand
ein wenig zu sich, des Kindes, geht langsam die Treppe hinunter mit dem Kind an der Hand
zieht die Hand an die Brust *(Rubenspark Winter '27)*, des Enkelkinds
kleine Hand auf dem alten Foto –
holde Schwalbe Januarhimmel / an Windes Braut
mein Schatten an der Brücke über die Schwechat das war in der Nähe der Mutter
die Sonne hat den Schatten gemalt auf diesem Foto –
(von Raketen), die gebratenen Würste, der Eiswein
mit bübischer bunter Plastikhaube der alte Fleischer
auf und ab schreitend auf blutiger Metzgerbühne
gelbe Hals- und Haarkrause vergeblich trübes Gebisz
intermittierend im Parkrasen : Hundegestalt
weiszer HIS MASTER'S VOICE Hund an den Kniegelenken die geschwollenen Adern
in einer Indianerfrühe habe ich grimassiert, vor dem Spiegel
gar nicht mehr hingehört, oder die Zahnbürste vergessen auf dem Waschtischrand
VOGELSPANGE / Nackenstarre, das Gesicht der Gipsstatuette
der Länge nach, diagonal, verdeckt
die runden Trophäen der Adern (Augen)
im Gespräch mit dem Arzt auf die hohe Lehne des Patientenstuhls abgestützt
sich der eigenen Verlegenheitshaltung bewuszt geworden : plötzlich,
im Abgelenktsein verstummt / die Wallfahrtswege
die Wallfahrerblutstropfen (Mariazell)
MARIAZELLER MAGENTROPFEN, Kondome eingekauft, oder damals
auf dem Höhenweg von Meran nach Dorf Tirol diese Vorfrühlingsluft Verführung
zärtliche Wärme auf Steinen, und Wiesenhang

dieser KULTKIMONO / KAFTANBEWÖLKUNG – und in
Strähnen, Strömen
gesintert, im blauen Alkoven des Augs
auf dem Handrücken Farnkrautfrottage, die weiche
weisze Musik der Zitate, Zanzotto zum Beispiel
mit ausgespannten Flügeln der schwarze Schmetterling an
der Zimmerdecke
mir ist nicht mehr zu helfen –
GRASMEDIUM – ach! lauter Neologismen – »es wimmelt in
Ihren Schriften von Neologismen ..«
aber wenn ich jetzt sprechen musz wenn ich jetzt sprechen
müszte wenn
ich jetzt irgendwelche Rede, es wäre nur ....

(Pistazienwälder, gefroren)

eine Landglut, nach ***

betet nieder betet mich nieder betet mich an seine Pantalons
scheidet gelbliches aus : Regentagversion schlaffe
Blousons, mitten im Winter, laufe abwechselnd im
zuckenden
Mantel aus schwarzem Leder, mein Kopf meine Schultern
schmerzen, laufe
in so einem braunen Jäckchen mit Wollschal in die Ubahn
hinein und wieder
heraus, stakend so durch die Welt : Lebens Zeit : Nägel im
Fleisch
mit Wassertropfen bemalt, in Verblüffung
geflammter Stil (Tigris), es ist
noch Tag die Konfusionen grosz, mitten im Winter, ich bin
kein Lebensverhältnis kein eigenes Lebensverhältnis oder
wie soll ich sagen wie soll ich begreifen
was um mich geschieht und schlüpft
der Mann zu mir unter die Dusche und der Mann so gern
zu mir

in die Dusche schlüpft und ich krank mit Kapuze und
Kanapee
und der Mann unter die Dusche schlüpfte zu mir (Korrektur)
es brennt etwas an, das Inferno / Verbum
verschüttet verschlittert
und stocherte in der Ofenglut mit langem Stab oder
mit eiserner Stange im Feuer im Wasser, in früher Zeit
was du an Worten / Speichel siehst
IN DER MAGIE DAS WEIHRAUCHKOCH und ES IST MIT DEN
GÄRTEN ..
und schlüpfte der Mann zu mir unter die Decke aber
ins Fluszknie und der Mann zu mir in die Dusche schlüpfte
und ich fieberkrank mit Kapuze und Rucksack
im Schneeregen den Hang hinunter zum Arzt fuhr
Bergfasern, ruhend essend zwei Männer auf einem Teppich
dann das selige Lächeln unter der Kapuze hervor über irgend
heimliches Glück usw.
während der Palmenfächer des häuslichen Nimbus,

die Fabulierblättchen, oder Erinnerung an den Platanenhain in D.

für Marieluise Hübscher-Bitter

1 die weiszen Blättchen Küchenblättchen, *wie altes Sacktuch*

2 das zu Sagende zu Schreibende : eigentlich etwas in Übereinstimmung mit dem Leser – dasz sich nämlich die meisten Dinge von selbst verstehen, dasz darüber zu sprechen zu schreiben sich erübrige, dasz man gemeinsam auf solche Weise 1 Art Plateau gewinnen könne, von wo aus die Gedanken in gröszerer Wucht und Freiheit der Sicht sich bewegen

3 die rhythmischen Schläge eines Rasensprengers von der Strasze herauf, und weit und breit kein Rasen der mit Was-

ser zu versorgen wäre, kein Wasserhändler zu sichten (Schamanenklavier?)

4 ich hatte 1 Arabeskenkleid 1 bunt schimmerndes Arabeskenkleid das hatte ich an, damals 71 auf dem Flughafen Tempelhof als wir landeten, und hielt den groszen Korb an den Unterleib gepreszt, den scharfen heulenden Wind abzuhalten. Ich lande im Wäschestrudel, in einem der persischen Golfe, sage ich, er fährt mich in einen der persischen Golfe, er trägt 1 riesigen gelben Turban über seinem dunklen Gesicht mit Bart, die *Blumenmaschine* umgeschnallt, während meine Finger 1 winzige Landschaft (Berg und See und in Farben) drehten, ich trug die Schwalbenschuhe und 4 Hemden übereinander

5 man musz mit realen Karten spielen, sage ich, aber man musz transreale Bezüge herzustellen versuchen eigentlich VISIONEN. Je realer die Materialien desto durchsichtiger spiritueller die Ergebnisse, nicht wahr – meine Mutter jedoch, eingenadelt ins Hagelwetter, liest mir vom Gesicht ab, sie liest meine Geheimnisse von meinem Gesicht ab, in ihren Händen 1 Zellulloid-Püppchen, nackt, wie ich sie als Kind geliebt hatte. Und ich hatte gehofft, noch einmal die Taufkirche in der Mitte der Strasze erblicken zu können, die vor 2 Jahrzehnten geschleift worden war (Naturvernunft)

6 die Wind- die Wendeltreppe (Trompete) der Wassersaal die Tür schlägt im Wind, 1 Geräusch von hinter dem Vogel. Ich spreche von AUGENFLORA eigentlich AUGENFLOR, nämlich wo Flora gleich Fauna, faszt man die Pflanzen familienweise zusammen. Tagsüber gehe ich botanisieren, sammle schwarzen Sand in Plastikdosen, auch roten Lehm / Hämatitlehm / für meine Bonsais und noch einiges mehr, etwas irgend etwas : anheimelnder *Abklatsch Arkadien*. Früher bedeutete 1 Katzenhaar schlucken : an Epilepsie erkranken, sage ich, *1 edeler Mundverschleisz*

7 aber ich habe keine WIRKLICHKEITSFORM, das ist es, um mich herum Mutters wolkige Haare, ihr geschliffenes Aug, ihr entstelltes Leben (kopfunter), bei meinem Begräbnis bitte ich, *die Himmel rühmen zu intonieren*, sagt sie, und : einander Sprachlosigkeit zuzugestehen, *ist im höchsten Respekt*, usw.

8 grosze Sehnsucht, mein Bewusztsein zu jagen, sage ich, oder ich stelle mir vor, ich schaffe *1 Schreibtatsache unumstöszlich* (S. H.), in K. gibt es alte Gewässer, die von einsamen Männern mit gefärbten Haaren besucht werden, Allee-Wächter allesamt, dann fällt das Wort WINTERSCHATULLE, VOTIVKINDERHEMD, KOPFBRISE, und wenn man 1 Antiquitätenladen betritt, kommt einem alles so nah und verwandt vor, nicht wahr (Zucker aufgespieszt). Wenn ich lange allein bin, 2 oder 3 Wochen, bekomme ich Angstvorstellungen und Erbrechen, da überholt mich wer oder der Schatten einer Stirnlocke an 1 Regentag. Viele kleine Küsse, plötzlich steht 1 Stuhl wie 1 Arm auf 4 Beinen vor uns, oder wir spüren, wenn wir zum Himmel schauen, ohne Übergang, unsere Verlorenheit, ich kenne die Stimmen der Freunde, weisz in Umrissen ihre Reaktionen, kaum aber meine eigenen, und beim Wäschewaschen das plötzliche Wiederauftauchen der Jugendherberge in meinem Kopf, damals, in Schladming, in 1 alten Bottich der dunkelgrüne Schatten abgeschnittener Blätterranken von wildem Wein, Buchs- oder Tannenholz, Wäscheklammer zwickt Fingernagel des kleinen Fingers der linken Hand, stützt Herzmeridian

9 die Pfauenschreie wie Kinderschreie : verwahrloste VOTIVKINDERSCHREIE, kaum zu ertragen, ist das 1 Wolkenwand am Ende der Strasze oder das Fossil eines Waldes? dann komme ich nachhause mit dem Wort TATRA auf meiner Zunge, und unter dem Sommerkleid, damals, schon das Badekostüm getragen, um die Umkleidekabine zu sparen am Strand, und man konnte die Träger des Badeanzuges im tie-

fen Halsausschnitt des Kleides sehen, oder die Träger waren am Nacken geknüpft, was die empfindliche Nackenhaut reizte – das Abbilden einer Person (Hornisse)

10 das Fleisch der Tomate schmeckt bitter, im nackten Liegen die gestreifte Krawatte um die Taille geknüpft (strangulierend), DIE ZWEI VULKANE (Chambas), so dasz dieser Mann auf der Parkbank, sage ich, beinahe zugedeckt schien von den gefällten frischgrünen Zweigen also grün EINGESCHMINKT : Fronleichnamsszenario, während das tobende Schnarren einer Baumsäge sich in mein Ohr frasz (»Achtung Baumschnitt«), 1 heftiger Flaum von wehenden Blättern um seine Stirn, sage ich, die Stirn mit Kränzen von frischem Laub umwunden, so schien es, die Baumschneider hatten ihre Schutzhelme, ihre Leitern im Rasen zurückgelassen, auf dem feuchten Boden die abgeschnittenen Äste, die Wedel frischer grüner Blätter. Später mit vielen Frauen in 1 dunklen Raum, es waren auch Männer da, und 1 Kind schlief auf dem Fuszboden liegend. Wir betrachteten den Gosausee, *das Auge des Gosausees*, in 1 steil aufragenden Felsenlandschaft vor uns, das Auge weint, rinnt aus, es war das Gesindehaus (Geheimnis), 1 berauschende Landschaft vermutlich Spanien mit hölzernen Bettnischen, Pelzmänteln Bären (1 rotes Bettenhaus, 1 Skalpell), jemand hatte meinen Kopfpolster *geschlitzt*, Überzug und Inlet waren aufgerissen, -geschnitten, man sah dasz die Federn hervorquollen, ich empfand 1 Schmerz als hätte man mir die Eingeweide aus dem Leib gerisssen, und der olivfarbene Regenschirm, von dem ich nur wuszte, in welchem Laden – ich hätte die Lage des Schirmgeschäfts aufzeichnen können – aber nicht in welcher (deutschen) Stadt ich ihn gekauft hatte, liegt langgestreckt auf dem Vorzimmerboden (arabische Badewanne). *Nervöses Ekg*, sage ich, heuer ist 1 Hummeljahr, 1 Veloce-Rider, nein, 1 Sturmbö über der Strasze

11 an wüstesten Orten und wild plakatiert, sagt der Mann mit dem Turban. Und beim Treppensteigen *habe ich schon wieder die ganze Post die ganze heutige Post inhaliert* – kaum

Freudenbotschaften, sage ich, er sagt, zuweilen schämt man sich ja geradezu für die Umgebung in der man wohnt, obwohl man dafür nichts kann. Lehnen die Mitbewohner tag- und nachtlang grölend zum Fenster heraus, gehen zwielichtige Gestalten ein und aus, fühlt man sich für diesen Umstand verantwortlich, sogar schuldig, nicht wahr, zu ebener Erde das Etablissement der LOS ANGELES SCHWESTERN zum Beispiel, sagt er, oder die schwarz verkleideten Frauen am Neusiedlersee mit den schwarzen Ledermasken, 1 Mädel nach Schlangenart, usw. Nicht EIS IN DER TÜTE sondern GELATI / GELATI in Groszbuchstaben aus buntem Papier an die Auslagenscheiben des Lokals gekleistert, TOTALER ABVERKAUF im leeren Schaufenster nebenan, 1 Bündel Mensch, zusammengesunken auf demolierter Parkbank, die verbogene Klinge des Messers (alles scheint heute verbogen), die verbeulte Landschaft im Fenster, die gekrümmte Scheibe Brot, die schiefe Katze gegen die Straszenlaterne, die wellenschlagende Schallplatte auf dem Plattenteller –
KÄLBERDEUTSCH oder ARKADIEN, sage ich, die Ameise auf meinem Frühstückstisch, da liegt 1 Abfall in mir verborgen, ich sehe geradezu das Exkrement wie 1 Embryo in meinem Gedärm liegen, gesprenkelter Scheitel. Sind Sie praktizierender Katholik, fragt der Mann, ja, sage ich, manchmal ist das Vorlesen die Feuerprobe für meinen Text. Ach, die versprengten Notizen, sage ich, mit dem Skalpell an der Sprache hantieren, winziger bunter Papierschirm auf dem Asphalt : chinesischer Eiscrem-Aufputz Gehirn verspeichelt, Spontanfotografie : Selbstauslöser : erblicke mich mit verspeicheltem Mund (hastig heruntergeschluckter Speichel), Bruchteile einer Sekunde nicht imstande, den Grusz der freundlichen jungen Nachbarin zu erwidern, stehe mit aufgerissenem Mund, 1 auf der Strecke gebliebenes laufendes Bild, usw.

12 geflügelte Pfanne, die Stiefmütterchen in den Beeten hoch aufgeschossen mit langsamen Hüten und Hälsen, weiszes Blütengespinst, weisze Blütenwolle, die Kirsch- und Pfirsichbäume blühen im Tal, Schlehenblüten wie weisze

Hügel, an den Wegrändern die blauen Inseln der Leberblümchen, Wucht einer fragilen Landschaft, etc., aus dem Gehölz weht es weiszgrüne Blüten, nie vorher Ähnliches gesehen, und die ganze Stadt die zu erkunden ich mir vorgenommen hatte, schien in diesem Anblick beschlossen, nein, schien in diesem Anblick bis in ihre Tiefen sich mir erschlieszen zu wollen, sage ich, so dasz ich nur stand vor dem lichten wolkigen Muster der blühenden Baumgruppe, die, aus einer Senke sich erhebend, mir vorgaukelte, ich sei in einer arkadischen Landschaft – ich stand auf der asphaltierten Plattform der Hotelauffahrt – so wollte mein Staunen nicht enden, und ich mich fallen liesz mit meinen Augen tief fallen liesz hinein in diese Katarakte des Frühlings : Blütenregister, Myrtenhain

13 der Kopfputz : Lampen-, Legendenkopf : geschmückt mit Federchen ist gleich Zettelchen

14 das Fremdheit(Bären)-Gefühl der Welt gegenüber entspricht vielleicht dem Gefühl eines Intimverhältnisses zu sich selbst / und vice versa

15 die Imitation eines Schreibverhaltens, sage ich, 1 Virus vermutlich, sage ich : man setzt sich zum Schreibtisch und bereitet alles fürs Schreiben vor, *fingiert den Schreibvorgang*, kritzelt herum, ich meine man ist beherrscht davon, herumkritzeln zu wollen, aber das Blatt bleibt leer : Verzweiflungszustand vor dem Verrücktwerden, KASSEROLENZUSTAND, sage ich, aufrecht an der Maschine sitzen, aufrecht am Bettrand sitzen, ins Leere starren –
wann erreicht mich wieder diese Art FLASCHENPOST VON DRÜBEN, frage ich mich immerfort. Sie haben 1 anderen Gestus, sagt der Mann, Sie sind womöglich 1 Debussy der Literatur, sagt der Mann, Bewunderung für Ihre erhabene Ausdruckswut in den so schönen riesigen Wellen – kein Ende der Welle / Furche in Sicht ... schlieszlich hat man nach MENSCHLICHEN NÄHTEN geforscht in der Hostie, nicht wahr, sage ich, ach, mein formelhaftes gleichzeitig ungezähmtes un-

zähmbares Leben (türkische Flaumfeder). Einmal habe ich zu wenige Löffel in der Bestecklade, 1 anderes Mal zu viele, es ist vielleicht 1 Zerfleischungsprozesz : am Straszenrand stehen, von der Sonne teuflisch geblendet, und in 1 Heftchen notieren, notieren, ich notiere : *den einen schwarzen Ärmel mit dem anderen putzen*, und : 1 Sinuskurve nach der anderen, ich meine 1 Schlangenbeschwörungskistchen nach dem anderen öffnete seinen Deckel und entliesz erbarmungswürdiges Menschenkind (mich), dessen Leib sich so stinkend windet, etc.
die Fronleichnamstüren und -fenster alle geschmückt mit Levkojen und Glyziniensträuszen in hohen Vasen und abgeschnittenen Birkenstämmchen also FLITZPAPIERE und FLAUBERT-FLAMBOYANTSTIL, während ich achte darauf, dasz die Milch im Kochtopf nicht überläuft, usw., damals, der grosze Dichter, schneuzt sich ins Tischtuch ins Hemd, zärtlicher Taugenichts, Victor Hugo z. B. hat er in der Normandie gewohnt oder hat er über die Normandie geschrieben : GEISTERPAPIER / TAIFUNSTADT. Und war ich nicht zu allen Zeiten 1 lustbetonter von meinen Trieben mich leiten lassender also ABHÄNGIGER Mensch gleichzeitig 1 entbehrender den Quellen der Freude sich entziehender der Enthaltsamkeit verschworener Mensch, da sprieszt das weisze Nackenhaar. Jeden Morgen lege ich Listen an, was zu tun sei, TAGESÜBERSICHTPLÄNE, die beruhigen, gaukeln mir vor, ich hätte schon alles getan, ich würde schlieszlich den Verpflichtungen, indem ich sie aufgelistet hatte, enthoben sein, usw.
Habe ich denn noch 1 menschliches Gesicht?

16 Hänge mit Buschwerk, viele kleine bobbies liegen herum, 3 Schneidetische im Schlafzimmer. Hereingeweht kamen weisze Sommerfäden, schlüpften mit mir zum Tor herein, 1 geköpfte grünverschlossene Knospe im Treppenhaus, 1 FABULIERZETTELCHEN : *dann habe ich Oberwasser.* Weil das Rad der Beiwagenmaschine gebrochen war, schiente man sie mit Hilfe eines aufrecht untergeschobenen Schemels, den man mit Plastikschnüren befestigte, die Rolltreppe blieb

plötzlich stehen und mich schwindelte. Heute VASALLENGEFUNKEL im Himmel, was ist das, 1 Vollmondkarte liegt auf dem Tisch, etwas Bedrohliches, sage ich, mit der Kraft des Wassers, der steinernen Materie, der Luft, der Feuerenergie. Beim Schreiben *die Selbstentzündung*, dann der HERBEIGERUFENE, der Mann mit dem gelben Turban : in der Taille abgebrochen unterbrochen geknickt, aus der braunroten Kutte ragend der Vorderleib, der rechte Arm, der linkeste Armstumpf, die Beine verhüllt vom eigenen Grabhügelschatten, mit Lichtschranken gemustert, darüber ein weiszer sprieszender Goldrutenzweig oder Storchschnabel, dem ich als Kind in der Kindheit mich verbunden gefühlt hatte, Vater sprach ihm den Zauber zu, der Storchschnabel hatte den Zauber B und D, und die Blütenspitzen griffen ihm an den Ärmelsaum, in die Armbeuge, und er steht, sein eigenes Grabmal, mit ausgebreiteten Armen, wächst mit Goldrutenzweig oder Storchschnabel ins MASZLOS, mit B und D und den Fensterchen sieben. Aber er ist 1 Kuttenmann Mönch oder was, das augenlose Gesicht auf den Betrachter, mich, gerichtet, sehr eindringlich, endgültig, mit ausgebreiteten Armen und Flügeln, der rechte Flügel gebrochen : geborsten. Der Oberleib die Taille umrankt von den Zauberblüten, so wurzelt er tief, WO FLORA GLEICH FAUNA, am Bildrand, *als hätte er lauter Gockel*, mit Ziegel und Zebras beschwert, usw., der springende Kamp.

für E. J.

bei aufgeschlagenen Fenstern am Morgen eines leuchtenden Augusttags solchem Augusttag / trinken
das Wehen der Luft / noch / sich sagen ich lebe / noch /
und jetzt und hier aber endlich
oder durch die blendende Bläue segelt die endliche Schwalbe

1. 8. 92

für Ernst Jandl

an Holztischen die unzähligen
Male / die Hände unsere Hände flach
auf die Tischplatte gelegt, einander anblickend wie
oft / vertraut-unvertraut während
die Erinnerung an ein Fingerklopfen auf eine Tischplatte
(in einem Beckettstück) moosumwunden nämlich in einem
Wald

Nachwort

Diese Auswahl ist begrenzt auf die Gedichte und die kurzen Prosa-Stücke Friederike Mayröckers. Den Hintergrund bilden vor allem ihre großen Prosa-Unternehmen: Es erschien mir ungehörig, aus solchen Geweben Teile herauszuschneiden. Die Biobibliographie verzeichnet diese Prosa-Titel und ihre Entstehungsdaten. Liest man diese Angaben vereint mit denen im Inhaltsverzeichnis, ergibt sich ein zumindest zeitlich-quantitatives Abbild der hier nicht repräsentierten Texträume. Zur Repräsentanz der ausgewählten Texte meine ich, daß wohl auch mir (nicht nur anderen) mehrere andere Wege durch das Werk möglich gewesen wären – auf die ich blicke mit Bedauern und Neugierde, ja Eifersucht ..., einer ähnlichen Mischung, wie sie den Gedanken füllt, man könnte auch einen anderen Lebensweg gegangen sein. – Die Nicht-Auswahl einer nicht unbeträchtlichen Zahl von Gedichten indessen gehorchte einer gewissen Scheu vor Veröffentlichung, denn ich empfand bei ihnen, sie sollten auf den Seiten ihres eigenen Buches verbleiben, weil sie dessen weißes Papier und inneres weises Wissen porträtieren, wie es ihm zu Gesicht steht und mir nicht erlaubt, sie von dort abzulösen und außerhalb ihres Wuchses und Blicks/Anblicks *peripher irgendwo* aufzublättern. –

Bei der Anordnung habe ich mich an das chronologische Prinzip gehalten, weil es bedeutungsfrei ist und die Autonomie der Autorschaft nicht entstellt, sondern den offenen Raum bewahrt, der ihr zukommt. Ebenso habe ich auch beim Auswählen selbst nicht den Vorwitz sekundärer Interessen wie etwa die Absicht einer entwicklungsgeschichtlichen Darstellung der Autorschaft herrschen lassen oder gar eine biografische Programm-Musik zugelassen. Mit dieser Treue gegen die Wahrnehmung meines Lebens hoffe ich, eine ungestörte Begegnung mit den Texten zu fördern. Vermittelnde, moderierende Zutaten wären (auch noch hier, im Nachwort) wie ein Reden neben den Texten, die aber Stille brauchen, weil sie ja, wie ich es selbst beim Lesen erfahren habe, auf eine dichte, phalanxartige Masse von Reden in den Lesenden treffen; und sie werden gelesen nur, indem sie in diesen Widerpart eindringen.

Sie dringen nur ein, während sie eindringlich gelesen werden. Gewiß gibt es Lesende, die diese Texte widerstandslos aufnehmen, ich gehörte nicht zu ihnen und ich erfuhr, wie die Freude des Lesens aus der (von den Dichtungen hervorgerufenen) eigenen Aktivität der Aufnahme erwächst. Ich las mit allem Widerstand, den ich aufzubringen vermochte, oder richtiger: den der Text in mir mobilisierte, – mit einem starken Begehren, »alles zu verstehen«, und zwar vermutlich doch in der überkommenen Art zu lesen. An Stellen, die über meine Aufnahmebereitschaft hinauslangten, setzte ich Fragezeichen. Es konnte mich verwundern, wieso?, weil ich ja nicht sagen konnte, ich hätte alles andere verstanden. Der Reihe der Fragezeichen entsprach am anderen Ufer eine Reihe angemerkter Begeisterungen. Offenbar hatte ich diese Stellen ›verstanden‹, wiewohl ein wenig abseits von dem, was ich vordem als verstanden haben bezeichnet hätte. Ich gewahrte, daß ich mit diesen Zeichen ein Rezeptionsporträt markierte, ein Porträt von mir selbst, das neu war. Die Texte bildeten also eine andere, nämlich *ihre* Leserin aus mir, eine, die es vorher nicht gegeben hatte, und dies schon beim ersten Lesen. Oft waren zudem dessen Begriffsstutzigkeit, Blindheit schon beim zweiten Blick auf eine Stelle verschwunden.

Gewiß hängt die Aufnahmefähigkeit von der jeweiligen Gerichtetheit und Gestimmtheit ab, und vermutlich verbinden sich die Momente der Aufgeschlossenheit allmählich zu einer Wachheit weiterer Begegnungen. So konnte z. B. die Folge

> […] Tinten-
> kalk, Schulterblatt Eiswand; lichtfeste
> Knirschung, Kirschhang […]

vor zwei Jahren nicht so ungehindert durch mich hindurchgehen – indem sich eben jedes Signal unverzüglich erfüllt – wie nun. Und ich meine auch, in der Freude darüber / Freude daran, daß diese aktivierende und aktive, ebenso widerständige wie anlockende Lektüre ein Lesenkönnen schlechthin (auch anderer Texte) entschlackt, nämlich mich dahin bringt, daß ich so lesen kann, wie ich es wünsche, nicht *nur* so, wie die gewohnte strapaziöse Unleserlichkeit (abträgliche Schein-und-Teil-Leserlichkeit) des Kontextes Gesellschaft meine Lesefähigkeit mindert (formt, nach ihrem leidenden Bilde: Krusten backend, ungar haltend). Muß ich hinzufügen, daß die Lektüre Unverbindlichkeit nicht duldet? Gegen den eigenen Text so wenig wie gegen den Kontext Gesellschaft!

Natürlich habe ich nun den ersten Widerstand nicht mehr ungebrochen zur Verfügung. Das Lesen lebt mit dem Schreiben. Nach einem Beginn, der für mich mit seiner Entschlossenheit und der sogleich aufgebrochenen Fülle seiner Orientierungen unermeßlich (›ein Wunder!‹) war und bleibt, sehe ich, erlebe ich konsequente Verwandlung / Erweiterung, neu entschlossenes Unternehmen. Ich hoffe, meine Auswahl gibt, was diese Worte wiedergeben sollen, und gibt auch, was diese und andere Worte nicht sagen können. Statt des Versuchs einer beschreibenden Wiedergabe, einer objektivierenden Einordnung gar, statt den Interessen einer begrifflichen Thematik zu folgen (Interessen, die ich nicht leugne), will ich hier einige der Antwortreden anschließen (die Friederike Mayröcker insofern gehören, als sie sie hervorgerufen hat) – und mit deren Mitteilung das Nachwort beenden.

Berlin, 1.3.93

Sie und der Fluß

ein Reflex auf den Brillengläsern der blonden Germanistin während der Autofahrt
F. M., DAS HERZZEREISZENDE DER DINGE

Dasein, Zeit greift, pfeilgerade Wellen
belangen die hingehaltene Haut.
Als wenn Schnee an mir taut so salzlos.
Wellen, die anwandern, eine der andern Schalenweise
und Reise.

Hier läuft ein Fluss zügig ebenenflugs
wie in Erdstromzeiten wir hingen
salzlos Menschen hineingefiedert
in Luftseiten Vögel.

Ich erschrak, als ich las: »ein Reflex
auf den Brillengläsern der blonden
Germanistin während der Autofahrt«,

wie erschrak ich, ich hielte,
keiner Sprache mächtig, sie in den Händen,
stürbe im Choc, schwarze Asche im Nu,
in dem knisternden Blitz, hielte ich
das Geschenk – lebensgroß – noch im weißen
Gabenpapier –, wie vom Schlag gerührt.

Jäh. Wie konnte je
Schiefer so ragen so schwarzfarnkundig
so farnschriftkundig so farnschriftverschwistert
in der Schichtentruh Ruh?
Im Grund wie denn ragen?

Kopfüber die Ragejagd Sturz
in den Scheitelpunkt Zeit
auf einem fußfernen Boden mit Dir.

Geübt. Stößt sich ab. Ein Fliegen.
Von der goldenen schrecklichen Welle.
Schon immer. In Lüften. Geübt. Kein Straucheln.
Wie vom Wind getragene Samenfruchtspreu, so lernten
sie schwimmen in all diesen Jahren, ich nehme
sieben, stehe im anderthalbten.

Januar 91

Sie in meinem Haus

Eine Hornhaut um mich,
um nicht anzustoßen,

sollte sie, die Glocke, der Fisch,
einmal bei mir sein,

dort bei mir auf dem Land.

Nur es richten ihr,
daß es Ihres ist,
was sie sieht.

Sie im Kästchen im Auge behalten.

Wo nämlich schaut sie hinaus?
Wie nämlich schaut sie hinaus

wohlbehalten?

»Nein, die Fenster sind nicht zu verrücken.«
»Nein, die Küche selbst
schaut nicht hinaus.«

Kommt sie, die Glocke, der Fisch,
kommt meine Gästin

rundum zurecht?
Nur es richten ihr,

eine Hornhaut mir,
um nicht anzustoßen!

12. 4. 91.

(geschrieben im Zauber des Textes
UMBRA. DER SCHATTEN. Das ungewisse Garten-Werk (zu Arbeiten von Linde Waber))

Notiz vom 17. 7.

Noch habe ich kein einziges Kapitel oder gar Buch
als Figur im Ganzen gesehen, als Komposition vor Augen
gehalten …

aber einzelne Abschnitte, Kleinfolgen doch
halten mich an, mich umzudrehen, rufen mich zurück,
lösen lauter Bewunderung aus,

ein Aufblicken,
Gewahren: Gestöber, von Gottweißwo, vom Gelenk
in die Schultern aufsteigend,
das sich Bewunderung nennt.

Ausdruck, Ausdruck: die Pinnwand –
ein Erlebnis-Relief.

Ausdruck im Glanz,
das Sehen verblendend,

der *Horde* Kontroll-Bilanz,
unwillkürlich, beständig, –

der Geltungen, Münzen im Dunst,
flüchtiges Sichten (durch Blenden), –

dennoch im eigenen dunklen
Bildgrund flüchtig-präzis (ins Schwarze: Treffer!),

im Dunkel beschwingt (und dankbar,
begeistert), all so überschlägt
die Horde im Nu, der Spürsinn,
vermutlich unfehlbar.

Bewunderung: frei!
wieder, ins Freie!

(Schimmer im blassen
sich bildenden Dunst).
Überlaufausgleich, reell das
Tier, Rch springt hinweg
über das Steigen: nirgendshin fort,
springt, weil es springt
und nicht stirbt (weicht), so daß

immer die Treue
Bewunderung bewahrt,
wurzelecht dir, deinesgleichen gilt,

unseresgleichen gilt
Zoll gleich Gewinn

(springt heraus,
nicht ins Aus).

Nachsatz: Gott heilt Wunden,
Wunder heilen Gott.

Über den Winter

Was Du schreibst, ist neues Land, sage ich.
Weil es überall ist, mich umgibt, wie ein Land, meine ich.
Der Vergleich drängt sich auf. Warum schweige ich nicht?
Geht es so zu wie beim Echo?

Und es ruft, scheint mir noch, daß es Winter sei.
Daß ein neues Land, ruft es, Winter sei.
Kalt? Ich stutze, halte, bedenke mich,
und so leuchtet mir ein, es muß heißen

nicht: »Ein neues Land ist Winter« natürlich,
sondern: »Winter ist ein neues Land.«
(Schnee und Eis – das ist Winter natürlich.)
(Winter ist Schnee und Eis.)

Winter ist ein neues Land auf dem Land.
Wo man nichts mehr kennt von dem Vorigen.
…, – und wie auf Schienen gesetzt
jetzt neu. Von nah und fern. Wo es so ist,

nunmehr, daß auch im Sommer nunmehr…
es ein Kleines nur noch, und schon…
gleich daneben, grenzenlos unbekannt, sitzt … (wie es saß)
unter die Schiene gekauert …

Ein noch unbekannteres Land gleich daneben.
Ein noch neueres Land gleich daneben.
Verkappt irgendwo. In die Furche der Hase geduckt.
Und wie auf Schienen gesetzt –

Dann ist es ein Klacks nur noch, daß im Sommer auch …
Stößeltritt, hart umschließender Schuh.
Verkappt und verkantet. Beklommen. Neu.
Winter ist Schnee und Eis.

22. 8./14. 9. 9

Kornblume, Mutterkorn, Klatschmohn

Liebe, Du hörtest, Du hörst
sie, Deine Brüder, Gebrüder, die sieben
Schwäne, Du hörtest, hörst die Gefieder-
Stimmen am Himmel –

Handwurzeln schwirrten
gesegnet der Hirtin.

Liebe, ich meinte, es wüchsen mir keine
Brüder im Acker, Brüder im Acker.

Warum grüßte ich nicht das Getreide beileibe?
Stocksteif.

Steine, aufgeweckt, äugen.
Ritter, heilgehext, geigen
noch auf den brüchigen Eiden.

Ende Aug. 91

.. mich lösen von neu geschaffen-Mund

(F. M., Eisernes Gedicht)

Dies Hämmern (kappt Raum)
eine Punktreihe entlang: Wirbel.
Ein Geschwirr gehämmerter Wirbel-Grate.
Lüfte, geschmiedete: Lebensgeister.

Ein Webstuhl. Webt-stößt.
Zeit minus Zeit ist Null.
Das Gewebe lösend (Geschwirr!).
Musternd.

Assoziativer Tanzschritt (Mückentanz) zu ihr hin:
Sie auf dem Sofa »zwischen 42 und 45« (von – bis)

Draußen Bombenkrater, Panzer, MG
Kopfverband Bauchschuß Trage

Das Sofa hat können
im ersten Weltkrieg schon stehn.

Assoziativer Mückentanz von ihr fort:
Panzerschwarz, Starkeisen, eiserner Gang
im Felde auf Ketten
diese Mieder, Leibchen
die Fischbeinkorsage dieser
Lebensgeist Linnen

alles rostet; ein-zwei-drei Schläge aufs Trommelfell..

führt Metall; pflanzt Eisen; ist punktuell;

(bereitet Himmel)

Später im Buch erholt sich das Hämmernde, holt Luft,
holt sich Nennung, im Titel, und Ton, zählt:

Text zu fünf gleichen traurigen
Trommelschlägen: top-top-top-top-top

Dort ist Viel, darin Eisen & Schwarz, *aertzberg*,
sowie: *vom wind geboren, vom Taktstock* [...]

und : *(schauerliche Vigilen zwischen 42 und 45:*
Eiszeit; frühes traum-eis; Panzer; auf eis-
treten-geblendet-unwissend-beinah-stumm-beinah-
taub
gespeist von irgendwoher mit echo – [...]

– nur eben Eis, nicht Acker & Linnen,
auch [...] *Panzer* [...]

Wirbel zu Wirbeln, Webstuhl!
Eine Wende der Energie –

Ach, wie schaut dort der Gedicht-Schluß her:

rauchschwalbe
bronze-hündchen
kuckuck –

(».. wie hell der mond!«)

August 92

das verkrüppelte in voller Blüte stehende Fliedergehölz im Innenhof des Hauses

(F. M., MAGISCHE BLÄTTER, S. 93)

Ich denke: Arme. Ich stufe: Armut.

Mir flockt zu Füßen Buttermilch.
Rasch zieht soeben die Zirrus-Breite,
bis vom Bach

die Weide mimosenzart: Ärmel.

Feines Linnen, der trippelnden Tauben
Kommode (linnenes Tauben), traut kniet

das Fensterkreuz auf dem schmalen

Brett. Ich sehe nichts mehr ich habe
alles gesehen ich gebe die Seele nicht her deren saugenden
Kumulus-Küssen

8./11. 9. 92

Schlangenchaos nimmt zu

(F. M., Raptus)

Vermutlich

(sage ich wegen des mu – in dieser minute
trenne ich mich nicht von dem mu)

hat man am ende sich selbst
zu bauen gehabt: ein kunstwerk
wie andere eben mit der sie bezeichnenden
vollkommen minimalen und absoluten
spur ewigkeit.

2.10.92

Irdisches Lehen

oder die anderswo weißen Veilchen
(F. M., für Ernst Jandl)

es müßte sehr teuer sein
zusammengehalten

müßte es aufgebracht sein
zusammengehalten

wie Dynastien
Erbgüter wissen

nicht Raub

8.10.92

Vorhaben wittern

Wie nur kann man Regen und Wind,
also Fallen und Wehn, und Felsenkammpfad
und Hagebutte und eiserner Mund
und Flügel in einer klaren Luft
und Verschlucken an ihr zugleich sein?

für Friederike Mayröcker

2. 10. 92 Berlin / 7. 11. St. Médard

Sie und die Stadt

In Wien draußen ist sie allein in Wien
Bis ins Äußerste bis zum Äußersten
Wenn sie Straßenbahn fährt wenn sie einkaufen geht
ist sie rechts und links und allseits in Wien,
findet Wien nur in ihrer Obhut statt.

In der Stadt draußen ist nur sie in Wien
Eines Vogels Kopf Auge und Flügelbreite
Eines Vogels Blickfeld in grüner Flur
Wenn sie ausgeht in Wien ihren Schirm aufspannt
ist alles Oben und Unten auch Wien.

Elternkind, Großeltern-, Schulkind
Backfisch Studentin Lehrerin
Erwachsene in Allerweltsaltern
Eh sie Freunde trifft eine Ausstellung sieht:
Gibt sie acht auf Wien ist sie allein in Wien.

In der Stadt draußen ist sie fast immer in Wien.
Und in Wien ist sie nur aufs Genaueste
In der Figur aufs Konziseste
Wenn sie sich in diesem Wien bewegt,
eben dann wenn sie auf das In-Wien-Sein späht.

8. 9. 92 Berlin, 8. 11. St. Médard

Glossar und Anmerkungen

S. 9 *Jacquingasse* – im dritten Bezirk von Wien, an der Mauer des Botanischen Gartens.

S. 10 *Johnny … me* – engl.: Johnny ist der Junge für mich. – Schlager aus den frühen 50er Jahren.

S. 11 *Partitur Bauernhof* ist der zweite Teil des 1958 entstandenen Textes

die Auffahrt der Vergiszmeinnicht; er erschien selbständig im Sept. 1955 (überarbeitet Juli 1988).

S. 13 *margate* – traditioneller, insbes. von London aus vielbesuchter Seekurort.

S. 14 *hampton court* – Königsschloß (Anf. 16. Jh.) an der Themse südwestl. von London, Museum u. Gemäldegalerie.

cant … telephone? – engl.: Kann Ihr Kater nicht antworten am Telefon?

I … sunrise – engl.: Ich liebe den Sonnenaufgang. Zitat aus Duke Ellingtons »Liberian Suite«, zweiter Satz, auf einer Schallplatte, Gesang: Al Hibbler.

nach Chagall – ein Werbeplakat für Paris-Reisen nach einem Bild Chagalls.

S. 15 *Lure* – S-förmiges nordisches Blasinstrument der Bronzezeit.

S. 16 *quamquam* – lat.: gleichwohl; hier als Spitzname.

Neulengbach – in Niederösterreich (an der Strecke Wien–Salzburg).

Himmelskrätz – fiktiv.

flannels – engl.: Flannellhosen (werden z. B. beim Kricket getragen).

regnete wie Thomas Reuth – Verbalfantasie.

S. 17 *Dorotheum* – Pfandleihe in Wien.

d'este – von Este; Name einer der ältesten Dynastien Italiens, im 19. Jh. begründet ein Zweig Österreich-Este.

S. 20 *Monza* – lombardische Stadt mit einer 5,8 km langen Autorennstrecke.

S. 21 *Topologie* – allg.: Wissenschaft von den räumlichen Beziehungen der Teile einer Struktur untereinander und zum Ganzen.

Janina – Hauptort der nordwestgriech. Gebirgslandschaft Epirus.

Morea – seit dem 13. Jh. gebräuchlich für Peleponnes.

Naxos, Samos u. Lemnos – griech. Inseln.
Blochäste – lies: Äste Blochs.
Zygos-Pasz – 1551 m hoher Paß über den Pindos (Nordost-Griechenl.).
Gammaprinzip der Mixturen – chemikologisch die Ersetzung des Wasserstoffs an der Gammastelle in organischen Verbindungen (die Gammastelle ist die einer anderen Gruppe – von ihrer Ringverbindungsstelle aus – dritte benachbarte Position).
Valladolid – Provinz und deren Hauptstadt auf der Hochebene von Altkastilien.

S. 22 *La Coruña* – nordwestspan. Stadt in Galizien.
Guadalquivir – Hauptfluß in Südspanien.
Sarema – russ. Name der estn. Ostsee-Insel Ösel.
Skrjabin – Alexander Nikolajewitsch, 1872–1915, russ. Komponist.
Czenstochau, poln. Czestochowa – südostpoln. Stadt, berühmt dank der Schwarzen Madonna, eines Marienbildes im Kloster St. Paulus.
Marianisch – abgeleitet von Maria.
Brieg – poln. Brzeg. Bei Brieg an der Oder verbrachte die Autorin mit ihrer Mutter ein paar Wochen, als ihr Vater dort im Militärdienst war.

S. 23 *Mestre* – Stadtteil und Industriestandort Venedigs, auch Villenort.

S. 24 *Fauré* – Gabriel, 1845–1924, franz. Komponist.

S. 25 *spanking mama … babies!* – engl.: ohrfeigende Mama: oh Tataren-Babys!
enigma – engl.: Rätsel.
skiff – engl.: Ruderboot (›Einer‹).
Eumeniden – griech.: ›die Wohlmeinenden‹, die (gewöhnlich drei) Rachegöttinnen der Unterwelt (Erinyen).
pronto – ital.: rasch.

S. 26 *stokowski* – Leopold, 1882–1977, US-amerikanischer Dirigent und Förderer neuer Musik.
topos – griech.: Ort, Lage; übertragen: Denk- oder Ausdrucksschema (formelhafte Wendung, Metapher u. ä.).
Zehlendorf – im Südwesten Berlins: Villenvorort in einem Wald- und Seen-Gebiet.
ordinarius – ordentl. Professor an einer Hochschule oder Klassenlehrer an einer höheren Schule.
whimsical world – engl.: seltsame Welt.

S. 27 *Sobotka* – in Wien häufiger Familienname.
a nosegay – engl.: Blumenstrauß, hier: ein Schwuler.
S. 28 *Kaban* – Badehäuschen.
Simon und Juda – nach der Bibel Söhne Jakobs, des Stammvaters der Israeliten (Juda dann Stammvater des israel. Stammes der Juden).
S. 29 *isabellen* – -farben: ein weißliches, graues oder bräunliches Gelb.
ecclesia romana – lat.: römische Kirche.
Abderiten – die Einwohner Abderas, in Thrakien (die Schildbürger der Antike).
S. 30 *corners* – engl.: Ecken.
Alfredo Pisano – fiktiv.
moving … mouth – engl.: in ihren Mund hineinbewegen.
am … rapidly? – engl.: bewege ich mich zu schnell?
bright – engl.: hell, leuchtend.
and … jumped – engl.: und plötzlich fuhr es hoch.
Lacrimae Christi – Christi Tränen, neapolitanischer Likörwein.
S. 31 *ajar* – engl.: halboffen, angelehnt (die Tür u. ä.).
rockery – engl.: Steingarten.
S. 32 *Agakhanrose* – Agakhan: Oberhaupt der Hodschas, einer islamisch-ismailitischen Sekte.
cropped beauty – engl.: ›kurzgeschnittene Schönheit‹ – ein Modehaarschnitt.
S. 33 *Shannon* – der größte Fluß Irlands.
S. 34 *herostratisch* – wie der Grieche Herostratos (4. Jh.) aus Ruhmsucht verbrecherisch.
contento – ital.: Zufriedenheit; einleuchtender m. E. als latinisiertes Englisch zu lesen: Inhalt.
outrageous life – engl.: extravagantes Leben.
S. 35 *saviour* – engl.: Erlöser.
singing … saviour! – engl.: einen Gospel singen: gloria-gloria-halleluja .. der Erlöser!
S. 36 *craving-for* – engl.: gierig auf.
lambrecht, Garrard – Namen fiktiv.
Vigilen – Nachtwachen.
S. 37 *Bromberg, Posen, Thorn* (Bydgoszcz, Poznań, Toruń) – in den Kriegsnachrichten genannte polnische Städte.
Sauer – Fluß in Luxemburg.
Elsenborn – Ort in Ostbelgien (nördl. Ardennen).
Appenweier – Dorf im badischen Kreis Offenburg.

S. 38 *Tarnopol* – Stadt und Gebiet in Ostgalizien (Ukraine).
Sewastopol – Hafenstadt der Krim.
leviathan – (hebr.) mythischer Drache; in der christlichen Mythologie: Satan.
S. 39 *fata* – lat.: Schicksale.
alberti julii – des Albertus Julius, Name fiktiv.
schaumburg – dt. Adelsgeschlecht (Grafschaft im Weserland).
S. 40 *savoir* – frz.: wissen.
Jasomirgott – Beiname Markgraf Heinrichs von Österreich und Herzogs von Bayern, 1114–1177.
beautiful ... child – engl.: schöner Engel / mein Wächter und meine Macht / sänftiglich beschütze mich / denn ich bin dein Kind.
S. 41 *Paraklet* – in den johanneischen Schriften des Neuen Testaments der von Jesus verheißene Heilige Geist.
a certain »tension« – engl.: eine gewisse »Spannung«.
gracious love – engl.: liebliche Liebe.
abderhalden – Emil, 1877–1950, Schweizer Physiologe und Chemiker (Abderhaldensche Schwangerschaftsreaktion).
auer von welsbach – Aloys, 1858–1929, österreich. Chemiker, erfand den Glasglühstrumpf.
azotfarben – stickstoff-farben.
»thru' ... thru'« – amerik.: »es reicht« – »es reicht mir«.
S. 42 *responsorium* – latein.: kirchlich. Wechselgesang.
S. 43 *to munique ... to monk s.b.* – Wortspiel: zu »mönchen« (Munich – engl.: München, monk – engl.: Mönch).
».. not ... monuments ...« – engl.: Marmor nicht, noch vergoldete Monumente.
S. 44 *»when in the chronicles of wasted time .. «* – engl.: wenn in den Chroniken vergeudeter Zeit.
tom-shark – engl.: Gauner-Tom, Held in einer Heftreihe mit Detektivromanen.
S. 45 *Levico und Pergine* – Städte in Südtirol, östl. von Trient.
Brentaflusz – in Oberitalien.
S. 46 *Carso* – ital. Name für den Karst, das ital., sloven. u. kroat. Kalkhochflächengebirge östl. des Golfs von Triest.
can ... Billie. – engl.: Kann sie einen Wirbelsturm machen Billie Junge kann sie einen Wirbelsturm machen reizender Billie. (Kinderlied).
S. 47 *Sheen Road* – engl.: schöne Straße; Prachtstraße in London.
»impatiens« – lat.: unduldsam; unfähig, etwas zu ertragen; Pflanzenname (Springkraut, Rührmichnichtan).

S. 48 *Goldherz-glazier & green ripples* – engl.: G.-Gletscher & grüne Wellen.

S. 49 *Hybriden* – Kreuzungen.

basic – Beginners Allpurpose Symbolic Instruction Code – engl.: Allzwecksymbolikinformationscode; dialogorientierte Programmiersprache.

»monthly« – engl.: monatlich.

S. 50 *»oh for that afternoon..«* – oh für jenen Nachmittag.

general food – engl.: Grundnahrung.

Sam, Ham und Japhet – Noahs Söhne.

S. 51 *Cootie Williams* – geb. 1908, amerikan. Jazztrompeter.

round the corner – engl.: um die Ecke.

S. 53 *Raddatzrosen* – Raddatz: Fritz J., geb. 1931, dt. Literaturkritiker.

S. 54 *strudelhofstiege* – Treppe an der Wiener Strudelhofgasse.

kloppen & daken – Fantasieworte.

S. 55 *rya-rya ... delphi* – desgl. *Jesolo* – nordital. Badeort.

soothing the parents – engl.: die Eltern besänftigend.

har ... katt? – schwed.: Hast du meine lila Katze gesehen?

mona inleichen – Fantasieworte.

S. 57 *döhl* – Reinhard, geb. 1934, »Autor, Germanist u. Herausgeber wichtiger Anthologien, bes. in den 60er Jahren, gehört(e) zur ›Stuttgarter Gruppe‹ um Max Bense u. Elisabeth Walther« (F. M.).

Snoopy – ein kleiner Hund, Held der 1950 entstandenen Comic-Serie »Peanuts« (Erdnüsse) des kalifornischen Laienpredigers, Farmers und Zeichners Charles M. Schulz.

S. 58 *»stage-fright«* – engl.: Lampenfieber.

S. 59 *furen* – Furien.

Viertelstundenrepetismus – Fixierung auf eine viertelstündliche Wiederholung.

asti spumante – ›schäumender Asti‹; Schaumwein aus dem Weingebiet Asti (Nordwestitalien).

S. 63 *bentley-feuerzeug* – von der engl. Firma Bentley.

S. 64 *»Iron Butterfly«* – engl.: Eiserner Schmetterling; US-amerikanische Hardrockband (67/68 bekanntgeworden).

Mothers of Invention – engl.: Mütter der Erfindung; Rockgruppe, 1964 von Frank Zappa gegründet.

S. 67 *madersperger* – Josef, 1768–1850, österr. Schneider, Erfinder der Nähmaschine.

tequila – Stadt im Südosten Mexikos, Agavenschnaps.

S. 68 AVUS – Autorennstrecke/Stadtautobahn in Berlin.

S. 70 *sykore* – Fantasiewort.
S. 76 *Katalane* – der roman. Volksstamm der K. lebt in Nordspanien, Südfrankreich u. auf den Balearen.
S. 88 *elliptische Gespräche* – Gespräche, bei denen unwesentliche Verbindungsteile weggelassen werden.
Laurentius – der Märtyrer wurde nach der Legende 258 auf einem Rost zu Tode gebrannt.
put up – engl.: aufstellen, aufsetzen, starten.
Narrator – lat.: Erzähler.
S. 89 *leptosom* – schmalwüchsig.
S. 91 *flaska* – schwed.: Flasche.
S. 93 *fifty years ago* – engl.: vor fünfzig Jahren.
S. 104 *Rixdorfer* – ein kleiner Verlag (eine Schriftsteller- und Drucker-Gruppe) in Berlin.
S. 105 *Kappa* – ahdt.: Mantel mit Kapuze (nach volkslat.: cappa).
S. 108 *flygt* – flyga – schwed.: fliegen.
S. 109 *Eggenberg* – Schloß und Gemeinde bei Graz in der Steiermark.
S. 110 *earth-quake* – engl.: Erdbeben.
heart of dixie – engl.: Herz des Dixie; als Liedtitel 1982 auf der LP »Dream maker« von Tommy Overstreet erschienen (Dixieland – 1820 aufgekommene Bez. für die Südstaaten der USA. *h.o.d.* – New Orleans).
S. 111 *Burbury* – Mantel der engl. Firma Burberry.
Lisène verderbt aus Lisière – Lisière, frz.: hervortretender lotrechter Wandstreifen oder pilasterähnliche Mauerverstärkung (Lisene, Lesine, Lesener, Laschene).
lost pines – engl.: ›verlorene‹, einsam stehende Kiefern.
Bologna – norditalienische Stadt, mit der ältesten europäischen Universität.
S. 114 *commis* – veraltet für Angestellter, Beamter.
S. 115 *Tarimbecken* – zentralasiat. Beckenlandschaft des Flusses Tarim in China, östl. des Pamir.
mittere – lat.: werfen, entsenden, entlassen (daher das Wort Messe; sie schloß ab mit den Worten: Ite, missa est concio – Geht, entlassen ist die Versammlung.).
S. 116 *Fellatio* – Reizung des Penis mit dem Mund.
Nautilusbecher – aus dem Gehäuse des Nautilus, des vierkiemigen Kopffüßers, gefertigter Zier- oder Trinkbecher.
Schulpe – Schulp – Schale der Tintenschnecken.
Perlboot (oder Schiffsboot) – Bezeichnung für den Nautilus.
priessnitz – Reinhard, 1945–1985, österr. Lyriker u. Essayist.

S. 117 *Edler von Hund* – real begegneter Name.
Topolino – (ital.: »Mäuschen«), italienischer Kleinstwagen.
S. 121 *Gainfarn* – Ort am Südostrand des Wiener Walds.
S. 122 *St. Pölten* – Hauptstadt von Niederösterreich.
S. 124 *Karolinenbad* – Mineralbad in Hohenberg, einem Luftkurort am Eger.
S. 125 KONSTANTIN-*spärlich* – Verbaltraum.
Kreuzbandschuhe – überkreuz geschnürte Schuhe.
S. 126 *Rohrsprachmeister* – Fantasiewort.
Aquarius – im Tierkreis das Sternbild Wassermann.
Alser – Straße in Wien.
S. 128 *Adventures* – engl.: Abenteuer.
S. 129 *Kommittchen* – Beiname des Käuzchens (seinen Ruf als Ruf des Todesvogels verstehend).
S. 131 *Narrationen* – narratio, lat.: Erzählung.
S. 134 *Sarja* – russ.: die Morgenröte.
S. 135 *Adolf Wölfli* – 1864–1930, Schweizer psychopathologischer Maler, Dichter u. Musiker.
S. 137 *Hyacinthus* – Heras der griech. Sage, ein Jüngling, den wegen seiner Schönheit Apollon liebte. Als dieser mit ihm Diskus spielte, lenkte der eifersüchtige Zephir die Scheibe und tötete H. mit ihr.
Lynx – lat.: Luchs.
S. 142 *Fauvismus* – 1905 in Frankreich nach der impressionistischen Malerei einsetzender Malstil der *fauves* (frz.: Wilden).
S. 143 *Krummstab* – Bischofsstab.
Schranne – Tenne.
Sigmabäume – Fantasiewort.
Sigma – ein Buchstabe des griech. Alphabets.
Epsilon – das griech. E.
S. 147 *Random* – Zufall.
eklektisch – willkürlich auswählend und vereinigend.
S. 155 *Valeriana* – Baldrian.
Daniela Rustin – Pseudonym einer mit der Autorin befreundeten Malerin.
S. 160 *Draszburg* – Ort im österr. Burgenland, westl. des Neusiedlersees.
S. 161 *Talbot* – von 1906 bis 1938 hergestelltes Auto der 1903 in London gegründeten Firma Clement-Talbot.
S. 162 *Cloth-Kleiderschürze* – Kittel zum Schutz der Kleidung, aus einer Art Kunstseide.
Pullmannmütze – eine Tellermütze.

S. 163 *Etaminkleidchen* – Etamin: dünnes, stark gepreßtes, sehr glänzendes Gewebe aus Wolle oder Seide oder beidem gemischt. (Heute Gaze für Gardinen und Handarbeiten.)

S. 164 *Veilchentuff* – Veilchenbüschel.

S. 165 *Elentier* – Hirschtier, Elch.

S. 167 *Montgolfieren* – Heißluftballons d. Gebrüder Montgolfier (Erster Aufstieg 1783).

jardins – frz.: Gärten.

Caorle – kleiner Fischereihafen und Seebad an der ital. Adria.

S. 168 *Marxerbrücke* – Brücke an der Marxergasse in Wien.

S. 169 *Antibes* – in A. an der Côte d'Azur hatte Picasso ein Atelier, in welchem heute seine dort entstandenen Werke ausgestellt sind.

palmus – lat.: die flache Hand.

S. 172 *An einem Tag wie heute* – Der Text ist ein Auszug F. M.s aus: Dankesworte anläszlich der Verleihung des Groszen Österreichischen Staatspreises am 3. Juni 1982.

S. 173 *Periskop* – Sehrohr, das mit Spiegeln u. Linsen Wahrnehmungen außerhalb des Blickfelds ermöglicht.

S. 180 *Briefe eines Prometheus* – der Text ist der zweite Teil eines Zyklus *Configurationen (zu Arbeiten von Hubert Aratym).*

S. 181 *Birne eines Satie* – Die Lebensgefährtin Saties, die berühmte Scat-Sängerin Cathy Berberian, die gelähmt war, sah Aratym einer Birne ähnlich im Lehnstuhl sitzen.

S. 182 *Florpapier* – seidenfeines Schreibpapier.

S. 184 *Nausea* – griech.: Übelkeit, Brechreiz.

S. 187 *two beagles* – engl.: zwei Stöber (kleine Hunde für die Hasenjagd).

Underdog – engl.: vermeintlich Unterlegener, sozial Benachteiligter.

nosing the path – engl.: den Pfad aufspürend (wörtl.: nagend), sagt man vom Hund.

S. 190 *Merzbau* – metaphorisch nach den konstruktivistischen labyrinthischen Merzbauten des dt. Dichters und bildenden Künstlers Kurt Schwitters.

S. 191 *Bad Elster* – Dorf und Badeort an der Weißen Elster, bei Zwickau.

S. 195 *Positano* – Ort am Golf von Salerno am Tyrrhenischen Meer.

S. 198 *Gefirmtes* – Gestärktes, Starres (vom Gefieder gesagt).

S. 199 *Lavanttaler Bananenapfel* – Lavanttal: zwischen Saualpe und Koralpe in Kärnten.

S. 203 *Rosen von Jericho* – der biblisch überlieferte Ruhm der R. v. J. geht auf die (als Winterresidenz Herodes d. Gr. im 1. Jh. erreichte) Blütezeit der in einer Oase gelegenen Stadt am Jordan zurück.

S. 207 *Vöcklabruck* – Stadt in Oberösterreich, an der Linie Wien–Salzburg.

S. 209 *Andreas Campostellato* – zeitgenössischer Maler.
Beugel – Hörnchen.

S. 212 *Oversize-Gilets* – engl.: Übergrößen-Westen.

S. 213 A'gnes das Lamm – agnus, lat.: Lamm.
»wir setzen uns mit Tränen nieder« – Schlußchor der Matthäuspassion von J. S. Bach.

S. 214 »weinen, klagen« – »Weinen, Klagen, Sorgen, Zagen«, Kantate am Sonntag Jubilate (Dominica Jubilate) von J. S. Bach.
die Dreifüsze Stadt P. – fiktiv.

S. 215 *Raptus* – (lat.: Raub, Entführung) Anfall von Raserei, Rappel, Koller.

S. 219 *Künette* – Aufgrabung unter Straßenniveau.

S. 220 *tachistisch* – Die um 1950 in Paris entstandene informelle Malerei des Tachismus folgt dem spontanen Ausdruck menschl. Rhythmen und Impulse.

S. 222 *Glissandoeffekte* – in der Musik: Effekte des schnellen Gleitens über eine Tonreihe.

S. 226 *Hybris* – (griech.) Hochmut.

S. 230 *Trasicor* – Blutdrucktablette. *Rovigon* – Vitamintablette.

S. 232 *arte povera* – ital.: ›armselige Kunst‹, Ende der 60er Jahre aufgekommene zivilisationskritische Kunstrichtung, die demonstrativ mit unscheinbaren, gewöhnlichen Stoffen arbeitet.

S. 233 *die Sonde Voyager* – am 2. 8. 77 gestartete US-amerikan. Raumsonde.

S. 235 *Sun Dancers* – engl.: Sonnentänzer. Tänzer eines Kulttanzes d. nordamerikan. Prärie-Indianer, welcher der Welterneuerung dienen soll.

S. 239 *instant theatre* – engl.: Augenblickstheater.

S. 242 *Puchberg* – Ort in Niederösterreich, am Fuße des Schneeberges, beliebte Sommerfrische.

S. 243 *Proëm* – (griech.: prooimion) Vorspiel, Vorrede.
kontaminieren – sprachl. Glieder verschiedener Zugehörigkeit vereinigen (ökologisch: verseuchen, vergiften; politisch: unterwandern).

S. 244 *Tapisserie* – gestickter oder gewirkter Wandbehang.

Kanevas – Grundgewebe für die Handstickerei.
Palimpsest – zweimal beschriebenes Pergament oder Papyrus.
pastos gemalt – mit dickflüssiger Farbe.

S. 252 *Lection* – nach einem Malerbuch von Olaf Nicolai, von dem auch unser Umschlagmotiv stammt.

S. 254 *Supplement* – Ergänzung.

S. 255 *Deinzendorf* – »ein winziges niederösterreichisches Dorf nahe der tschechischen Grenze, sanft wellige Hügellandschaft [...]« (F. M.), im sogen. Weinviertel nördl. v. Wien: die Sommerheimat der Autorin bis zu ihrem elften Jahr.

S. 257 Zitate aus: Lenin in Selbstzeugnissen und Bilddokumenten.
bis Dargestellt v. Hermann Weber. Reinbek bei Hamburg, 1970.
261 *1)* – S. 86, leicht gekürzt u. redigiert, »ein Zimmerwald« hinzugefügt. *2)* – S. 80, gekürzter Text. *3)* – S. 33, bis auf den letzten Passus (»heute habe ich ...«) ist der Text von der dritten in die erste Person umgesetzt. *4)* – S. 84. *5)* – zitiert mit mehreren Auslassungen. *6)* – S. 43, leicht gekürzt.
Mühlenkamp – fiktiv (Traumerfindung).
Gala – Hélène Dimitrowna Diakonowa, Dalís Lebensgefährtin von 1929 bis zu ihrem Tod 1982.
No ... Water! – engl.: Nein! Niemals! Nur Mineralwasser!
Sajangebirge – in Südsibirien, zw. Altai u. Baikalsee.

S. 263 *Kalotte* – Kugelkappe, flache Kuppel (von frz.: calotte – das knöcherne Schädeldach).
Kavatine – kurzes melodiöses Gesangstück in einer Oper; lyrisches Instrumentalstück.

S. 264 *Schönbrunn* – Barockschloß im Wiener Bezirk Hietzing.
Gloriette – ein Bauwerk (Säulenhalle, Lusthaus) als architekton. Abschluß auf Anhöhen in Schloßparks.
die Schwestern Fey, Karoline und Pauline – »Geschwisterpaar um 1900. Richard Gerstl machte 1 oder 2 berühmte Portraits von ihnen (federartige Roben)« (F. M.).
Tamburizza – oriental. Langhalslaute, im antiken Griechenland (Pandura) und in Rom als fremdartig angesehen. Heute verbreitet von Südosteuropa bis zum Mittleren Osten, in Nordafrika und im Kaukasus.

S. 266 *passim* – lat.: allenthalben, überall.
Marillen – Aprikosen.

S. 267 *Goldberg Variation 29* – der Titel *Aria mit 30 Veränderungen* im Bachwerkeverzeichnis wird traditionell Goldberg-Variationen genannt, weil der junge Bach-Schüler Joh. Gottl. G.

diese Variationen dem Grafen K. C. von Keyserlingk in Dresden oft vorspielen mußte.
arios – arienhaft.

S. 269 *Fergie* – Sarah Ferguson, Duchess of York, Gattin des engl. Prinzen Andrew, Heldin der Skandalpresse.

S. 270 *intermittierend* – zeitweilig aussetzend, mit Unterbrechungen.
His Master's Voice – engl.: Stimme seines Herrn, klassisches Schallplattenlogo von EMI mit einem Hund vor einem Grammophon.
Mariazell – Wallfahrts- und Luftkurort in der Nordsteiermark.

S. 273 *Hämatitlehm* – Roteisenerzlehm.

S. 274 *Votivkinderhemd* – Votiv: Opfer-, Weihegabe.
Schladming – Stadt in der Steiermark.
Chambas – zeitgenössischer frz. Maler.

S. 275 *Gosausee* – Stausee des Gosaubachs im südl. Salzkammergut.
Veloce-Rider – Fahrrad-Bote.

S. 276 *Neusiedlersee* – an der österr.-ungar. Grenze.
Gelati – ital.: Eis.

S. 277 *vice versa* – lat.: umgekehrt.

S. 278 *Flaubert-Flamboyantstil* – Flamboyantstil: Bez. für die engl. u. frz. Spätgotik, so genannt nach dem flammenförmigen Fischblasenornament des Maßwerks.

S. 279 *Kamp* – linker Nebenfluß der Donau in Niederösterreich.

Biobibliographische Notizen

20. Dez. 1924 geboren in Wien, lebt dort.
Bis zum 11. Lebensjahr Sommermonate in Deinzendorf. Private Volksschule, Hauptschule, Kaufmännische Wirtschaftsschule, Externistenmatura, Staatsprüfung in Englisch.

1939 erste literarische Arbeiten.

1946–1969 Englischlehrerin an Wiener Hauptschulen.

1946 erste Veröffentlichungen.

Seit 1954 Freundschaft mit Ernst Jandl.

1956 Larifari, Prosa, Bergland Verlag, Wien.

1966 Tod durch Musen, Gedichte, Rowohlt, Reinbek.

1968 Hörspielpreis der Kriegsblinden (mit Ernst Jandl, für: Fünf Mann Menschen, s. Hörspiele, Luchterhand Verlag, Neuwied, 1971).
Minimonsters Traumlexikon, Prosa, Rowohlt.

1971 Fantom Fan, Prosa, Rowohlt.

1972 Arie auf tönernen Füszen, Metaphysisches Theater, Texte für die imaginäre Bühne, Luchterhand.

1972 Blaue Erleuchtungen, Erste Gedichte, Verlag Eremiten Presse, Düsseldorf.

20. 10. 1971–4. 11. 1972 je ein umwölkter gipfel, erzählung, Luchterhand, 1973.

Okt. 1973–Juni 1974 Das Licht in der Landschaft. Prosa, Suhrkamp Verlag 1976.

1975 Österreichischer Würdigungspreis.

1975/76 Fast ein Frühling des Markus M., Prosa, Suhrkamp 1976.

1976 Preis der Stadt Wien.

Jan. 1976–Nov. 1977 Heiligenanstalt, Prosa, Suhrkamp, 1978.

1977 Georg-Trakl-Preis.
rot ist unten, Prosa, Gedichte, Hörspiele, Verlag Jugend und Volk, Wien, 1977.

Apr. 1978–Jan. 1980 Die Abschiede, Prosa, Suhrkamp, 1980.

1979 Ausgewählte Gedichte 1944–1978. Suhrkamp.
Ein Lesebuch, Gedichte, Prosa, Hörspiele, mit Zeichnungen der Autorin, hg. von Gisela Lindemann, Suhrkamp.

1981 schwarze Romanzen, Gedichtzyklus, Verlag Pfaffenweiler Presse.
Treppen, Prosa, Verlag Niederösterreichisches Pressehaus, St. Pölten.

1982 Anton-Wildgans-Preis.
Großer Österreichischer Staatspreis.
Roswitha-von-Gandersheim-Preis.
Gute Nacht, guten Morgen, Gedichte 1978–1981. Suhrkamp.

Nov. 1982–Dez. 1983 Reise durch die Nacht, Prosa, Suhrkamp, 1984.

1983 Magische Blätter, Suhrkamp.

Febr. 1984–Jan. 1985 Das Herzzerreiszende der Dinge, Prosa, Suhrkamp, 1985.

1985 Literaturpreis des Südwestfunks Baden-Baden.
Das Jahr Schnee, Gedichte, Prosa, Hörspiele, Verlag Volk und Welt, Berlin.

1986 Winterglück, Gedichte 1982–1985. Suhrkamp.
Ehrenmedaille der Bundeshauptstadt Wien in Gold.
der Donner des Stillhaltens, Prosa (zusammen mit Bodo Hell), Verlag Maximilian Droschl.

3. 2. 1986–11. 1. 1988 mein Herz mein Zimmer mein Name, Prosa, Suhrkamp, 1988.

1987 Ehrenzeichen für Wissenschaft und Kunst der Republik Österreich.
Magische Blätter II, Suhrkamp.

Sept. 1990–Febr. 1990 Stilleben, Prosa, Suhrkamp 1991.

1989 Gesammelte Prosa 1949–1975, Suhrkamp.

1992 das besessene Alter, Neue Gedichte, Suhrkamp.

1991 Magische Blätter III, Suhrkamp.

Sekundärliteratur:

Bäcker, Heimrad (Hg.): jardin pour friederike mayröcker. Linz, Edition Neue Texte 1978.

Arnold, Heinz Ludwig (Hg.): Friederike Mayröcker. München, Edition Text und Kritik, 1984.

Schmidt, Siegfried J. (Hg.): Friederike Mayröcker. Frankfurt/M., Suhrkamp 1984.

Kestel, H. G. (Hg.): Ornithologisch-poetische Hommage zum 65. Geburtstag von Friederike Mayröcker von 33 Autoren & Künstlern. Bonn, Ottersheim, Edition Octopus & Okeanos Presse 1989.

Schmidt, Siegfried J.: Fuszstapfen des Kopfes. Friederike Mayröckers Prosa aus konstruktivistischer Sicht. Münster, Kleinheinrich 1989.

Hummelt, Norbert: Friederike Mayröckers Prosa der achtziger Jahre. Köln, vervielfältigtes Typoskript 1989. Schriftl. Hausarbeit im Rahmen der Magisterprüfung.

Kastberger, Klaus: Produktionsästhetische und textanalytische Merkmale der Prosa Friederike Mayröckers. Dargestellt anhand der »Erzählung«: »Je ein umwölkter Gipfel«. Dissertation, Wien, 1991.

Beyer, Marcel: Friederike Mayröcker, Eine Bibliographie 1946–1990. Frankfurt/M. (u. a.), Peter Lang, 1992. (Die Arbeit enthält eine ausführliche rezeptionsgeschichtliche Darstellung).

Quellen- und Rechtsnachweis

Friederike Mayröcker: Magische Blätter. © Suhrkamp Verlag, Frankfurt am Main 1983
MAIL ART; Erinnerungen an Rilke; sanfte Umnacht; Augenfalle / trompe-l'oeil; Ich sasz dann da und starrte auf dieses Bild, die Erinnerung.

Friederike Mayröcker: Magische Blätter II. © Suhrkamp Verlag, Frankfurt am Main 1987
mit deiner Vogelstimme / schreist du mir in meinem Herzen / oder / des Adolf Wölfli's / BRIEFSCHLUCHTEN; *ein Anheimgehen: tief in den Saal des Präparators; »Konrad Bayer geht auf dem Kopf vorbei und hängt aus der Welt«; Glück und Regenbogen; Stigmatisierung eines Dichters; wienumschlungen; Ernst Jandl und seine Götterpflicht; kleines öl; von Luchsen weich; also, wem die Flamme aus der Leinwand schieszt, (»weinen, klagen«); in den Höhlen in den Augenhöhlen.*

Friederike Mayröcker: Magische Blätter III. © Suhrkamp Verlag, Frankfurt am Main 1991
heisze Hunde; GANZ IN TIROL GRAZ IN TIROL; Tochter der Bahn; Briefe eines Prometheus; am Gram eines Engels wird sich unsere Poesie entzünden (Gogol); ohne Miszhellung mit unbegreiflicher Strange (Geflecht): (Oswald von Wolkenstein); dolce vita; der 1. September 1989.

Friederike Mayröcker: Gute Nacht, guten Morgen. Gedichte 1978–1981. © Suhrkamp Verlag, Frankfurt am Main 1986
von damals an; Depression; Frühlings Hauch; mit hinreiszender Assonanz; Universum; Masse des Mondes; Luftspiegelung; österliches Telephon; Montgolfieren; kommunizierende Röhren; eines Freundes Geburtsstadt; grüne Kronen / Marxerbrücke; Zypressen.

Friederike Mayröcker: Winterglück. Gedichte 1981–1985. © Suhrkamp Verlag, Frankfurt am Main 1986
diese Sesselrücken wie Stierhäupter; in einer engeren Familie; Nebelmorgen mit Taubenpaar; auf drahtlosem Weg; solide Nadeln; Ein Gleiches; an diesem Morgen; im Garten von Baden; zweimal dein Gesicht auf einem Sofa; Bad Elster, Erinnerung und Vorblick; die Versuchung; in diesem Asyl ganz dünn heute am Himmel; komplementär; es regnet ein Wunder; lieber Bräutigam, Nervenschnee; drei Traumwahrheiten / oder: kein Wort mehr über Träume; Wolf /

wie ein Wolf / sagte er; Mannesalter: plötzliches Stoppelfeld; Befreiung durch Lesen, ein Weihnachtsbrief.

Friederike Mayröcker: Das besessene Alter. Gedichte 1986–1991. © Suhrkamp Verlag, Frankfurt am Main 1992
Rainer und A'gnes; »wir setzen uns mit Tränen nieder«; Raptus; wie kommunizierende Gefäsze sagst du; déjà-vu; »wir fressen einander aus der hand« (Marcel Beyer); Figuren einer Belebung; wenn ich hinter dem Haus gehe und wühle; Karamelrose; Ultraschall; die windböige Frau, etc.; Junimorgen am offenen Fenster; Mutter, dreiundachtzig, Krankenhaus; von Malerei; Sun Dancers / für Peter Pessl; mit Lilienblut; Vervielfältigungen eines Gefühls; etwas Kinder / oder / mehr ist nicht zu sagen / oder Versuch Inger Christensen und Andrea Zanzotto miteinander verknüpfend; instant theatre / oder Kutscher im Nebellicht im Dämmer verschwindend; HERZMAGNET, *oder Puchberg August September 90; dohlenloser Dichter, Th. K.;* VERITAS, *oder die Geste des Futterstreuens;* LECTION, *Hörspiel; Supplement; Deinzendorf / grüne Montage oder wo habe ich diese weiszen Augen schon einmal gesehen.*

Friederike Mayröcker: als es ist. Texte zur Kunst. Salzburger Landessammlungen Rupertinum, Salzburg 1992
Proëm von den Tapisserien, oder TINTE MEINES WESENS *(Kleist)*
Die Rechte liegen bei Friederike Mayröcker

Merkur Heft 517, Stuttgart 1992
passim; Goldberg Variation 29; das Beklopfen einander des Grashüpfers
Die Rechte liegen bei Friederike Mayröcker

manuscripte Nr. 111, Forum Stadtpark, Graz 1992
die Fabulierblättchen, oder Erinnerung an den Platanenhain in D.
Die Rechte liegen bei Friederike Mayröcker

Erstveröffentlichungen nach dem Manuskript
*die Blutverstecke eigentlich freien Fluren; »PATIN MEINES WAHNSINNS«; mit Baumnotizen; eine Landglut, nach ***; für E. J.; 1. 8. 1992*
Die Rechte liegen bei Friederike Mayröcker

Alle anderen Gedichte wurden gedruckt nach:
Friederike Mayröcker: Ausgewählte Gedichte 1944–1978. © Suhrkamp Verlag, Frankfurt am Main 1979

Alle anderen Prosatexte wurden gedruckt nach:
Friederike Mayröcker: Gesammelte Prosa 1949–1975. © Suhrkamp Verlag, Frankfurt am Main 1989

Inhalt

über Innsbruck ins Tau-blau

aus der Wirklichkeit

Mutters wolkige Haare

RECLAM-BIBLIOTHEK

Norbert C. Kaser
es bockt mein herz

Überlebenstexte

Herausgegeben von Christian Pixis.
Mit einem Essay von Bert Papenfuß.
286 Seiten. 6 Abbildungen. RBL 1464. 24,– DM
ISBN 3-379-01464-8

Durch Kasers unstetes, gebeuteltes Leben ziehen sich zwei Konstanten: Der Alkohol und das Schreiben. Erst nach seinem Tod erschienen die ersten kleineren Sammelbände mit Kasers Werken, die vorher lediglich vereinzelt in Anthologien und Zeitschriften aufgetaucht waren. Er hinterließ, größtenteils eigenhändig zusammengestellt und nur an die engsten Freunde verschickt, literarische Briefe, Kurzprosa und Hunderte von Gedichten. Nach der Innsbrucker Gesamtausgabe von 1988 hat nun der Leipziger Reclam Verlag erstmals eine repräsentative Sammlung des Südtiroler Schriftstellers als Taschenbuch herausgebracht.
Nicht nur das lyrische Vorwort von Bert Papenfuß-Gorek, Vorreiter der Prenzlauer-Berg-Szene, macht deutlich, daß Norbert C. Kaser bis heute zu den meistzitierten Schriftstellern der jüngeren Lyrikgeneration gehört.

Bernd Imgrund in: Kölner Illustrierte

RECLAM-BIBLIOTHEK

Elke Erb

Nachts, halb zwei, zu Hause

Texte aus drei Jahrzehnten

Herausgegeben von Brigitte Struzyk
213 Seiten. RBL 1401. 10,– DM
ISBN 3-379-00696-3

Die Sammlung von Kurzprosa und Gedichten setzt mit unspektakulären, naturnahen Kindheitserinnerungen aus der Eifel ein. Mit zahlreichen Widmungstexten, Porträt- und Antwortgedichten zollt sie Schutzgeistern wie Erich Arendt und Franz Fühmann Sympathie und Achtung. In Poemen wie »Naturbühne«, »Schlaraffenland« und »Schlechte Beleuchtung« aus den Jahren 1966 bis 1970 setzt sie einer versehrten Industrielandschaft die Vergewisserung durch die »kleinen Dinge« entgegen, private Fluchtpunkte wie Wohnen, Essen und Trinken. Elke Erb beansprucht für sich Individualität, Vorläufigkeit und das »Recht des unabgesicherten Redens«. Durch ihre offene Anlage drängen sich diese Texte der Diskussion über ost- und westdeutsche Literaturtraditionen geradezu auf. In einer Zeit des allgemeinen Bilanzierens wird man am Werk von Elke Erb nicht vorbeigehen können.

Katrin Hillgruber in: Frankfurter Allgemeine Zeitung

RECLAM-BIBLIOTHEK

Dmitri Prigow
Der Milizionär und die anderen

Gedichte und Alphabete

Aus dem Russischen nachgedichtet und herausgegeben von Günter Hirt und Sascha Wonders. Mit fünf Graphiken des Autors und einer Installation.
204 Seiten. 6 Abbildungen. RBL 1421. 14,– DM
ISBN 3-379-01421-4

Dmitri A. Prigow, der 1940 in Moskau geboren wurde, hat am Stroganow-Kunstinstitut Bildhauerei studiert. Bis zum Beginn der Perestroika konnte er weder ausstellen noch publizieren; seine poetischen Projekte kursierten nur in Samisdat-Ausgaben. Im Westen wurde er seit Mitte der achtziger Jahre bekannt. »Der Milizionär und die anderen« enthält Gedicht-Zyklen und Text-Serien, die eine chronologische Wanderung durch das Werk erlauben. Dichter und Milizionär, Zwillingsbrüder im Geiste, teilen den Wunsch, Mittelpunkt der Welt und ihr Beherrscher zu sein. Der Schriftsteller – in Prigows Selbstverständnis wäre er also eine Art säkularisierter Schamane, der ins kollektive Unbewußte vorstößt und die verschütteten Mythologeme der (ehemaligen) Sowjet-Gesellschaft ans Licht holt.

Norbert Wehr in: Süddeutsche Zeitung